변칙과 변화가
난무해도 절-대
변하지 않을
마케팅 법칙

Marketing Elements 31

변칙과 변화가 난무해도 절대 변하지 않을 마케팅 법칙

초판 1쇄 인쇄 2023년 12월 26일
초판 1쇄 발행 2024년 1월 5일

지은이   안성민, 이은주, 신백균, 유승경, 김재욱, 최준호
발행인   한상룡
발행처   (주)한생미디어
디자인   하민희

출판등록 1994년 9월 7일 제1994-000149호
주소   서울 종로구 새문안로5가길 32번지 생산성빌딩
전화   02-738-2036(편집부)
              02-738-4900(마케팅부)
팩스   02-738-4902
이메일   kskim@kpcm.or.kr

ISBN   978-89-8258-010-9 (13320)

**무엇이든 법칙이 있고
그 법칙에는 요소가 존재한다.**

하입(Hype) 한 플레이스는 어떻게 만들어 지는가

요즘 MZ세대는 아무나 알지 못하는, 그래서 찾아가기 어려운 공간을 '하입Hype 플레이스' 또는 '힙Hip플레이스' 라고 부른다. 그곳은 소위 인플루언서라고 불리는 '핵인싸'들이 모이는데, 그런 공간은 막상 가보면 눈에 띄는 간판이 없기도 하고, 또는 분위기와는 전혀 어울리지 않는 지역 또는 허름한 건물에 있는 경우가 많다. '간판이 없는 공간을 어떻게 찾아가지?' 라고 생각하겠지만 간판이 없어 매력적인 것이고 누구나 쉽게 찾아올 수 없어 희소성이 있는 것이 '하입 플레이스'이자 '핵인싸'들이 모이는 공간의 증거가 된다. 이러한 공간은 시간이 지나면 유행을 따르고자 하는 보통의 사람들이 몰린다. 그리고 그곳은 더 이상 하입플레이스가 아닌 '핫플레이스'가 된다. 눈에 띄는 간판도 생겨나고 더 이상은 존재를 숨기지 않으려 하며 걸맞은 다양한 홍보도 시작한다. 마지막으로 그와 비슷한 가게들이 주변에 생기기 시작하면 더 이상 인싸도, 유행을 따르고자 하는 사람들도 없는 평범한 일반 공간이 된다.

이러한 패턴들을 보며 당신은 어떠한 생각이 드는가? 필자는 '아. 마케팅 정말 어렵다'라는 생각이 가장 먼저 들었다. 간판을 멋지게 달고, 대대적으로 물량 공세를 펼쳐 홍보하는 것이 마케팅의 정도라고 여겨지고 있는데 이제는 오히려 그런 곳이 '유행에 뒤쳐진' 것이고 간판과 홍보가 없어야 사람들이 모이고 대박을 칠 수 있으니 말이다.

너무나도 중요한 마케팅, 무엇이 문제인가?

대중은 넘칠 정도로 자신을 둘러싸고 있는 수많은 마케팅과 미디어 채널 속에서 살아간다. 그러나 그럴수록 소비자들은 자신이 원하는 것을 점점 더 숨기려 하는 것과 동시에 마케팅 수단을 통하지 않은 숨겨져 있는 무언가를 찾아가려 한다. 이 미로 같은 숨바꼭질에서 기업과 마케터는 어떻게 살아남아야 할 것인가? 그리고 어떠한 노력을 더 해야 하는 것일까?

하지만 역설적으로 일부 기업들은 도리어 마케팅에 대한 고민을 하지 않으려 하는 경우도 있다. 나아가 오히려 마케팅에 대한 노력과 시간에 대한 투자를 꺼리는 경우도 있다. 마케팅을 그저 인터넷에 넘쳐나는 인플루언서와 블로거에게 넘겨 최대한 쉽고 간편하게, 최대한 많은 대중들에게 알려지는 것으로 대체하려 한다. 그러다 보니 시장에는 무조건적인 장점 강조, 반복적이고 지속적인 미디어로의 업로딩, 더 많은 혜택을 알려주기만 하면 된다는 식의 무차별적인 마케팅만이 가득하다. 물론 디지털의 일상화에 따라 온라인 중심 마케팅이 필수로 여겨지고 소셜미디어를 적극적으로 활용한 마케팅이 때때로 큰 파급 효과를 만들기도 하는 것도 사실이다. 하지만 엄격히 말하자면 이는 마케팅이 아니다. 마케팅은 전문성을 근간으로 한 데이터 분석과 철저한 사전준비, 그리고 거기에 마케터의 다양한 노하우를 담아 이뤄져야만 한다. 또한 마케팅은 그저 휘발적으로 비용을 소모하는 업무가 아니다. 반드시 마케팅의 KPI$^{Key\ Performance\ Index}$가 있어야 하고 마케팅 이후에는 ROI$^{Return\ on\ Investment}$를 확인 할 수 있어야 한다. 이를 위해 마케터는 필수 핵심 이론에 대한 학습은 물론 여러 성공·실패사례들을 연구해야 하는 것이다.

이 책은, 완벽하게 현장의 의견을 담아 만들어졌다.
기업경영에 있어 마케팅에 대한 포괄적이고도 체계적인 이해가 가장 밑바탕이 되지 않는다면 그 기업 역시도 그저 '일회성적인 단순 생존 경영' 그 수준 그 이하도 아닐 것이다. 이 책은 이러한 고민의 지점에서 만들어졌다. 개인들의 마케팅 전문성을 높임으로서 기업의 성장과 생산성을 높이는 것을 궁극적인 목적으로 하되 그 방법과 시작은 최대한 쉽고 간결하게 하고자 했다. 물론 한권의 책으로 마케팅의 모든 것을 다룰 수는 없지만 이 책이 그 시작점이 되었으면 했다. 이에 실무에서 바로 활용 가능하면서도 장기적으로도 반드시 필요한 핵심 마케팅 이론과 경험을 일목요연하게 정리하고자 노력했고, 이에 대한 이해를 돕기 위해 다양한 사례도 포함시켰다. 이 뿐만 아니라 대부분의 마케팅 서적이 그러하듯 개인과 특정사례의 성공 경험이 유일한 방법이자 비결인 것처럼 서술하는 '확증편향'에 빠지지 않기 위해 심혈을 기울였다.

국내 최고, 최대의 직무교육기관인 KPC 한국생산성본부는 1957년 설립 이래로 재직자 대상으로 마케팅 관련 교육과정을 1,000여 개 이상 기획, 개발했고, 지금까지 약 2만여 차수 이상 진행하고 있다. 그리고 그 모든 과정과 결과 들은 약 20만 명이 넘는 누적 수강생의 피드백과 함께 만들어지고 성장할 수 있었다. 이 책도 마찬가지이다. 위와 같은 그간의 경험과 노하우를 기반으로 만들어 졌기에 그 어느 마케팅 책보다 실무에 가장 맞닿아 있을 것이라 자부한다.

누구라도 마케터가 되어야 하는 시대이다.
시장의 흐름과 고객의 움직임이 단조롭고 경쟁체제가 치열하지 않은 과거였다면 마케팅 부서 단독으로도 어떻게든 성과를 내는 전략을 창출할 수 있었을 것이다. 하지만 그런 시대는 진작 끝이 났다. '하입 플레이스'가 '핫 플레이스'를 지나 일반 공간이 되어 가는 속도는 더 빨라지고 가성비에서 가심비, 그리고 가실비가격대비 실제 사용 횟수, 가격이 비싸도 자주 사용하고 이로서 가치를 느낀다면 구매하게 되는 소비 행태로 소비 패턴이 변화하고 있다. 이러한 변화에 능동적이고 유연하게 대처하려면 어떻게 해야 할까? 방법은 단 한가지 이다. 모두가 마케터가 되는 것이다. 더 이상 마케팅의 성공 여부는 마케터 개인, 혹은 특정 부서의 열정과 역량에 달린 것이 아니다. 연구 개발부터 판매, A/S에 이르기까지 모든 부서가 협업해 마케팅에 참여하고, 이를 바탕으로 한 새로운 아이디어와 제품을 만들어야 성공할 수 있다. 마케팅은 더 이상 어느 한 부서의 전문영역이 아닌 모든 직장인이 알아야 할 상식common sense의 시대가 된 것이다.

그렇다고 마케팅 공부를 너무 두려워 할 필요는 없다. 아무리 급변하는 시장에도 분명한 법칙과 패턴, 그리고 필수 요소는 존재하기 때문이다. 마케팅의 시작은 이 법칙과 요소를 아는 것부터이다. 어찌 보면 마케팅은 요리를 하는 것과 비슷하다. 요리가 처음에는 어려울 수 있으나 기본재료를 손질하고 다루는 과정을 열심히 연습하고 나면 그 후에는 다양한 방법과 형태로서 수많은 음식을 만들어 낼 수 있는 것처럼 마케팅도 핵심 요소만 알고 나면 그 이후에는 나만의 아이디어와 노하우, 성공·실패 경험을 통해 보기에도 좋고 맛도 좋은 실패 없는 마케팅 결과물을 만들 수 있을 것이다.

결국, 누구나 마케터가 되어야 하는 시대이다. 누구라도 기본적인 마케팅 공부는 반드시 해야 한다. 지루하고 케케묵은 마케팅원론 같은 이론을 말하는 것이 아니다. 실무에 필요하고 실제 마케팅에 활용할 수 있는 '살아있는' 마케팅을 공부해야 한다. 그렇기에 마케팅을 잘 모르는 사람이라면 당연히, 혹은 마케팅을 잘 아는 사람일지라도 기본기를 탄탄하게 다지기 위해 이 책을 책상 한 귀퉁이 잘 보이는 곳에 두고 시간이 날 때마다 읽고, 현업을 점검해야 한다.

시장과 고객, 경쟁사들의 변칙과 변화가 난무할지라도 너무 걱정할 필요는 없다. 이 책에 담겨 있는 변하지 않을 Marketing Elements 31 만 알게 된다면 당신은 이미 성공 마케터가 될 준비를 마쳤을 테니 말이다.

Contents

Technic 4 　패러다임의 전환의 법칙 : Renovation

Technic 5 　디지털 활용의 법칙 : Technology

TEC-
HNIC

01

마케팅 기본기의 법칙
: Strategy

Element 01

마케팅적 생각,

마케팅 프레임워크

'혁신은 당신이 무엇을 가졌는지가 아니라,
어떤 방식으로 생각하느냐에 달려있다.'

•

Steven Paul Jobs,
Apple의 공동 창업자, 전 CEO

마케터의 고민   Q. 마케팅에서 자주 사용되는 프레임워크에는 무엇이 있는가?

                  Q. 프레임워크를 사용하면 어떤 점들이 좋을까?

                  Q. 마케팅적 사고를 더욱 더 논리적으로 전달하기 위한 프레임워크에는 어떤 것이 있을까?

"생각의 경로를 확보하여 문제를 해결하고 아이디어를 발전시켜라."

마케팅 아이디어를 발전시켜 해결책을 찾으라는 지시를 받은 신입 마케터는 크게 두 가지 문제에 직면한다. 첫째, 어떤 정보가 이 프로젝트에 유용할 것인가? 둘째, 어떻게 하면 도출한 해결책을 임직원과 고객사에 효과적으로 전달할 수 있을 것인가? 하지만 업무에 익숙하지 않기 때문에 어디부터 시작해야 할지 막연하고, 빠트린 것은 없는지, 불필요한 일을 하고 있는 것은 아닌지 불안할 수밖에 없다. 이러한 점들이 초보 마케터에게는 큰 장애물로 작용한다. 그리고 이런 문제를 해결하는 것이 프레임워크다.

프레임워크는 일련의 구조, 지침, 원칙 및 도구의 모음으로, 특정 도메인이나 분야에서 프로젝트를 수행할 때 사고의 확장과 정리를 돕는

마케터에게는 공감과 창의력도 필요하지만 시장과 고객을 냉철하게 볼 수 있는 MBTI의 'T'같은 냉철함 역시 반드시 필요하다 (출처 : TEO 살롱드립)

체계적인 구조를 의미한다. 프로젝트의 효율성 증진, 일관성 유지, 작업의 조직화 및 실행에 도움을 주는 프레임워크는 주로 복잡한 작업이나 프로젝트에서 일반적으로 사용된다. 문제를 단순화하거나 해결함으로써 목표를 달성할 방법을 수립하는 데에 효과적이기 때문이다.

> 마케팅 작업 프로세스 = 거시적 환경 분석 > 이해관계자 분석 > 자사 분석

1단계 : 거시적 환경 파악을 위한 프레임워크 'PEST'

프로젝트의 성공을 위해서는 먼저 시장의 거시적 환경을 파악해야 하는데, 아무리 좋은 프로젝트라 하더라도 정치적·사회 정서적 이슈와 상충되는 부분이 발생하면 실행에 옮길 수 없다. 그래서 외적 상황을 고려해 가장 효과적인 프레임워크인 'PEST'를 따른다. 'PEST'는 주로 비즈니스 환경을 평가하고 이해하는 데 사용되며, 정치·경제·사회문화·기술적 요인의 영향을 평가하는 것이 목적이다. 이는 총 네 가지 요소로 이루어져 있으며 다양한 분야의 외부 환경 변수를 파악하여 조직이나 기업의 전략 수립과 의사결정에 도움을 준다.

P : 정치적(Political) 요인

국가의 정치 체제, 정부 정책, 법규, 정치적 안정성 등을 평가한다. 정치적 요소가 기업 경영에 직·간접적인 영향을 미치며, 정책 변화나 법규 개정 등으로 인해 기업의 운영 방향이 크게 바뀔 수 있기 때문이다.

E : 경제적(Economic) 요인

경제 상황, 환율, 금리, 인플레이션, 소득 수준 등을 평가한다. 경제적

변수는 수요와 공급, 가격, 소비 패턴 등에 영향을 주기 때문에 마케터가 반드시 분석해야 하는 영역이다.

S : 사회문화적(Sociocultural) 요인

사회적 가치, 문화, 생활방식, 인구 특성, 소비자 행동 등을 평가한다. 시장 동향을 이해하고 제품이나 서비스를 타깃 고객에게 맞추는 데에 효과적이다.

T : 기술적(Technological) 요인

기술 혁신, 자동화, 디지털화, 트렌드 등을 평가한다. 기술 발전은 산업과 기업의 경쟁력에 영향을 미치며 새로운 기회나 위험으로 작용할 수 있는 만큼 반드시 점검해야 한다.

이와 별개로 기업의 비즈니스 전략에 해외 상황이 영향을 미친다면 G Global issue를 추가해 G-PEST 프레임워크를 사용하기도 한다. 이처

PEST 분석

- 정치적 / 법적 환경
- 각종 지원 / 규제정책
- 조세 / 특허 등

- 경제적 환경
- 성장률 / 경기
- 환율 / 이자율
- 소비수준

P E

S T

- 소비문화
- 인구통계적 환경
- 소비자 라이프스타일
- 사회 / 문화적 환경

- 기술적 환경
- 신기술 발전
- 인터넷 / 디지털 환경
- 기술적 인프라

럼 PEST 분석은 기업을 둘러싼 거시적인 환경을 분석할 때 효과적이어서 마케터가 프로젝트를 시작할 때 필수적인 분석 틀로 활용하며 프로젝트의 방향을 정하는 데에 도움을 줄 수 있다.

2단계 : 이해관계자를 분석하기 위한 3C 분석

거시적인 외부 환경을 분석한 뒤에는 이해관계자를 분석해야 하는데 이때 효과적인 도구가 3C 분석이다. 3C분석은 '고객Customer', '경쟁자Competitor', '회사Company'를 지칭하는 말로 경쟁 환경에 놓인 기업이나 조직이 비즈니스 전략을 개발할 때 사용한다. 그를 통해 자사의 제품, 서비스가 얼마나 시장에서 경쟁 우위를 확보할 수 있을지 사전에 확인하려는 것이다.

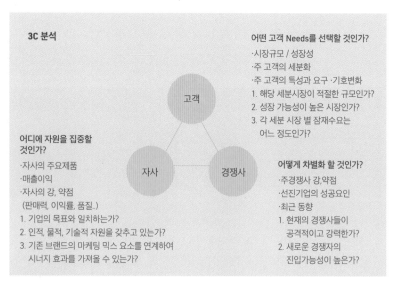

(출처: 오마에 겐이치 (일본 경제학자) 저서 The MIND of The Strategist)

3C 분석의 시작은 고객을 이해하는 것이다. 여기서 '고객'은 기업이 제품이나 서비스를 제공하는 대상 고객층을 의미한다. 고객층의 선호도, 요구사항, 특징 등을 분석하면 이들이 필요로 하는 것이 무엇인지, 어떤 방식으로 제공해야 하는지 파악할 수 있다. 특히 중요한 것은 '고객의 가장 큰 니즈'를 파악하는 것이다.

'경쟁자' 분석은 경쟁 기업이나 제품, 서비스의 강점과 약점을 파악하여 자사만의 차별화된 지점을 찾는 데에 도움이 된다. 그리고 '회사'는 기업 자체의 내부 분석을 의미한다. 이를 통해 획득한 정보는 자사의 강점, 능력, 제한 사항 등을 고려해 현재 상태와 미래 가능성을 평가하고 전략을 수립할 때 활용할 수 있다.

3단계 : 자사 분석에 유용한 SWOT 분석

그리고 이때 '회사(자사)' 영역 분석에 있어 SWOT 분석이 특히 유용하다. SWOT는 강점Strengths, 약점Weaknesses, 기회Opportunities, 위협 Threats의 약자로, 각각의 요소를 통해 조직이나 제품·서비스·프로젝트를 분석하고 전략을 수립하는데 굉장히 유용하다. SWOT 분석은 3C 분석 중 에서도 자사와 관련된 부분만을 선별해 중점 분석하는 데 자사의 현 상황을 평가하고 이를 기반으로 가장 효과적인 마케팅 전략을 개발하는데 큰 도움이 된다.

1) 강점Strengths: 회사나 제품, 서비스 자체의 긍정적인 특징이나 능력

　　우수한 기술력, 인지도, 품질 등

2) 약점Weaknesses: 회사나 제품, 서비스 자체의 부정적인 특징이나 한계점부족한 기술력·자금 제한·미흡한 마케팅 전략 등

3) 기회Opportunities: 회사와 관련된 외부 시장의 긍정적인 상황이나 환경의 우호적 변화조짐, 조직이나 제품의 확장·개선이 가능한 분
야시장 동향· 신시장 진입 가능성·기술 발전 등

4) 위협Threats: 회사와 관련된 외부 시장의 부정적인 요소나 위험경쟁사
의 등장이나 부상, 경제 변동, 규제 변화, 기술적인 도전 등

4단계 : 품질분석을 통한 해결책 전달에 효과적인 프레임워크 'DMAIC'

앞선 여러가지 분석을 통해 해결책을 도출했다면 그 다음은 사내에 공유하거나 고객사에 전달해야 한다. 이때 효과적인 프레임워크가 DMAIC인데, 원래 품질 개선에 관한 프레임워크로서 정의Define, 측정Measure, 분석Analyze, 개선Improve, 통제Control 등 5개 요소로 구성되어 있으며 6 Sigma 방법론의 핵심 프레임워크다. 6 Sigma는 품질 관리와 프로세스 개선을 위한 방법론으로, 결함율 최소화와 고객 만족도 향상을 목표로 한다. 그중 DMAIC의 개념만 활용해도 충분히 논리적인 흐름을 구성할 수 있다.

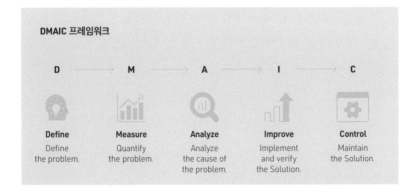

1) 정의Define: 문제의 범위와 달성하려는 목표를 최대한 구체화한다.

2) 측정Measure: 현재 상황이나 상태를 측정하고 문제를 정량화한다. 이때 데이터 수집·분석을 통해 구체적이고 객관적으로 평가하는 것이 중요하다.

3) 분석Analyze: 측정한 상황을 분석해 문제의 근본 원인을 파악한다.

4) 개선Improve: 해당 원인의 해결책을 도출, 적용한다.

5) 통제Control: 해결책의 적용 계획을 설정, 실행하며 성공적인 작동 여부를 수시로 점검한다.

이상의 다양한 프레임워크에 대해 제대로 파악하고 측정, 분석 단계에서 PEST, 3C, SWOT 분석 등을 적절히 활용한다면 더 큰 효과를 거둘 수 있다. 나아가 DMAIC는 문제를 간결하게 정의하고 구체적으로 분석하는 동시에 그에 대한 해결책을 제시하는 단순하면서도 합리적인 프로세스이기에 발표에 활용할 때도 효과적이다. 앞에서 설명한 프레임워크 이외에도 3Why 기법, Fish-bone 차트 등 다양한 프레임워크가 있으니 상황에 맞게 잘 조합하여 사용한다면 더 효과적으로 생각을 확립할 수 있을 것이라 생각한다.

다만 이런 프레임워크는 다양한 상황에 활용하기 위해 만든 포괄적인 도구이기에 상황에 따라 적절한 프레임워크를 선택하는 것이 중요하다. 즉, 프레임워크 활용의 최종 목표는 기존의 프레임워크를 활용해 자신만의 프레임워크를 창출하는 것이라 할 수 있다.

Element 02

#기획

마케팅 로드맵 기획,

이것만 기억하라

다르게 생각하라.

·

Steve Jobs

Apple 창업주

마케터의 고민   Q. 시장이 너무 빠르게 변화하는데 어떻게 따라잡을 수 있을까?

Q. 빠르면서도 효과적으로 의사결정을 내리는 방법은 없을까?

Q. 디지털 마케팅, 어떻게 접근하면 좋을까?

예전에는 제품을 만들기만 해도 팔렸지만, 이제는 잘 만들어도 팔릴까 말까 걱정을 해야 한다. 기술의 발전으로 대량생산이 가능해진 것은 물론, 국가 간 장벽도 낮아져 굳이 해외에 가지 않아도 원하는 제품을 손쉽게 구매할 수 있기 때문이다.

이에 오늘날 소비 동향은 크게 두 가지 변화가 두드러진다. 첫째, 소비자의 취향이 다양해졌다. 과거와 비교했을 때 사회는 풍요로워졌고, 인터넷의 보편화로 정보의 비대칭성도 완화되었다. 똑똑해진 소비자는 기업이 제공하는 제품을 무조건 받아들이지 않으며, 자기만의 기준에 따라 제품을 선택하고 있다. 표준화된 제품으로 고객의 지갑을 열기 점점 더 어려워지고 있는 셈이다.

둘째, 제품의 수명주기가 짧아졌다. 디지털 사회가 도래함에 따라 모든 변화가 빠르게 이루어지고 있으며, 새로운 제품도 빠르게 출시되고 있다. 신제품이 많이 출시될수록 소비자의 관심은 시시각각 변화한다. 이는 고객의 관심이 특정 제품에 머무르는 시간이 짧아진다는 것을 의미하기도 한다. 고객 경험에도 유효기간이 존재한다는 뜻이다. 소비자는 '새로 고침' 버튼을 누를 때마다 새로운 것을 원한다. 기술의 혁신과 소셜 미디어의 파급력에 힘입어 많은 산업 분야가 패스트 패션처럼 빠르게 변화하게 되었다. 결국, 기업은 실시간으로 시장 상황을 모니터링하며 변화에 민첩하게 대응해야만 살아남을 수 있게 된 것이다.

짧아진 제품의 생명주기보다 더 빨라야 할 것은
마케터의 판단과 행동 능력이다

클릭 한 번이면 수천 개의 정보다 쏟아지고, ChatGPT에게 물어보면 10초 안에 세상의 모든 지식이 나오는 현재는 그야말로 '빠른 시대'다. 이런 세상에 익숙해진 소비자에게 한 제품을 오래도록 고민해 구입하고 평생 사용한다는 개념은 찾아보기 힘들다. 소비자의 사용 주기가 짧다는 것은 끊임없이 새 제품을 판매해야 하는 기업 입장에서 꺼릴 만한 일은 아니다. 하지만 마케터에게는 어떨까? 짧아진 제품의 생명주기보다 빠른 시간 내에 끊임없이 소비자를 자극할 정보와 홍보방안을 만들어야 하는 압박감으로 다가올 것이다.

과거에는 대대적으로 시장을 조사하고 신중하게 마케팅 전략을 펼칠 수 있는 시간과 기회가 주어졌다. 하지만 오늘날 시장은 의사 결정의 신중함과 더불어 신속함도 요구하고 있다. 특히 인터넷과 스마트폰의 보급률이 증가함에 따라 소비자의 정보력도 엄청나게 강해졌다. 제품이나 서비스에 대한 민감도 역시 높아지는 추세다. 마케팅 담당자는 급속도로 변화하는 소비자의 니즈를 재빨리 파악하고 이에 맞는 무언가를 시의적절하게 제공해야만 한다.

사라진 마케팅 로드맵

과거 마케팅 전문가와 에이전시에서 진행하는 마케팅 프로세스는 마케팅 전략을 먼저 수립하고 그에 맞는 제품의 핵심 메시지와 테마를 도출하는 것부터 시작했다. 이후 이를 효과적으로 전달할 수 있는 매

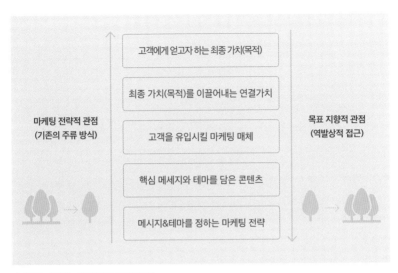

마케팅을 기획하는 시작점에도 정답은 없다.

체를 선정해 마케팅을 진행하며, 최종목적을 이루기 위한 고객의 선행 행동인 연결가치를 세팅했다. 예를 들어, 신규 런칭 브랜드의 경우 브랜드의 테마나 컨셉을 잡은 이후 이 컨셉을 가장 잘 나타낼 콘텐츠를 만든다. 그리고 이 콘텐츠를 타깃에게 잘 전달할 매체를 선정하여 캠페인의 주요 목적과 서브 목적_{연결가치}을 세팅하게 된다.

하지만 디지털 환경에서는 이런 방식으로 마케팅 로드맵을 그리기가 쉽지 않다. 시장이 빠르게 변하기에 어디부터 접근해야 할지 파악하기 어렵기 때문이다. 상대적으로 변화의 속도가 느렸던 과거의 시장 환경에서는 충분한 시간을 가지고 기존의 프로세스를 차근차근 수행할 수 있었다. 하지만 지금처럼 급변하는 시장 환경에서는 고객의 소비 패턴도 민감하게 변한다. 실시간으로 수집한 데이터를 분석해 경쟁사보다 신속하게 의사 결정을 함으로써 시장 변화에 민첩하게 대응해야 한다는 것이다.

시장 예측도 어려운 상황에서 목적마저 불명확하고 구체적이지 못하다면 아무리 기발한 마케팅 전략이라도 만족스러운 결과로 이어질 수 없다. 마케팅은 고객의 시선과 마음을 사로잡아 기업이 원하는 행동으로 고객을 유도하는 것이다. 하지만 그 행동의 목적이 불분명하다면 아무런 소용이 없다. 기업의 목표달성과는 동떨어진 결과를 낳을 수 있기 때문이다. 이처럼 방향성이 없는 전략은 전사적인 혼란을 야기하며, 실패 가능성도 농후하다. 그렇다면 실패 가능성을 낮추려면 어떻게 해야 할까? 방법은 간단하다. 기존 마케팅 프로세스를 역순으로 밟는 것이다.

마케팅 로드맵 만들기 "역행자가 되자"

Step 1. 마케팅으로 무엇을 얻으려 하는가? (목적)

마케팅의 목적은 분명하다. 최종 목표달성을 위해 고객의 행동을 유도하는 것이다. 그렇기에 마케팅 로드맵을 그릴 때 담당자가 가장 먼저 정의해야 하는 것은 '목적'이다. 마케팅의 목적에 따라 다음 단계가 달라지기 때문이다. 목적을 정의하는 가장 쉬운 방법은 '마케팅 퍼널Marketing Funnel'을 사용하는 것이다. 마케팅 퍼널이란 고객의 구매여정을 표현한 모형으로 깔대기처럼 생겨 붙은 이름이다.

최초의 마케팅 퍼널 모형인 AIDA 이론에 따르면 고객은 제품을 구매할 때 인지, 관심, 욕구, 행동의 과정을 거친다. 이는 처음 만난 남녀가 연인으로 발전하는 과정과 비슷하다. 첫 만남 이후 두 번째 만남을 갖는 사람은 첫 만남을 가진 모든 사람의 수보다 적다. 이후 연인으로

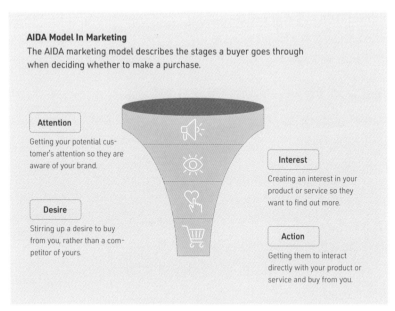

마케팅 복잡성이 날로 증가하지만 그럼에도 기본적인 프로세스는 바뀌지 않는다(출처: Nofal Seo)

발전하는 사람의 수는 더 적다. 제품도 마찬가지인데, 처음 시장에 출시되는 신제품은 수많은 고객에게 노출된다. 하지만 노출된 제품에 흥미를 느끼는 사람은 그중 일부다. 그 제품을 원하고 구매하는 사람은 훨씬 적어진다. 이처럼 마케팅 퍼널은 기업의 매출이 발생하는 데 있어 고객이 경험하는 구매 여정과 단계별 고객 수 변화 양상을 잘 나타낸 마케팅 프로세스다.

마케팅 퍼널의 단계별 세부 내용

> Attention(주목): 고객이 제품이나 브랜드를 인지(Awareness)하게 만드는 단계

광고, 소셜 미디어 노출, 검색 엔진 최적화 등을 통해 고객의 관심을 유도하고 제품이나 브랜드를 알리는 데에 중점을 둔다.

> Interest(관심): 제품이나 브랜드를 인지한 고객이 흥미를 보이게 만드는 단계

인지도를 유지하며 더 많은 정보를 탐색하도록 관심을 끄는 것이 중요하다. 웹사이트 방문, 관련 블로그 탐색, 정보 다운로드 등 지속적인 행동을 유도하며 고객의 관심을 확보할 수 있다.

> Desire(욕구): 고객 내면의 욕구와 필요를 자극하며 소비(구매)를
> 고려하게 만드는 단계

상품이나 브랜드에 흥미를 보인 고객의 욕구와 필요를 자극하는 과정으로, 제품의 장점·특징·가치를 통해 고객의 문제를 해결할 수 있다고 어필한다.

> Action(행동): 고객이 제품이나 서비스를 구매하는 단계

고객이 최종적으로 구매를 결정하는 단계로 구매 성공률을 높이기 위해 경로를 간소화할 필요가 있다.

마케팅 퍼널의 단계에 따라 고객에게서 얻어내고자 하는 행동은 달라진다. 시장 내 기업의 상황이나 위치에 따라 소비자에게 접근하는 목적과 방법이 달라지기 때문이다. 예컨대 새로 출시한 의류 브랜드가 성장하려면 인지도를 높이는 것이 가장 중요하다. 그리고 인지도를 높이는 가장 효과적인 방법은 고객에게 자주 노출되는 것이다. 단순한 쿠폰 발행이나 프로모션 진행보다는 소셜 미디어, 옥외 광고 등 다양한 광고 매체를 활용해 룩북이나 홍보영상을 노출하는 것이 더 효과적일 것이다. 이처럼 퍼널의 단계별로 어떤 목적을 취할지 마케팅의 목적이 달라진다.

Step 2. 누구에게 보여줄 것인가? (타깃)

마케팅의 목적을 세웠어도 타깃을 정확히 설정하지 않으면 마케팅의 명중률은 낮아질 수 밖에 없다. 그렇다면 정확한 타깃은 무엇일까? 최근 우후죽순으로 생겨나고 그만큼 폐업도 잦은 저가형 테이크아웃 전문 카페를 예로 타깃팅의 중요함을 한 번 생각해보자.

> Q. 이 매장의 커피는 누가 마시나요?
> A. 가성비를 중요시하는 사람이 마십니다.

위 질문에 대한 답변은 적절한 것일까? 저렴한 가격에 커피를 마시고 싶은 사람들을 주요 타깃으로 삼은 브랜드이니 맞는 답변이라 생각할 수도 있다. 하지만 두 가지 추가적인 질문을 통해 정교한 타깃팅이란 무엇인가 생각해보자.

하나. 같은 브랜드라 하더라도 강남 한복판에 세운 매장과 상대적으로 유동인구가 적은 주거지역 내 매장이 있을 때 이 두 매장 주요 고객층의 직업은 동일할까?

둘. 한 사람이 커피를 하루에 세 잔 마셨다고 할 때, 구매 시 상황과 목적이 동일할까?

가성비를 추구하는 사람이라도 사업적 미팅을 할 때는 조용하고 쾌적한 카페를 선호할 수 있다. 반면 주말에 예쁜 카페를 찾는 사람일지라도 출근길 방문하는 카페의 인테리어는 중요하지 않을 수 있다.

소비자의 취향이 반영되고, 경쟁이 치열한 업종일수록 마케팅 로드맵을 그릴 때는 타깃을 더욱 정교하게 프로파일링해 분류해야 한다. 이때 타깃 분류 기준은 인구통계학적·지리적·심리적·행동적 조건 등 다양하게 존재한다. 상세한 프로파일링을 바탕으로 목표를 설정하고 마케팅의 방향을 결정해야만 한다. 전체 시장에서 자사의 제품이나 서비스에 관심을 보이는 고객은 일부에 불과하니 정확한 타깃 설정이 마케팅의 성패를 가른다는 점을 기억하자.

이 단계에서는 STP라는 마케팅 프레임워크를 많이 사용한다. 마케팅 기법의 하나인 STP 전략은 S Segmentation; 시장세분화, T Targeting; 표적시장, P Positioning; 포지셔닝로 구성된다. 자사의 경쟁 상황과 여러 자원을 고려해 가장 성공가능성이 높은 시장을 선정하는 것이 목적이다.

이때 흔히 하는 실수가 바로 타깃분석이다. 마케터는 대부분 자사의 강점을 잘 이해하고 있으며, 시장에서 어떤 이미지로 포지셔닝을 할지도 명확히 분석하고 있다. 반면 타깃 분석은 종종 소홀히 하는 경향이 있는데 대부분 자사의 강점이나 경쟁력에 취해 고객을 잊은 경우다. 자사의 경쟁력 자체를 고객의 특성과 동일시하는 경우 타깃의 속성이 모호해진다.

타깃 프로파일링 예시

비즈니스 모델	타깃 조건	타깃 속성
가격 경쟁력이 있는 테이크아웃 전문 카페	인구통계학적	- 20대 이상 50대 이하의 남녀 - 월 200~300만 원 사이 월급을 받는 직장인
	지리적	- 사무실과 도보로 10분 이내 거리 - 지하철과 사무실 사이에 위치한 매장
	심리적	- 출근 시간, 점심시간에 주로 찾는 - 빠르게 구매하는 것을 선호하는 사람
	행동적	- 하루에 커피를 1~2잔 이상 마시는 사람 - 월평균 6만 원 이상 커피에 돈을 쓰는 사람

타깃을 구체적으로 정의하려면 다양한 관점에서 입체적으로 고객을 바라봐야 한다. 입체적인 시각을 가지려면 고객의 구매 상황을 고루 살펴볼 줄 알아야 한다. '어떤 사람이 커피를 사는가?'라는 단순한 질문보다는 '평일 아침에 커피를 사는 사람은 어떤 사람들인가?', '오전에 커피를 테이크아웃하는 사람은 어떤 유형인가?'와 같이 고객의 구매 행동을 세세하게 분석하는 것이 중요하다. 어떤 상황인지 깊게 파고들어야 한다는 의미다. 이런 질문에 답하다 보면 고객의 속성을 하나씩 발견할 수 있다. 이 속성들이 모여 자사 비즈니스의 타깃이 된다.

Step 3. 어떤 메시지로 어떻게 접근할 것인가? (계획)

'계획'은 마케팅 로드맵을 완성하는 마지막 단계로, 앞 단계에서 추출한 타깃의 속성을 마케팅 활동과 연결하는 작업이다. 브랜드 인지도 향상을 위해 SNS/DA 광고를 집행한다면 무작위로 노출하는 것이 아니라, 기존에 파악한 타깃의 속성을 고려해 캠페인을 설정하는 것이다. 앞의 예시에 대입한다면 고객 나이와 행동 특성을 고려해 '20~40

비즈니스 모델	사업화를 위한 판단 요인	타겟 속성	마케팅 전략
가격경쟁력 높은 테이크아웃 전문 카페	인구통계학적	- 20대 이상 50대 이하의 남녀 - 월 200-300만원 사이 월급을 받고 있는 직장인	남녀노소 접근성 좋은 마케팅 매체 선정
	지리적	- 사무실과 도보로 10분 이내 거리 - 지하철과 사무실 사이에 위치하는	온, 오프라인 광고 진행 시 지역 범위 제한
	심리적	- 출근 시간, 점심시간에 주로 찾는 - 빠르게 구매하는 것을 선호하는	- 광고 진행 시간 아침, 점심 시간으로 제한 - 빠르고 저렴하다는 메시지 소구
	행동적	- 하루에 커피를 1-2잔 이상 마시는 - 월 평균 6만원 이상 커피에 돈을 쓰는	구매이력 데이터를 토대로 광고매체 타겟팅

도구 \ 목적	인지·흥미·구매	검색·구매·바이럴	폭발적인 매출 증대
바이럴		바이럴(블로그, 유튜브, 인스타) 후기 / 리뷰 콘텐츠 지속 발행	
퍼포먼스 마케팅	DA / SA 기본세팅 및 최소운영	매체 확장 타겟 매체 선정	케이블TV, IPTV 포커스미디어, 네이버 (타임보드, 스페셜 DA)
콘텐츠 마케팅	브랜드 메시지 송출	SNS 운영	
디지털 및 BTL 캠페인	런칭 캠페인	BTL 캠페인	

대 남녀 중 오전 8~10시 사이에 1만 원 이하의 커피 구매 이력이 있는 사람'으로 대상을 정할 수 있다. '커피에 관심이 있는 20~40대 직장인'으로 타겟을 정한다면 스마트폰에 직장인 커뮤니티 앱이나 업무용 메신저가 설치되어 있고 1개 이상의 커피 프랜차이즈 앱을 이용

하는 이들에게 SNS 광고를 노출하면 된다.

이를 활용한 사례로 당근마켓이 있다. 중고거래 플랫폼 '당근마켓'은 개인화된 메시지를 전달하기 위해 타깃의 속성과 마케팅 활동을 연결한 캠페인을 진행했다. 450여 개의 소재를 지역 맞춤으로 제작해 버스 정류장, 지하철 스크린도어 등 일상에서 쉽게 접할 수 있는 옥외 매체를 통해 광고했다. <○○동도 당근이세요?>라는 메시지를 통해 타깃의 지리적, 행동적 특성을 반영한 맞춤형 마케팅을 선보인 것이다. 당근마켓은 광고 피로도를 낮추면서도 메시지 내용을 효율적으로 전달한 이 캠페인을 통해 브랜드 인지도를 높였으며, 광고가 노출된 지역에서 신규 사용자 유입 효과를 얻을 수 있었다.

갤럭시S23 출시 때도 그 동네별 청소년 모델을 직접 섭외하고 그들이 주로 다니는 동네별 '집-학교-학원' 근처의 버스 정류장에 광고를 진행하였다 (출처: 제일기획)

마케팅 로드맵을 그리는 이유는 계획적이고 체계적으로 마케팅 활동을 하기 위함이다. 로드맵을 그리면서 목적, 타깃, 전략을 명확하게 정의한다면, 이를 바탕으로 일관성 있는 계획을 세울 수 있다. 시시각각 변화하는 시장 환경에서 신속한 의사 결정은 무엇보다도 중요하다. 마케팅 전략 수립이 아니라 목적 설정을 먼저 하는 이유도 같은 맥락이다. 포괄적인 틀을 정하고 점차 좁혀나가기보다 마케팅의 목적에 맞춰 타깃을 설정하고 전략을 수립하는 것이 더욱 명확한 마케팅을 계획하고 실행하는 데에 도움이 될 것이다.

Physical + Digital, 피지털 광고

이젠 직접 가고, 직접 하는 게 희소성이다

터치 한 번으로 언제 어디서든 먹고 싶은 음식을 주문하면 바로 배달된다. 생활용품, 식재료를 주문하면 다음 날 새벽에 집 앞에 배송이 온다. 여가, 문화 활동도 자신이 원할 때 언제 어디서든 가능하다. 어느새 오프라인보다 더 확장된 온라인 세상에서 시간과 장소의 제약을 받지 않고 편리하게 생활하는 것이 당연해졌다. 그러다 보니 아이러니하게도 오프라인에서의 활동이 더 희소해 보이기도 한다.

체험을 통해 브랜드로 관심을 유도하는 오프컬리

온라인 플랫폼인 마켓컬리의 오프라인 공간인 '오프컬리'는 디지털의 공간화의 좋은 사례이다. 오프컬리는 소비자의 온라인 장보기 경험

오프컬리는 테마를 바꿔가며 경험을 제공한다.(출처: https://kookminadpr.tistory.com/505)

을 오프라인에서 더욱 확장시키고자 기획된 공간이다. 오프컬리는 1년에 3~4가지 테마로 바꿔가며 운영하고 있으며, 테마에 맞게 내부 인테리어를 리뉴얼하고 테마에 맞는 식재료를 다루는 도슨트 프로그램을 진행한다. 요리와 관련된 자신의 취향을 찾는 체험을 함과 동시에 셰프가 들려주는 이야기를 들으며 지식을 쌓을 수 있다. 뿐만 아니라 도슨트 프로그램에서 사용되었던 식재료들과 굿즈를 판매하는 공간을 마련하여 체험이 구매로 이어질 수 있게끔 구성하였다. 따라서 오프컬리는 직접적으로 판매하는 매장보다는 도슨트를 통해 미식에 대한 여러 가지 체험과 경험을 하는 공간으로 기능함으로써 미식이나 식재료에 관심이 있는 사람들을 자연스럽게 브랜드에 관심을 가지도록 만드는 역할을 한다고 볼 수 있다.

'고객의 시선이 닿는 그 어떤 곳에나' 카카오 모빌리티 블루 RSE

카카오 택시를 이용해본 적이 있다면, 좌석에 설치된 태블릿을 본 적이 있을 것이다. 카카오 모빌리티 블루 RSE는 오프라인 공간인 택시 뒷좌석에 디지털 요소인 태블릿을 설치해 고객이 실시간 운행경로와 도착 예상 시점을 쉽게 확인할 수 있게 하고, 뉴스, 예능, 애니메이션 등 다양한 정보와 콘텐츠를 제공해 이동시간의 가치를 높이는 서비스를 제공하고 있다. 이는 일종의 공간의 디지털화 기술로써 디지털 요소를 오프라인에 녹여내 고객 경험의 질을 높이고 오프라인 내 고객 데이터를 확보할 수 있게 해준다. 고객 측에서는 다양한 정보와 즐길 거리를 제공받으며 높은 편의성을 느낄 수 있고 카카오 모빌리티 측에서는 각종 정보와 함께 광고를 노출시킴으로써 광고 수익을 획

택시 안에서 경로정보를 제공한다.(출처: https://m.ebn.co.kr/news/view/1549013)

득할 수 있다는 강점이 있다.

'공존과 공생'을 위한 변화

예전에는 오프라인이 주가 되는 생활 속에 온라인 환경은 부가적인 일부의 문화였다면 요즘엔 오프라인과 온라인이 거의 비슷한 비중으로 사람들의 삶에 익숙하게 공존하고 있다. 그만큼 두 환경을 접목시키며 효과를 극대화하려는 시도도 점차 늘어나고 있다. 각각의 장점을 취하고 단점을 보완할 수 있을 뿐만 아니라 브랜드의 가치를 더욱 풍부하게 표현하고 소비자들의 관심을 끌 수 있는 기회가 열리고 있다. 그리고 이렇게 두 환경을 접목시킴으로써 좀 더 폭넓은 계층이 브랜드를 경험할 기회를 증가시킬 수 있다. 앞으로는 브랜드에 대한 관심을 높이는 것이 중요할 것으로 보인다.

Element 03

STP도 모르고 마케팅을

논하지 말라

"사람들은 당신이 하는 일을
사지 않고 당신이 하는 이유를 삽니다."

·

Simon Sinek,
Start With Why 저자

마케터의 고민	Q. STP, 현업에서 어떻게 해야 제대로 하는 걸까?
	Q. 좀 쌈박하고, 최신의, 있어 보이는 STP는 없을까?

'마케팅의 아버지'라 불리는 세계적인 경영학자 '필립 코틀러Philip Kotler'는 마케팅의 바이블이라고 불리는 그의 저서 『Principles of Marketing』에서 STP에서 4P로 연결되는 마케팅 전략의 단계를 설명했다. 나아가 최근 『Marketing 5.0: Technology for Humanity』에서는 STP에 디지털 기술을 활용하는 방법을 소개했다. 그와 같은 세계적인 학자가 강조한 STP란 무엇일까?

STP란 무엇이며 어떻게 활용하는가?

'STP란 무엇인가?'를 이야기하려면 먼저 STP가 이뤄지는 세 단계로부터 접근해보면 훨씬 쉽게 이해할 수 있다. STP는 크게 시장세분화Segmentation, 표적 시장 선정Targeting, 포지셔닝Positioning의 세 단계로 나뉜다. 기준에 따라 잠재고객을 구분한 뒤 가장 매력적인 고객군시장을 선정하고, 제품이나 서비스의 차별화된 콘셉트USP, Unique Selling Proposition를 도출해 고객의 마음을 사로잡는 일련의 과정이라 할 수 있다.

예를 들어, '당근마켓'은 중고물품 거래사이트를 세분화해 사이트 이용의 KBFKey Buying Factor, 핵심 구매요인를 분석했다. 그 결과 '거래 물량이 많은', '결제가 편한', '믿고 거래하는' 등의 키워드가 도출되었다. 그래서 당근마켓은 그중 '믿고 거래하는'이라는 요인을 중요시하는 고

Segmentation		Targeting		Positioning
• 세분화 여부 결정 • 세분화 변수 결정 • 세분화 데이터 수집 • 세분화 실행 • 세분화 특성 파악 • 세분 시장 이해	>	• 세분시장 매력도 평가 • 표적 세분 시장 결정	>	• 표적 세분 시장 대상 가능한 포지셔닝 대안 파악 • 포지셔닝 이미지 선정

객을 대상으로 설정한 뒤 '신뢰 기반 중고물품 거래사이트'라는 USP
를 내세웠다. 세부적으로는 '당신 근처의 마켓', '반경 6km 제한' 등의
요소를 적용함으로써 '신뢰'를 강조하는 프로모션을 진행하였고 결과
적으로 큰 성공을 거둘 수 있었다.

이렇게만 설명하면 정확한 타깃 설정과 전략적인 아이템만 있다면
성공할 수 있는 것처럼 보이지만 더 중요한 것은 시작 이후 계속해서
변화하는 시장 상황에 발맞춰 STP 전략을 수정해나가야 한다는 것이

동네 마켓이라는 당근마켓의 이미지는 확고하다(출처: 유튜브 너덜트)

다. 마케터는 초기 STP 전략을 수립한 뒤에도 끊임없는 정기적인 시장 분석과 고객 피드백 수집을 통해 STP 전략의 수정, 변경 필요성을 타진할 필요가 있다.

'성공적인 포지셔닝을 위한 STP 과정'

1단계. 시장세분화(Segmentation)

'하늘 아래 같은 제품을 원하는 똑같은 고객은 없다.'
하지만 그 모든 고객에게 '오뜨꾸뛰르' 맞춤 정장처럼 제품을 팔 수는 없는 노릇이니 최대한 많은 고객이 원할 만한 제품을 추려내야 한다. 고객의 특성, 필요성, 행동 패턴을 얼마나 잘 분류해 그에 맞춰 다양한 제품을 만들어내는가가 매출과 직결되기 때문이다. 그래서 기업들은 보통 제품 및 서비스를 판매하기 전에 효율적인 마케팅을 위한 집단 분류 작업을 필수적으로 수행한다. 연령, 취향, 거주 및 활동지역, 학력, 내외적 배경 등을 최대한 세분화하여 분석하게 되는데 그렇게 분석을 통해 쌓인 통계자료가 추후 제품 개발 및 영업 전략을 세우는 데 중요하게 활용되곤 한다. 하지만 그때의 고객 세분화 작업은 이미 확보된 고객군을 세부적으로 분류하는 작업이다. STP의 시장 세분화는 이와 다르게, 아직 고객으로 확보되지 않은 잠재 고객군을 나누는 작업이라 할 수 있다.

시장세분화는 유사한 특성을 가진 여러 집단이 모여 전체 시장을 구성하고 있다는 전제하에 시장을 최대한 작은 단위의 소집단으로 나눈다. 소집단의 특성을 바탕으로 조금이라도 더 적합한, 흥미를 끌 만한 제품을 제공해 회사는 새로운 고객을 확보할 수 있다. 또한 시장과 고객에 대해 탐색하는 과정에서 향후 새로운 계획을 세울 수 있는 통찰력을 기를 수 있다. 이는 적합한 마케팅 전략을 수립하는 데에도 도움이 된다. 특정 시장에 집중함으로써 해당 분야의 경쟁 우위를 확보하고 제한된 자원을 효율적으로 활용할 수 있기 때문이다. 이를 통해 기업은 시장 확장, 신시장 개척 등의 효과를 누리게 된다.

하지만 시장세분화가 모든 기업에 필수적인 과정은 아니다. STP에 드는 비용보다 이를 통해 얻는 이익이 작다면 굳이 이러한 손실을 감내할 필요는 없다. 예컨대, 과도한 세분화는 각 시장에 대한 마케팅 비용 상승과 실행 가능성, 효과가 저하되는 결과로 이어질 수 있다. 만약 이미 고객 니즈와 수요가 충분한 상품이라면 시장세분화 없이 전체론적인 관점으로 접근해도 무방하다. 하지만 '평균적'이고 모든 시장에 통용되는 상품이란 존재하지 않는 만큼 소비자의 니즈를 충족하기 위한 시장세분화는 대부분 영역에서 필요한 과정이라 할 것이다.

시장 세분화를 결정짓는 변수

- 조건 1. 측정과 접근, 실행이 가능한 요소여야 한다.
- 조건 2. 실질적으로 유효하고 차별성을 가져야 한다.
- 조건 3. 마케팅 목표에 따라 변경될 수 있다.

구분	특징
지리적 변수	지역, 도시 크기, 지역 밀도 등에 기반
인구통계학적 변수	연령, 성별, 소득, 직업, 교육 수준 등에 기반
심리 특성 변수	라이프 스타일, 가치, 성격 등에 기반
행위적 변수	구매행동, 사용행동, 브랜드 충성도 등에 기반

대략적인 시장 세분화 변수를 결정한 다음에는 데이터를 수집해야 한다. 데이터는 2차 자료통계 등를 먼저 확인하고 부족한 부분이 있으면 1차 자료를 수집하는데, 고객 설문 조사 방법을 이용하는 것이 일반적이다. 마케터는 이렇게 수집한 데이터에 대한 '분류 세분화' 또는 '군집 세분화'를 진행한다.

분류 세분화는 단순 통계작업으로, 데이터의 세분화가 상대적으로 쉬울 때 활용한다. 하지만 한두 개의 속성으로 시장을 나누는 것이 불가능하다면 군집 세분화를 활용한다. 이렇게 세분화하고 나면 시장별 특성을 일목요연하게 파악할 수 있다.

2. 표적 시장 선정(Targeting)

표적 시장을 선정하려면 해당 시장이 매력적인지 알아야 한다. 더불어 해당 시장에서 자사의 제품이나 서비스가 경쟁 우위를 확보하고 있는지, 적합성이 높은지도 살펴야 한다. 이 단계에서는 다양한 전략이 활용된다.

표적 시장 선정 전략

전략	언제 사용하는가	내용	장점	단점
무차별적 마케팅 (Undifferentiated Marketing)	대다수의 일반 대중이 필요로 하면서 시장 구분이 명확하지 않을 때	전체 시장에 하나의 제품을 판매	· 경제적 효율성 · 마케팅 믹스의 일관성	· 개별 고객 요구를 무시하게 될 가능성 · 경쟁에서 밀릴 위험성
차별적 마케팅 (Differntiated Marketing)	회사가 여러 시장에 효과적으로 대응할 수 있고, 제품 라인이 다양할 때	다양한 시장에 서로 다른 제품을 판매	· 고객 만족도 향상 · 시장점유율 증가	· 비용이 많이 듬 · 브랜드 아이덴티티 약화 가능성
집중적 마케팅 (Concentrated Marketing)	자원이 제한적이거나 특정 시장에 강력한 경쟁 우위를 가질 수 있을 때	한 개 또는 소수의 시장에 집중	· 효율적 자원 이용 · 고객 이해도 증가	· 단일 시장에 의존하는 데에서 오는 위험성 · 성장 기회 제한
마이크로 마케팅 (Micro- marketing)	고객의 개별 요구와 선호를 충족시킬 수 있는 능력이 있을 때	지역 또는 개인에 맞춤화된 제품과 마케팅 믹스를 제공	· 고객 맞춤화 가능 · 고객 충성도 증가	· 비용 많이 듬 · 관리가 복잡함

표적 시장 선정은 세분화한 시장 중 가장 규모가 큰 것을 선택하는 것이 아니다. 각 시장의 수익성과 자사의 자원 및 비즈니스 전략을 살펴보고, 자사에 맞는 시장과 전략을 선택해야 한다.

위 표에서 예로 든 것을 비롯한 다양한 마케팅 전략은 표적 시장의 결과물이라고 볼 수 있다. 이러한 전략은 이후 마케팅 실행을 위한 시장 선택과 접근법 결정에 사용된다.

3. 포지셔닝(Positioning)

포지셔닝은 상품의 이미지를 고객에게 각인하는 것을 의미한다. 이는 경쟁사와 차별화되는 이미지를 인지하도록 만드는 것으로, '빈틈 찾기Niche Psitioning'와 '리포지셔닝Repositioning'이 대표적인 방법이다.

포지셔닝을 할 때는 자사의 경쟁력을 파악하는 과정이 선행되어야

대표적인 포지셔닝 방법

빈틈 찾기	시장의 작은 틈새인 '니치(Niche)'에 집중해 자사만의 고유하고 독특한 가치를 제공하면서 시장에서 특별한 위치를 확보하는 전략이다. 주로 특정 고객군의 세부적인 요구를 충족하는 제품이나 서비스를 제공하며 독자적인 경쟁 우위를 확보해 나가는 이 전략은 특정 요구를 가진 고객군에 집중하기 때문에 자원을 효과적으로 활용할 수 있다. 그리고 고객 만족도와 충성도 향상, 장기적 관점의 사업 성장이 가능하다는 장점이 있다. 예를 들어 '러쉬(Lush)'는 친환경 제품과 비 동물 실험으로 환경 보호와 동물권에 관심 있는 고객에게 큰 호응을 얻으면서 독보적 지위를 확보했다.
리포지셔닝	기업이 자사의 제품이나 서비스, 브랜드에 대한 고객의 인식을 바꾸기 위해 취하는 전략이다. 일반적으로 시장조건, 경쟁 환경, 고객 요구의 변화 등 외부적 요인에 대응하는 과정에서 활용한다. 이와 유사한 비교 광고는 제품이나 서비스의 특정 기능, 속성 등을 강조하는 것이지만, 리포지셔닝은 브랜드 전반의 이미지와 전략을 수정하는 것을 의미한다. 고로 마케터는 이 두 가지의 차이를 확실히 인지하고 접근해야 한다.

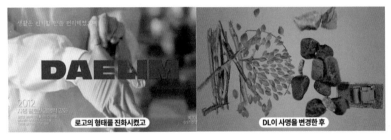

창립 82주년을 맞이하여 리브랜딩을 실시한 DL그룹(출처: WLDO 유튜브)

한다. 독특성, 우월성, 지속성, 수익성, 구입 가능성 등의 기준이 있으며, 이를 참고하여 자사가 어떤 경쟁력이 있는지 파악할 수 있다. 여러 강점 중 차별화되는 요인을 찾았다면, 경쟁 우위를 점할 수 있는 요소를 선택하고 지각도Perceptual Map을 작성해 보고 포지셔닝을 결정한다. 포지셔닝 결정 이후에는 마케팅이 일관성을 유지하며 진행되어야 포지셔닝 전략이 효과를 볼 수 있을 것이다.

자사의 경쟁력을 파악하는 기준

구분	특징
독특성(Uniqueness)	경쟁사와 대비될 수 있는 특성, 개성
우월성(Superiority)	제품 자체가 보유한 품질의 우수성
지속성(Sustainability)	진입장벽, 경쟁사의 모방 가능성의 제약
수익성(Profitability)	충분한 수익 창출 가능성
구입 가능성(Feasibility)	소비자들이 기꺼이 지불할 수 있는 인지의 차이

STP를 마케팅 실무에 활용하고자 하는 당신을 위한 제언

첫째, 분석 도구의 발달에 주목하라.

'디지털 시대에 STP 전략이 더욱 중요해질 것이다.'
-'William Perreault'와 'Joseph Cannon' 『STP Marketing in the Digital Age』

'AI와 머신러닝이 시장을 더욱 세밀하게 나누고
더욱 큰 가치를 창출하는 고객을 식별하며, 제품과 서비스의
효과적인 포지셔닝에 도움이 될 것이다.'
-'Magnus Unemyr'의 저서 『Data-Driven Marketing with Artificial Intelligence:
Harness the Power of Predictive Marketing and Machine Learning』

전문가들은 이미 AI를 활용한 STP에 대해 여러 차례 강조한 바 있었
다. 그리고 기술 발전이 가속화되면서 고객의 행동, 기호, 트렌드 등
을 실시간으로 파악하고 이를 바탕으로 한 정교한 세분화가 가능해
졌다. 이와 더불어 개인화된 고객 맞춤형 마케팅 메시지도 전달할 수

있게 되었다. 대표적인 예로 넷플릭스의 경우 사용자의 시청 기록, 선호 장르, 시청 시간 등을 분석해 개인별로 가장 시청 가능성이 높은 콘텐츠를 추천하는 시스템을 제공한다.

둘째, 디지털 마케팅의 발전과 보편화가 가져온 변화에 대한 고민이 필요하다. 디지털 환경이 일상에 자리 잡으면서 많은 기업이 개인화된 마케팅 전략을 수립하는 데 전력을 쏟고 있다. 또한, 브랜드는 소비자와의 상호작용을 통해 형성되고 강력해지는 만큼 소비자의 경험과 피드백을 통해 계속해서 포지셔닝을 수정, 재정의하는 것이 더욱 중요해질 것이다.

마지막, 소비 경향의 변화에 주목해야 한다. 최근에는 지속 가능성과 친환경, 공존 등 사회적 가치가 높은 제품이나 서비스를 선호하는 소비자가 늘어나고 있다. 이러한 변화는 기업이 새롭게 시장을 세분화할 기회로 작용할 수 있으며, 실제로 이런 고객이 속한 시장을 선정하고 적절하게 포지셔닝한 마케팅 전략이 성공을 거둔 사례도 많다. 일례로 '파타고니아Patagonia'는 환경 보호를 중시하는 고객에게 자사 제품을 마케팅하고, 이러한 가치를 실천하는 회사의 노력을 고객에게 알리기 위해 노력했다. 이는 특정 브랜드에 대한 충성도 높은 고객을 확보하고 시장에서 독특한 위치를 차지하는 데 큰 도움이 되었다.

#제품

시장에서 성공하는 제품은
마케터의 노력이 9할이다

직원들이 보다 큰 범위의 작업 프로세스를
의식하지 않고, 자신의 업무
목표에만 집중하는 조직은 붕괴하기 쉽다.

•

Peter Cappelli,
The Wharton School 교수

마케터의 고민   Q. 제품 개발? 마케팅과 무관한 R&D, 생산 부서 전담 업무 아닐까?

                     Q. 일반적인 제품 개발 프로세스는 어떤 순서로 진행될까?

소비자가 모든 걸 주도하기 시작하면서 예견된 일이었다

과거 한 제품이 소비자의 손에 다다를 때까지 모든 과정은 마치 하나의 선 위에 놓인 과정과 같았다. 선의 가장 왼쪽에는 기획이 있고, 가장 오른쪽에 있는 게 마케터 그리고 그 마케터의 옆에 소비자가 있다고 상상해보면 가장 일반적인 형태였다. 그래서 '제품 기획 및 개발' 업무와 '마케팅' 업무는 가장 극과 극처럼 멀리 떨어진 부서라는 인식이 강했고, '제품 개발' 부서 입장에서 소비자는 마케터와의 거리만큼 멀게만 여겨졌다.

물론 지금도 회사에서 소비자와 가장 가깝고, 소비자를 가장 잘 아는 부서는 마케팅 부서이다. 마케팅 부서는 자사 제품/서비스를 사용하는 소비자의 유형, 주요 니즈, 가장 효과적인 제품/서비스 전달 방식에 이르기까지 소비자와 관련된 모든 일에 가장 통달한 이들이 근무하는 곳이기 때문이다. 하지만 최근엔 마케팅 부서만큼이나 '제품 개발' 부서 역시 소비자에 대한 이해도가 높아야 한다는 의견이 주류가 되어가고 있다. 왜일까?

이 모든 변화의 중심에는 소비자가 있다. 예전 소비자들은 기업이 무엇을 만들어, 어떻게 포장해 내놓든 그것을 선택할 권리만이 주어졌다. 여러 선택지 중 선택할 권리는 있으나 그 이상 어떤 영향력을 발휘할 수 없었기 때문이다. 하지만 요즘 소비자들은 어떨까?

요즘 소비자들은 단순한 사용자에 그치지 않는다. 누구보다 빨리 유사한 경쟁사 상품을 함께 비교 분석하는 영상을 만들어 올리고, 정보를 공유하며 거의 실시간에 가까운 영향력을 제품 출시 전부터 후까지 발휘하기 때문이다. 이제는 오히려 소비자 동향과 심리를 분석해 출시 시기를 정하고, 출시 직전 소비자들의 관심을 끌 만한 이벤트를 먼저 기획하고, 출시 후 리뷰 관리까지 모든 부분을 신경 써야 하는 시대이다. 그리고 출시 전후 모든 소비자의 변화를 빠르고 정확하게 눈치채지 못한다면 그다음 제품 개발과 기획에 지대한 실수를 하게 될 가능성이 매우 높아졌다. 소비자의 마음에 들지 않는 제품은 더 이상 시장에서 살아남을 수 없으며 번지르르한 포장이 아닌 '제품/서비스' 그 자체만으로 고객의 마음을 '動'할 수 있는 제품이 강한 제품으로 인정받는 시대가 도래했다.

프로슈밍이 만들어내는 새로운 가치와 부(富)의 개념

마치 하나의 선 위에 놓인 모든 과정이 둥근 원으로 바뀌었고, 그 원의 중앙에 소비자가 있는 듯한 형상이 되었다. 그러니 더 이상 '우리 업무가 아닙니다.'라는 말로 제품 개발 및 기획에 관여하지 않는 마케팅 부서도, 마케팅 부서가 알아서 할 일이니 제품의 질에만 신경 쓰면 된다며 독불장군식으로 밀어붙이던 제품 개발의 방식도 버려야 할 때임을 의미한다. 앞으로는 마케팅 부서와 제품 개발 부서가 협업해 고객의 요구사항을 제품/서비스에 잘 녹여 상품화 전략을 수립하고 실행해야 한다. 이미 많은 기업들은 고객의 요구사항을 제품/서비스에 반영하기 위해 적극적으로 나서고 있다.

대표적인 예로 LG전자는 이미 10여 년 전부터 프로슈머*와 협업해 만족도 높은 제품을 개발하기 위해 노력하고 있었다. 다양한 연령대의 고객 자문단을 모집해 개선점과 마케팅을 제안할 수 있게 하며, 고객 경험에 기반한 창의적인 아이디어를 발굴하고, 선정된 아이디어를 실제 제품에 적용하고 있다. 실제로 LG전자는 자문단이 제안한 디오스 광파오븐의 인공지능쿡AI 기능 적용 제품 확대, 사용 편의성 강화 요청을 수용하였고 출시 이후 긍정적인 매출 지표를 나타냈다고 한다.

고객 목소리를 가까이하기 위해 고객자문단을 운영하는 LG전자(출처: LG전자 홈페이지)

---

* 프로슈머(Prosumer): 엘빈 토플러의 『제3의 물결』에 등장한 단어. 생산자를 뜻하는 'Producer'와 소비자를 뜻하는 'Consumer'의 합성어로, 제품 생산과 판매에 적극적으로 관여하여 제품/서비스의 생산 단계부터 유통에 이르기까지 소비자의 권리를 행사하는 참여자.

이처럼 고객도 제품 개발에 참여하고 있는데, 사내에서 고객을 제일 잘 알고 있는 마케터도 제품 개발에 참여해야 하지 않을까? 이제는 마케터도 R&D를 비롯한 여러 부서와 협업해 제품 개발/기획 단계 및 출시 후 서비스 개선까지 적극적으로 참여해야 할 것이다. 하지만 전혀 다른 일 같아 보이는 제품 개발 프로세스를 회사에서 배우기도, 공부하기도 쉽지 않다. 조금 더 적극적으로 제품 개발에 참여하고 싶은 마케터들을 위해 일반적인 제품 개발 프로세스 방법론을 이번 장에서 소개하려고 한다.

마케터가 신제품 개발 프로세스를 알고 있으면?

'고객의 요구사항을 제품/서비스에 잘 반영해야 한다.'라는 중요한 이유 외에도 마케터가 제품 개발 프로세스를 이해하고 참여해야 할 이유는 몇 가지가 더 있다.

이유 1. 효율적인 협력을 위해

제품 개발에는 마케팅팀과 R&D팀 간의 적극적인 협력이 필수적이다. 마케팅팀은 고객의 니즈, 시장 동향, 경쟁사 제품의 특성을 R&D팀에 전달하면서 R&D 부문은 자사 기술 수준의 정도, 보유 역량을 마케팅 부서에 계속해 공유해야 한다. 서로가 어떤 역할을 하고 있는지 이해하고 있다면 개발 도중 마찰이 생기더라도 원만히 해결할 수 있을 것이기 때문이다. 실제로 두 부서 간 팀플레이 강화를 위해 많은 기업에서 직무순환, PM제도 활성화 등 다양한 업무 방식 도입을 고민하고 있다.

이유 2. 창의적 Insight를 얻기 위해

마케터가 제품 개발 프로세스를 이해하면 제품의 특성, 기능 및 놓치고 있던 고객 가치를 파악할 수 있으며, 이는 제품을 효과적으로 마케팅하고 고객에게 가치를 전달할 때에도 도움이 된다. 제품 이해도가 높아질수록 추후 새로운 제품 아이디어 발굴에 필요한 창의적인 Insight도 쉽게 얻을 수 있을 것이다.

이유 3. 통찰력 있는 시장 조사를 위해

혹여 경쟁사가 신제품 혹은 자사 제품과 유사한 제품을 개발하는 경우, 어떠한 차별점이 있는지 빠르게 파악하고 대응 전략을 수립해야 한다. 또 신제품 시장 성공 요인으로 '적시성'이 있다. 고객이 원하는 제품을 '적시에' 빠르게 제공해야 시장에서 자리를 잡고 높은 수익성을 기대할 수 있다. 제품의 수명 주기Product Life Cycle 각 단계에 맞추어 적절한 시기에 적절한 가격 전략, 제품차별화 방안, 판매량 조절 등의 마케팅 대응 전략을 수립하는데 평소 자사의 R&D 활동, 제품 개발 프로세스 등을 이해하고 있다면 도움이 될 것이다.

정리하자면, 마케터가 제품 개발 프로세스를 잘 이해하고 있다면 R&D 부서와의 시너지 효과를 기대할 수 있고, 제품 이해도를 높여 성공적인 고객 가치 전달, 제품 개발에 필요한 창의적인 Insight 습득도 기대할 수 있다. 더불어 성공적인 제품/서비스가 출시된다면 그 제품 자체만으로 고객의 마음을 움직일 수 있는 제품이 될 것이고 그만큼 다양한 마케팅 전략을 구사할 수 있을 것이다.

제품 개발 프로세스 맛보기

제조업 기업의 제품 개발 프로세스는 어떻게 구성되어 있을까? 업종, 산업에 따라 천차만별이겠지만 일반적으로 알려진 제품 개발 프로세스에 대해 알아보자. 제품 개발 프로세스는 크게 7단계로 나누어진다.

1. 아이디어 창출(Idea Generation)

신제품 개발의 시작은 아이디어 창출이다. 아이디어는 기업 내부, 외부 모두에서 얻을 수 있다. 내부에서는 제품 개발 업무를 담당하는 R&D 부문을 필두로 마케팅, 영업, CS, 등이 있다. 필연적으로 마케팅이나 영업부처럼 고객과 가장 가까운 거리에서 불만사항과 요구사항을 세세히 알고 있는 부서가 있고, 고객과 접점이 있기는 하지만 간접적으로 얻는 고객 정보가 많은 부서가 있다. 이런 부서별, 업무별 차

(출처: slcikplan.com)

이를 반영해 여러 부서가 주기적으로 VOC를 취합하여 아이디어를 정리하는 시간을 갖는다면 훨씬 다양한 아이디어를 효율적으로 정리할 수 있다. 그리고 회사 바깥에서는 서두에 언급한 고객 자문단과 같은 소비자 혹은 소비자 커뮤니티를 통해 현재 시장의 동향을 파악하고, 아이디어 개발을 위해 미래 유망 산업/기술에 착안해 자사 제품 개발과 연관지어 보는 것도 좋은 방법이 될 수 있다.

2. 아이디어 스크리닝(Idea Screening)

모든 발명품이 실용화하지는 않듯, 아무리 아이디어가 좋더라도 모든 아이디어를 상업화할 수는 없다. 발표된 아이디어 중 가장 시장성, 성공성이 높은 아이디어를 선별해야만 단계를 거치며 개발의 성공 가능성을 높이고 예산과 시간을 아낄 수 있다. 이에 보통 아이디어 스크리닝은 주요 기준을 먼저 정해두고 평가를 진행하는데 주요 기준으로는 아래 항목들이 있다.

1) 시장 가치: 잠재 시장 규모의 크기, 고객 수요 정도, 예상되는 영향력 정도
2) 전략적 가치: 아이디어가 기업이 비전 및 목표, 장기 전략과 부합하는지
3) 기술적 가치: 아이디어를 실제로 개발하고 실행할 수 있는 R&D 역량&인프라를 갖추었는지, 다른 기업에서 특허로 보호하고 있는 사항이 아닌지
4) 경제적 가치: 재무적 부담 정도, 예상 수익성 등

3. 콘셉트 개발(Concept Development)

콘셉트 개발 단계는 아이디어를 고객 입장에서 구체화하고 발전시키는 단계이다. 제품 아이디어를 소비자 입장에서 와 닿을 수 있도록 소비자 언어로 전환하는 절차라고 생각하면 이해하기 쉽다. 이 단계에서 어떻게 제품의 콘셉트를 정하냐에 따라 고객에게 매력적인 제품/서비스가 될 수도 있고 그저 그런 제품이 될 수도 있기에 특히 중요한 단계라고 할 수 있다.

많이 사용되는 콘셉트 개발 기법으로는 제품이 가지고 있는 속성을 분류해 각 속성별 고객의 효용성을 추정하는 컨조인트 분석Conjoint Analysis이 있다. '구매 유발력', 즉 소비자가 어떤 속성을 중요하게 평가하고, 어떤 속성에 따라 우선순위가 변경되는지 확인하고 싶을 때 사용하는 분석 기법이다. 제품의 각 속성별 수준을 다양하게 조합한 제품안을 만든 뒤 소비자에게 선호도 조사를 진행해 응답자 특성을 도출해낸다. 컨조인트 분석은 제품 개발은 물론 신제품 포지셔닝, 제품 디자인 최적화 등에도 활용되고 있다.

4. 사업성 분석(마케팅 전략 개발)

콘셉트가 어느 정도 정리되었다면 사업 타당성을 확인하고 마케팅 전략을 수립한다. 사업 타당성은 제품을 시장에 출시하였을 때 팔릴 수 있을 것인가 확인하는 절차이다. 사업 타당성을 분석하는 다양한 방법론 중에 NABC 접근법이 있다. 제품 출시 전 검토해야 하는 아래 4가지 항목에 대해 검토해 보며 콘셉트를 사업화해도 될지 판단해 볼 수 있다.

NABC 접근법에서 중요한 것은 각 단계를 정량적으로 나타낼 수 있

컨조인트 분석 예시 자료 / Sample Conjoint Exercise
If these were your only house options, which would you choose?
(1 of 9)

Style	Modern	Craftsman	Craftsman	Log Cabin Rustic
Bedrooms	3	2	1	4
Bathrooms	3	1	2	2
Hear source	Oil furnace	Gas furnace	Electric baseboards	Oil furnace
Garage:	No	No	No	No
Price:	$650,000	$350,000	$450,000	$750,000
	Select	Select	Select	Select

(출처: Survemonkey.com)

어야 하며 반복 진행해야 한다는 것이다. 시장이 얼마나 커질 것이고, 예상 수익이 얼마이고, 원가 절감을 얼마나 할 수 있을지 숫자로 표현하지 못한다면 NABC 작업을 개선해 나갈 수 없다. 또한 각 단계 수치들은 시시각각 변하므로 주기적으로 업데이트하는 것이 중요하다.

5. 제품 개발(설계)

종종 R&D 부서의 업무라고만 여겨지는 제품 개발설계 업무이지만 마케팅 부서를 포함한 전사적 협업은 성공적인 제품 개발의 필수 요인이라고 할 수 있다.

NABC 접근법

검토항목	사업화를 위한 판단 요인
Needs	- 고객(시장)이 가진 문제점, 필요로 하는 것을 확인하는 단계이다. - 고객의 니즈와 불편함이 무엇인지 검토한다. - 시장 수요가 얼마나 커지고 있는지 등을 수치적으로 확인한다.
Approach	- 고객의 불편한 점을 해결할 수 있는 방법을 검토하는 단계이다. - 어떤 차별화된 방식으로 고객의 니즈를 만족시킬 수 있을지 소구점이 도출되어야 하며 관련 마케팅 전략도 함께 수립되어야 한다. - 시장에 대한 이해를 바탕으로 STP, 4P 등 마케팅 전략을 통해 성공적인 포지셔닝과 마케팅 경로를 확보한다.
Benefits	- 고객 또는 자사의 이익을 검토하는 단계이다. - 제품이 고객에게 제공하는 고객 가치는 무엇인지, 우리 회사에는 어떠한 이익을 가져다줄 수 있는지 검토한다. (ex. ROI, 매출 수치 등)
Competition	- 경쟁사 분석 단계이다. - 경쟁사의 강/약점과 자사 제품의 비교 우위점을 확인한다. - 경쟁사와 구분될 수 있는 자사의 차별점을 구분해낼 수 있어야 한다.

R&D 부서		마케팅과 R&D, 생산, 구매, 품질 부문 등
완성된 콘셉트에 맞는 제품 및 부품을 설계, 개발하고 성능과 구조를 검토	$\rightarrow$	제품 개발/설계에도 함께 참여

중간에서 의견을 조율하고 개발 일정을 주도하는 PM이 있을 경우 더욱 원활하게 프로젝트가 진행될 수 있다.

6. 프로토타이핑 & 테스트

콘셉트를 시각화하고 피드백을 반영해 성공 가능성을 높이는 단계로 프로토타입 제품이 완성되면 본격적인 양산 전 여러 테스트를 진행한다. 콘셉트 및 설계대로 제품이 완성되는지, 고객 입장에서 사용 불편함은 없을지, 제품 스펙은 잘 갖추어졌는지 등을 확인한다. 이 단계에서 소비자 테스트를 비롯한 여러 시험을 통해 새로운 개선점을 찾고 고객 의견을 반영하는 것도 중요하다. 양산에 들어가기 전 개선점을 발견해야 예산과 시간을 아낄 수 있기 때문이다.

7. 상업화

테스트까지 완료가 되면 신제품 출시 시기, 장소 등을 정한다. 결국 제품 개발의 최종 목표는 시장에서의 성공이기 때문에 좋은 제품을 개발하는 것만큼 '적시성' 있게 시장에 제공하는 것도 중요하다. 생산 일정, 원자재 공급, 유통 채널 관리 등 제품을 대규모로 생산하고 유통하기 위한 공급망을 설정한다.

생산 부서에도 양산이 시작된다. 설계가 아무리 잘 되었더라도 생산을 시작한 후 예상치 못한 문제들이 발생하는 경우가 있다. 연구소와 생산 현장 환경이 달라서 일수도 있고, 소량 제품을 만들어 테스트했던 것과는 달리 대량으로 생산하기 때문에 새로운 문제가 발생하는 경우가 많다. 이는 일정 지연으로 이어질 수 있기에 생산 부서로 이관 이후에도 발생된 문제점을 제품 특성을 조금 더 알고 있는 R&D 부서가 함께 검토하여 생산성을 높이는 것이 중요하다.

이제는 마케터의 역할 변화 고민이 필요할 때

이번 장에서는 마케터가 제품 개발에 참여해야 하는 중요성과 제품 개발 프로세스에 대해 알아보았다. 물론 현장에서는 아직 제품 개발 업무에 마케터가 투입되지 않는 기업이 많다. 안 그래도 바쁜 마케터 업무에 다른 부문까지 참여하려면 업무 과다 문제와 더불어 타 부서와의 마찰 문제도 염두해야 한다. 하지만 업무 부담과 갈등에 대한 우려를 이유로 업무를 계속 구분한 채로 둔다면 회사 전체를 위한 앞으로의 더 나은 발전과 성공적인 제품 개발로부터 점점 멀어지는 미래밖에 없음을 명심해야 한다.

그 말인 즉 제품 개발의 모든 단계에서 마케터가 참여해야 한다는 것은 더 이상 선택이 아닌 필수적이라는 뜻이다. 이미 시장이 소비자 중심적으로 바뀌었고 그에 따라 소비자와 함께 제품을 바라보고 마케팅 전략을 개발하며, 제품 런칭과 마케팅 캠페인까지 계획하고 실행해야 하는 것은 피할 수 없는 우리의 미래일 뿐이다. 그렇기에 모든 과정에서 고객 중심의 접근은 필수이며 가장 고객을 잘 파악하고 있는 부서가 마케팅 부서인 만큼 그 역할의 중요성을 깨달아야만 한다. 지금은 성공적인 고객 가치를 전달하기 위해 마케터의 역할 변화 고민이 필요한 때이다. 그리고 앞으로 몇 년이 지난 후 다시 지금을 돌이켜보았을 때 지금 적극적으로 개발부터 출고까지 다양한 업무를 경험한 마케터가 결국 살아남는 최고의 마케터가 될 것이다.

Business Model Canvas

제품 개발 부서에서 사업 모델을 작성할 때 많이 사용하는 Tool로 'Business Canvas Model' 이 있다. 비즈니스 아이디어나 기존 비즈니스의 전략을 시각화하고 분석하기 위한 도구 중 하나로 기업이 어떻게 수익을 만들어내는지 9개 핵심 요소로 설명한다. 고객을 분류하고 어떤 가치 제안을 할 것인지 정의해 보면서 제품 개발 방향을 설정할 수 있고 가치 전달 전략 청사진을 그려볼 수 있다.

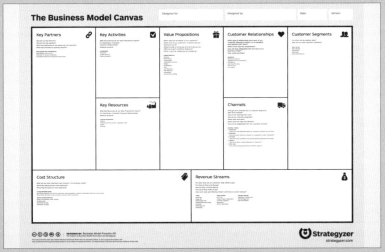

(출처: Strategyzer)

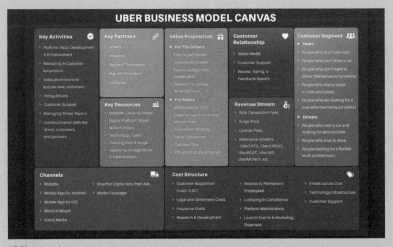

(출처: UpLabs)

손품팔이 시대

'발품' 파는 사람 따로, '손품' 파는 사람 따로

회사와 소비자 사이에서 자신의 발품을 팔아 회사의 제품을 먼저 소비하고 그 정보를 잠정적 소비자에게 제공하는 것을 전문적으로 하는 이들이 등장했다. 누구나 손쉽게 영상 콘텐츠를 제작하고 업로드할 수 있는 유튜브를 기반으로 늘어난 이들은 발품을 팔아 얻은 정보를 소비자에게 제공하고, 소비자는 '손품'을 팔아 정보를 찾아보고 구매를 결정하는 새로운 구조가 생겨난 것이다.

유튜브의 성장과 유튜버, 리뷰어의 등장

그 '발품'을 파는 사람을 흔히 '리뷰어'라고 한다. '리뷰어reviewer'란 말 그대로 검토하여 평가하는 사람이라는 뜻이다. 그들은 사람들이 관심 있어 할 만한 제품을 먼저 구매해 사용법, 사용 후기, 실제 느낌 등

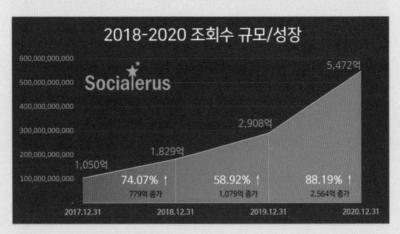

대형 유튜버로 빠르게 성장한 리뷰어(출처: socialerus)

을 상세하게 정리해 영상을 만들고, 그걸 콘텐츠화해 유튜브에 업로드한다. 시청자는 자신의 취향과 성향에 맞는 영상을 충분히 선택하여 볼 수 있다. 특히 쉽게 구매해 써보기 어려운 고가의 IT 제품 등, 한 번 사용하면 반품할 수 없는 제품들 식품, 서비스업 등을 먼저 사용해보고 리뷰를 전달하는 콘텐츠를 메인으로 하는 대형 유튜버가 등장하면서 '회사->광고->소비자' 루트 외에 리뷰어라는 단계가 공고화되고 있다.

'손품'을 파는 소비자

어떤 소비자들은 회사의 광고보다 리뷰어의 리뷰를 더 신뢰한다. 그래서 평소 관심이 없었던 분야의 제품에도 자신이 신뢰하는 리뷰어가 추천하거나 보여줬다는 이유로 긍정적인 이미지를 가지기도 한다. 결국 기업은 나서서 '발품'을 파는 전문 리뷰어를 끌어모아 마케팅적으로 활용하기 시작했다. 삼성, 애플을 비롯한 수많은 대기업들

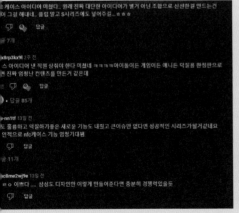

신제품이 나올 때마다 리뷰 전문 유튜버를 찾는 것이 당연해진 기업들(출처: youtube)

이 신제품 출시에 앞서 대형 리뷰 전문 유튜버를 초대하고, 광고료 혹은 제품을 제공하면서까지 리뷰를 부탁하기도 한다. 이는 마케팅적인 측면에서 기존에 없던 완전히 새로운 분야가 만들어진 것이다.

'꿀템'을 파는 판매자

광고가 소비자가 리뷰를 보고, 영향력 있는 인플루언서나 리뷰어가 남긴 좋은 리뷰 영상 하나가 매출 상승에 큰 영향을 끼치기 시작하면서 달라지기 시작한 점이 있다. 바로 판매자의 판매 전략이다. 제품을 출시하고 좋은 리뷰어의 리뷰가 올라오길 기다리는 것이 아니라, 리뷰어의 좋은 리뷰가 만들어질 만한 제품을 개발하게 된 것이다. 그렇다면 어떤 게 가장 많은, 좋은 리뷰로 이어질까?

답은 '꿀템'이다. 이는 단순히 가격이 높고, 고급스러운 명품이나 사치품, 부러움을 살 만한 제품의 카테고리가 아니다. 많은 사람들이 관

유튜버의 평가 하나에 제품의 성패가 결정되기도 한다. (출처: youtube)

심을 갖고 이야기꺼리가 많은 제품, 오프라인에 유행을 일으켜 판매율 상승에 직접적으로 영향력을 행사할 만한 아이템을 만들어내는 것이다. 실제 몇몇 제품이 이런 식으로 '꿀템'으로 소개되고 엄청난 판매율 상승까지 이어지면서 이제는 인플루언서, 전문 리뷰어와 협력하는 일이 당연한 수순이 되기에 이르렀다.

그러다 보니 리뷰어들은 자신의 콘텐츠, 채널 홍보에 도움이 될 만한 꿀템을 발굴하는 데 열중하고, 판매자는 그들의 선택을 받을 만한 제품을 개발하는 데 집중하면서 시장의 구조 자체가 바뀌어 가기 시작한 것이다. 반대로 이미 알려진 이름 있는 회사의 제품이더라도 제품의 퀄리티나 가성비가 좋지 않으면 회사가 아닌 제3자인 리뷰어의 가감 없는 평이 이어지면서 명성이 퇴색하고, 판매율이 급감하는 경우도 있다.

이 리뷰의 순환 속에서 가장 큰 영향력을 가진 이는 누구일까? 영상 하나로 대세 혹은 '믿고 거름'을 만들어내는 전문 리뷰어일까, 그 리뷰어를 일하게 만드는 손품 파는 소비자일까? 그도 아니면 리뷰어를 이용해 광고 아닌 듯 소비자를 끌어당기는 기업일까?

Element 05

가장 중요한데 가장 많이

놓치는 전략 'Pricing'

가치 없는 저렴함보다
값어치 있는 비싼 게 낫다.

·

Warren Buffet
기업인, 전설적인 투자가

마케터의 고민 Q. 싸면 무조건 잘 팔리는가? 비싸야 차별화가 되기에 잘 팔리는 건가?

Q. 마케팅부서는 무조건 가격을 낮추라고 하지만, 정작 그 외 다른 모든 부서는 비싸게 팔아야 한다고 한다. 무엇이 맞는 것인가?

Q. 같은 회사라도 제품마다 전략을 달리해야 하는데, 어떻게 해야 할까?

어떤 물건을 구매하려는 소비자에게 영향을 끼치는 요인은 여러 가지이다. 제품의 질, 서비스의 만족도 등등. 하지만 그중에서도 가장 결정적인 구매 결정 이유는 가격Pricing이다. 그리고 고객이 구매 결정을 내리는 과정에서 가장 마지막으로 맞닥뜨리는 관문이 가격인 만큼, 많은 기업은 R&D에 투자하는 것만큼 가격 전략에도 큰 노력을 기울이고 있다.

가격 책정의 핵심은 적절한 균형점을 찾는 것이다. 가격을 너무 낮게 매기면 잠재 수익을 놓칠 수 있으며, 과도한 가격 책정은 판매량 감소는 물론 매출에도 악영향을 준다. 그렇기에, 기업은 시장 연구와 경쟁

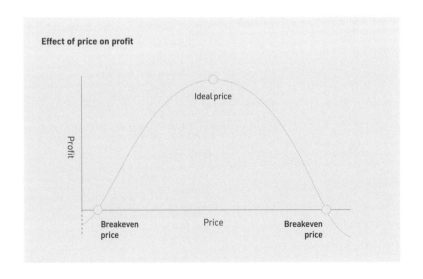

사 분석, 회사의 목표와 전략 등을 종합적으로 고려해 가격 전략을 세운다. 뿐만 아니라 가격 대비 상품 가치의 결정은 단순히 수치적으로 표현되는 가격이 아니라 고객의 심리적 인정과 같은 정성적인 내용으로서 나타난다. 그렇기에 기업은 다양한 방법으로 매출과 이익, 그리고 고객만족을 극대화할 수 있는 최적의 지점을 찾아낼 필요가 있다. 하지만 이렇게 치밀한 전략과 기획에 의해 결정되는 가격 전략은 그 중요성이나 효과와 비교했을 때 마케팅 실무에서 가장 과소평가되는 항목이다. 왜 그럴까?

가격을 결정할 때 반드시 고려해야 할 5가지 요소

- 운영비용operating cost: 원자재, 인건비, 임대료, 마케팅, R&D 등으로 소요되는 모든 비용을 파악해야 한다.
- 재고 상황Scarcity or abundance of inventory 또는 수요의 변동Fluctuations in demand: 제품의 희귀성, 독과점 여부 등에 따라 수요가 변동, 결정되며 이는 가격에 직접적인 영향을 미친다.
- 배송비Shipping costs: 배송 옵션도서/산간, 수량 및 무게 등에 따른 비용 차등화이나 무료배송 등 서비스 경쟁우위 도입 여부를 사전에 결정해야 한다.
- 경쟁력Competitive Advantage: 가격과 가치에 영향을 줄 수 있는 자사의 경쟁력 또는 부족한 부분을 직시해야 한다.
- 가격 인식Perception of your price: 경쟁사 및 목표시장 분석을 통해 가격의 범위 또는 고객의 지불 의사 정도를 파악해야 한다.

최근에는 무엇보다 빠른 배송을 원하는 소비자가 많아짐에 따라 물류비가 가격 결정에 큰 영향을 끼치고 있다(출처: 11번가)

당신이 알아야 할 가장 기본적인 가격 전략 5가지

1. 원가 기반 가격 결정(Cost-plus pricing)

원가+마진을 더하는 전략은 가장 보편적으로 생각할 수 있는 가격 책정 방식이지만 사실 유일한 방법은 아님을 모르는 기업이 의외로 많다. 이 방법은 소매업, 단순유통, 중개업 등의 영역에서 가장 유효하면서도 시간을 절약하는 방법 중 하나다. 하지만 세부적으로 본다면 소매업종에서도 취급 제품에 따라 서로 다른 가격정책을 활용할 필요가 있다. 일부 제품은 외부 상황과는 무관하게 가격과 수요가 일정하지만, 시즌이나 유행을 타는 특정 상품들은 성수기와 비수기의 가격을 똑같이 책정할 필요가 없다.

원가가 일정하지 않다는 것도 고려해야 할 사항이다. 기업의 원가는

원가가산식 가격결정(Cost-Plus Pricing)

사전에 결정된 목표이익을 총원가에 가산함으로써 가격을 결정하는 방식

ex) 가방을 생산하는 기업의 총고정비가 2,000만원, 단위당 변동비용이 20,000원이며, 1000
개의 가방을 판매하여 1,000만원의 이익을 얻고자 한다면 가방 한개의 가격은 얼마로 해
야하나?

$$\text{가격} = \frac{\text{총고정원가} + \text{총변동원가} + \text{목표이익}}{\text{총생산량}} \quad \frac{2,000\text{만원} + 20,000*1,000 + 1,000\text{만원}}{1,000\text{개}} = 50,000$$

생산/판매량에 영향을 받지 않는 고정비용, 생산량에 따라 변하는 변동비용으로 구분된다. 그렇기에 시나리오에 따라 변동비용을 분석해보면 손익분기점이 상황에 따라 변한다는 것을 알 수 있다.

2. 경쟁 중심적 가격 결정(Competitive pricing)

경쟁사와 차별화가 어려운 유사 상품으로 시장 경쟁을 펼칠 때 가장 많이 사용하는 전략이다. 가격책정과 전략 결정이 상대적으로 쉬우며, 소비자나 자사의 비용구조를 분석할 필요가 없어 닐리 활용되는 경향이 있다. 대표적인 예가 넷플릭스, 아마존 프라임, 디즈니 플러스 등의 OTT 스트리밍 서비스다. 이들 서비스는 각자 차별화된 프로모션이나 이벤트로 고객 유치에 힘쓰고 있지만, 결국 소비자가 지출해야 하는 최종 가격은 유사한 수준이다. 끊임없는 경쟁 속에서 독보적으로 앞서기 어려운 산업 구조 특성상 경쟁 기업이나 서비스의 가격을 무시할 수 없기 때문이다.

하지만 이런 경쟁 중심적 가격 결정도 항상 안정적으로 유지되는 것은 아니다. 경쟁사와의 협력 관계 등의 요인으로 가격 경쟁이 자연스

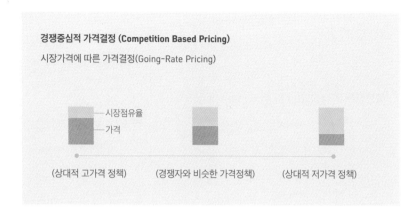

경쟁중심적 가격결정 (Competition Based Pricing)

시장가격에 따른 가격결정(Going-Rate Pricing)

시장점유율
가격

(상대적 고가격 정책)   (경쟁자와 비슷한 가격정책)   (상대적 저가격 정책)

럽게 유지될 수도 있지만, 경쟁이 치열해지면 연쇄적인 가격 인하 등으로 인한 소모전이 펼쳐질 가능성도 있기 때문이다. 즉, 경쟁 중심적 가격 경쟁에서 생존하기 위해서는 시장을 선도하는 능력과 기술적 우위를 확보할 필요가 있다.

3. 스키밍 가격전략(Price skimming)

계속 변화하는 시장에서 향후 경쟁자가 늘어날 것으로 전망할 때 사용하는 가격 전략으로, 보통 아이폰과 같은 혁신적 제품에 많이 적용된다. 먼저, 시장에 신기술을 처음 출시할 때는 높은 가격을 매김으로써 얼리어답터의 관심과 수요를 유인하고, 브랜드와 제품의 프리미엄 이미지를 구축한다. 더불어 이러한 고가 전략은 R&D에 투입된 비용을 빠르게 회수할 수 있다는 장점이 있다. 하지만 시장이 성장하고 점차 포화에 가까워질수록 소비자는 가격에 민감하게 반응한다. 그에 따라 자연스럽게 가격은 적당한 수준으로 내려가게 된다.

이러한 가격 전략은 장점도 있지만 그만큼 큰 위험도 따른다. 판매자인 기업이 원하는 수준의 가치가 시장에서 인정될지도 불투명할뿐더

러, 최근에는 기술 및 제품 복제 주기가 굉장히 빠르게 돌아오기 때문
이다.

4. 시장침투 가격전략(penetration pricing)

스키밍 전략과는 반대로 초기에 낮은 가격을 책정해 단기간에 고객
을 확보해 시장점유율을 높이는 전략이다. 이미 시장에 유사한 제품
이 존재하는 상황에서 고객이 가격에 민감할 때 자주 활용하는 전략
으로, 확연한 가격경쟁력을 보여줌으로써 고객들의 선택을 유도한
다. 그러나 이 전략의 목적은 단순히 시장점유율 상승에만 있지 않다.
공산품과 같은 성향의 제품은 '규모의 경제'의 영향을 받는 제품군으
로써 판매량이 증가하면 제조, 유통, 물류 등 전체적인 과정에서 생산
단위당 비용을 줄일 수 있기 때문에 궁극적으로는 수익률 증가로 이
어지게 하기 위해 선택하는 것이기도 하다.

또한 프린터, 비디오 게임 콘솔Xbox, 플레이스테이션, 닌텐도 등과 같이 제한
된 공급자만을 선택할 수밖에 없는 일종의 캡티브 마켓Captive Market이
존재할 때도 이 전략을 활용하는데 프린터 기기나 게임기하드웨어를 구
매하고 사용하는 과정에서 소모품잉크 등이나 콘텐츠를 이용하기 위한
추가 지출 시장의 규모가 크기 때문이다. 이 경우 기기의 가격을 최소
한의 이익이나 원가 수준에서 판매함으로써 진입 장벽을 낮추는 효
과를 볼 수 있다.

5. 동적 가격전략(Dynamic Pricing)

가치기반 가격 결정Value-based pricing 전략 중 하나로, 수요기반 가격
전략이라고도 한다. 제품이나 서비스의 가격을 고정하지 않은 채 수

요와 공급, 시장 상황에 따라 유동적으로 가격을 매기는 전략이다. 영화의 조조할인 금액, 공연 및 스포츠 티켓, 호텔 예약 등이 대표적인 예다.

이 방식은 기업들이 수익을 극대화하기 위해 사용해 온 가격책정 방식으로, 주로 전자상거래 시장에서 폭넓게 활용되었다. 하지만 오늘날에는 대부분의 소비 활동이 디지털 기반으로 이루어짐에 따라 실시간으로 가격을 책정하고 거래하는 동적 가격 전략은 O2O를 기반으로 오프라인까지 확대될 것으로 보인다.

이처럼 가격 전략은 기업에게 가장 중요한 마케팅 전략 중 하나이자 가성비까지 높은 아주 고마운 전략이라 할 수 있다. 하지만 반드시 유념해야 할 것은 모든 가격 전략은 양날의 검이라는 점이다. 특정 고객을 유치한다는 것은 반대로 다른 일부 고객을 밀어낸다는 의미가 될 수도 있기 때문이다.

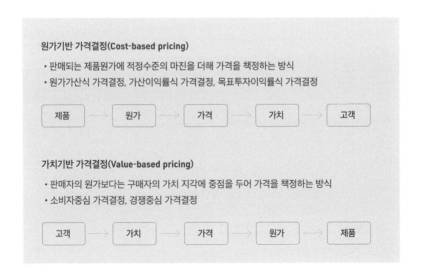

Element 06

#촉진

결국

프로모션

마케팅은 누구나 할 수 있다.
그러나 효과적인 마케팅은 어렵다.

•

Theodore Levitt
Harvard Business School 교수

마케터의 고민 Q. 프로모션이란 무엇이며 어디서부터 어떻게 시작해야 할까?

Q. 가장 적은 비용으로 많은 효과를 거둘 수 있는 프로모션 방법은?

Q. 프로모션 기획 과정에서 반드시 점검해야 할 포인트는 무엇일까?

'마케팅 프로모션'이란 '기업의 재화^{제품, 서비스}의 판매를 촉진하기 위한 마케팅 활동'이라고 정의할 수 있다. 즉, 재화의 강점과 특성을 소비자에게 적극적으로 알려 더 많은 소비자가 긍정적인 이미지를 인식할 수 있도록 하며, 그를 통해 궁극적으로 구매로까지 이르게 만드는 전략적 활동을 총칭하는 개념으로 마케팅 업무의 최종 단계이자 핵심이라 할 수 있다.

이에 제대로 된 마케팅 프로모션은 판매량을 측정하는 단순 재무성과를 넘어 아래와 같이 다양한 이점을 제공한다. 첫째, 기업 입장에서는 마케팅 프로모션을 교두보 삼아 경쟁우위를 확보할 수 있다. 소비자가 수많은 제품과 서비스 중 하나를 선택해야 하는 상황에 놓였을 때 차별화된 프로모션 전략을 통해 해당 재화의 가치를 부각시키고 경쟁 제품보다 주목받게 할 수 있기 때문이다. 두 번째, 브랜드 인지도 향상에 큰 효과가 있다. 프로모션 진행 과정에서는 자연스럽게 기업의 로고, 슬로건, 제품 이미지 등이 노출되며, 이는 소비자가 브랜드를 인식하고 기억하는 데에 긍정적인 영향을 미친다.

최근에는 이런 전통적 성과보다는 투자 개념으로 프로모션에 접근하는 경향도 있다. 특정 소비자에게 특별한 혜택이나 경험을 제공해 상호작용을 촉진함으로써 충성고객을 확보하고 장기적으로 밀접한 관계를 구축하고자 하는 것이다. 또한, 일부 적극적인 기업의 경우 시장 동향에 대한 인사이트를 얻기 위해 소비자의 반응과 피드백을 선제적으로 수집하기도 한다.

성공적인 마케팅 프로모션을 위해 반드시 알아야 할 것 1
: 온라인 기반 마케팅이 가장 효율적이다.

마케팅 프로모션에는 다양한 도구와 전략이 동원된다. 일반적으로는 신문, 잡지, 라디오, TV, 온라인 매체 등을 통해 제품이나 서비스를 광고한다. 더불어 할인 쿠폰, 특가, 경품 등의 행사로 소비자에게 매력적인 가격이나 부가적인 가치를 제시하기도 한다. 이러한 과정은 소비자의 구매욕을 자극하는 전통적인 방법이라고 할 수 있다. 하지만 최근의 프로모션은 기존의 매체보다는 온라인 기반으로 많이 전환되고 있으며, 이러한 경향은 앞으로 더욱 심화될 것으로 보인다. 특히 주목받는 것은 대중적이고 상호작용성이 좋은 다양한 소셜미디어 플랫폼이다.

소셜미디어는 기업이 소비자와 관계를 구축하고 제품 인지도 향상 효과를 누릴 수 있는 최적의 수단이다. 갈수록 전통적인 마케팅 방식보다 온라인 활용 마케팅의 ROI$^{Return on Investment}$가 훨씬 높다는 것이 실증 사례를 통해 검증되고 있는 상황에서 실 프로모션을 고민하는 마케터라면 아래와 같은 대표적인 온라인 활용 마케팅 전략을 고민하고 실행해 볼 필요가 있다.

특히 인플루언서 마케팅은 소상공인부터 글로벌 대기업, 나아가 정부에서도 다양하게 활용하는 방식으로, 전 세계적으로 빠른 성장세를 보인다. 이런 인플루언서 마케팅의 남다른 성장 배경에는 날이 갈수록 세분화되는 소비자의 니즈가 한몫했다고 볼 수 있다. 소비자들은 다분히 목적성을 내포하는 TV 광고 같은 전통적 홍보 수단에 비

① 인플루언서 마케팅(Influencer Marketing): 연예인은 아니지만 남다른 외모 혹은 조건으로 소셜미디어 상에서 몇천, 몇만 명의 사람들에게 선망의 대상이 되는 인플루언서는 그만큼 큰 인지도와 영향력을 갖고 있는 만큼 이 인플루언서의 영향력을 이용해 제품이나 서비스를 홍보하려는 기업이 나날이 늘어나 현재는 인플루언서 마케팅이 거의 필수적으로 통과하는 관례처럼 취급되고 있다.

② 콘텐츠 마케팅(Content Marketing): 제품 혹은 서비스가 가진 본래의 기능, 의미를 소개하는 것이 1차적 마케팅이라면 여기서 한발 더 나아가 소비자의 흥미를 끌거나 유용한 정보를 담은 콘텐츠를 제공하는 것이 2차적 마케팅 방식이다. 콘텐츠화된 정보는 텍스트, 비디오, 인포그래픽 등 다양한 형태로 변환되어 소비자에게 더 오래 기억되고, 더 큰 인상을 남길만한 정보를 전달할 수 있게 해준다.

③ 위치 기반 마케팅(Location-Based Marketing): 모바일 애플리케이션(앱)이나 기타 위치 기반 서비스를 활용해 특정 지역 내의 할인, 제안 등 마케팅 메시지를 소비자에게 전달하는 마케팅 방법이다. 이를 통해 기업은 소비자의 구매 의사를 촉발하고 오프라인 매장 방문의 증가, 주변 상권의 활성화를 독려하는 효과를 기대할 수 있다.

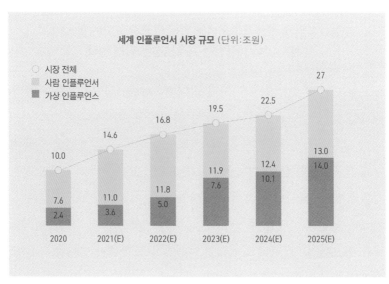

세계 인플루언서 시장 규모 (단위:조 원)

○ 시장 전체
사람 인플루언서
가상 인플루언스

	2020	2021(E)	2022(E)	2023(E)	2024(E)	2025(E)
시장 전체	10.0	14.6	16.8	19.5	22.5	27
사람 인플루언서	7.6	11.0	11.8	11.9	12.4	13.0
가상 인플루언스	2.4	3.6	5.0	7.6	10.1	14.0

통계에 따르면 2019년 65억 달러(약 9조 원) 수준이었던 시장 규모가 2022년에는 164억 달러(약 22조 원)까지 커졌으며, 2023년은 210억 달러(약 28조 원)를 돌파할 것으로 전망된다. (출처: Bloomberg)

해 인플루언서 마케팅이 신뢰성이 높다고 여기는 경향이 있다. 자신이 팔로우하는 인플루언서가 특정 제품을 홍보해주면서 얻을 수 있는 이윤보다 자신과 같은 팔로워들과의 관계를 더 중요하게 여길 것이니 신뢰를 저버리는 행동을 하지 않을 것이라는 믿음이 있기 때문이라도 할 수 있을 것이다. 그들은 인플루언서가 추천하는 것과 같은 제품, 서비스를 사용하는 것만으로도 선망하는 삶에 가까워질 수 있는 방법이라고 생각한다.

오늘날 시장에서는 기업이 생산·판매하는 제품은 물론 소비자의 니즈 역시 세분화되고 있다. 온라인 기반의 홍보 방식이 활성화되는 현상과 더불어 인플루언서를 활용한 프로모션 시장은 계속해서 성장할 것이 분명해 보인다.

성공적인 마케팅 프로모션을 위해 반드시 알아야 할 것 2
: 계획 없이 성공하는 프로모션은 절대 없다.

이처럼 마케팅 프로모션은 기업에 매우 중요한 절차이자 도구이다. 하지만 이토록 중요한 일을 마케팅 대행사에 모든 과정을 일임하거나 포털사이트 등을 통한 무작위 노출에만 집중하는 모습을 심심치 않게 볼 수 있다. 심지어 마케팅 효과에 대한 ROI 분석조차 하지 않는 경우도 많다. 하지만 경쟁이 치열한 마케팅 시장에서 프로모션은 창의성과 혁신에 기반을 두어야 하며, 매번 새로운 아이디어로 전략을 세울 필요가 있다. 그리고 이러한 독창성을 고민하기 전에 반드시 따져야 할 요소가 몇 가지 존재한다.

첫 번째는 명확한 목표 및 타깃층 설정이다. 먼저 프로모션의 취지와 목적, 기대하는 결과 등을 명확히 이해하고 정의해야 하는데, 마케팅 부서뿐 아니라 전사적으로도 프로모션의 방향성에 동의하는지 확인할 필요가 있다. 더불어 프로모션의 대상이 누구인지도 명확히 해야 한다. 대상 고객의 특성과 요구에 맞는 프로모션 전략을 수립해야 효과를 극대화할 수 있기 때문이다.

1980년대 코카콜라의 '뉴 코크New Coke' 캠페인은 이를 보여주는 가장 큰 마케팅 실패 사례다. 경쟁사인 펩시콜라가 '펩시 챌린지Pepsi Challenge'라는 캠페인으로 대대적인 시음 행사를 진행하자 코카콜라는 기존 제품보다 맛이 좋다고 판단한 '뉴 코크'를 출시해 맞불을 놓으려 했다. 하지만 이는 기존 소비자가 코카콜라라는 브랜드의 정체성에 의문을 품는 역효과를 낳았고, 결국 코카콜라는 '코카콜라 클래식Coca-Cola Classic'이라는 제품을 재출시 하였고 악재를 만회하기 위해 천문학적인 비용을 써야만 했다. 이 사례는 시장 변화에 신속한 대응

뉴 코크의 등장과 그 실패로 인한 천문학적인 비용은 기업들에게 브랜딩의 중요성을 알리는 가장 강력한 신호탄이 되었다. (출처: 미국 코카콜라사 홈페이지)

이상으로 대상 고객의 특성과 요구에 부합하는 신중한 판단과 계획이 선행되는 것이 중요하다는 사실을 보여준다.

또 한 가지 유의할 사항은 합법성과 법적 준수 여부다. 이는 가장 기본적이지만 현장에서 가장 많이 간과되는 부분이기도 하다. 마케팅 프로모션은 해당 국가의 법규와 규정을 준수하는 것은 물론, 사회 정서적으로도 용인되는 범주에 있어야 한다. 그렇기에 프로모션 담당자는 소비자 보호, 광고 관련 법령과 더불어 고객의 정서와 법적 측면에 대해서도 잘 이해하고 있어야 한다. 나아가 예산, 일정 관리 등 투자 효율성을 극대화할 수 있는 시기와 일정, 해당 국가의 사회적 이슈 등을 고려한 적정성 등도 파악할 필요가 있다.

견과류 가공품 브랜드인 바프(HBAF)는 "H는 묵음이야."라는 캐치 프레이지를 꾸준하게 노출하며 일관된 메시지를 소비자에게 인식시켰다. (출처: 제일기획)

**성공적인 마케팅 프로모션을 위해 반드시 알아야 할 것 3
: 메시지의 일관성이 프로모션을 넘어 기업의 성패를 가른다.**

프로모션에서는 전달하고자 하는 메시지의 일관성을 면밀하게 검토해야 한다. 제품이나 서비스의 핵심 가치와 이점을 강조하는 메시지는 소비자에게 이미지를 각인시키는 효과가 있기 때문이다. 하지만 실제로는 이러한 점을 간과하고 단순히 유명 연예인을 활용하거나 해당 시기의 이슈에 편승해 기업의 인지도를 높이는 데 치중하는 기업이 많다. 이는 단기적으로는 일정 수준의 효과를 누릴 수 있겠지만 중장기적으로는 매우 부정적인 영향을 미치게 한다. 자칫 소비자가 더 큰 혼란을 느끼며 기업의 목표와 가치가 제대로 된 것이 아니라고 부정적으로 인식하게 될 가능성도 있기 때문이다. 고로 프로모션 담당자는 이러한 문제가 기업 전체 프로모션의 효과를 반감시키는 악영향을 낳는다는 것을 반드시 염두에 둬야 할 것이다.

일관된 마케팅 메시지는 소비자의 브랜드 인식을 고취시키며 같은 메시지에 반복해서 노출된 소비자는 브랜드를 더 잘 기억하고 인지하게 만든다. 또한, 메시지에 특히 큰 관심과 반응을 보이는 고객을 추려낼 수 있어 보다 명확한 타깃을 설정해 마케팅 효과를 높이는 데 도움이 된다. 결과적으로 명확하고 일관된 메시지가 고객의 관심과 참여를 유도하면서 고객과 기업의 유대감을 증진해 마케팅 성과를 더욱 높이는 효과가 있다. 만일 프로모션 전략이나 방향, 메시지에 일관성이 없다면 소비자는 혼란을 느끼며 기업의 목표와 가치를 제대로 이해할 수 없게 된다. 그렇기에 브랜딩과 커뮤니케이션 전략을 철저히 계획하고 실행함으로써 일관된 메시지를 확립하고 유지해야 한다.

마케팅 프로모션 기획 순서 및 단계별 포인트

1. 프로모션 개요	명칭 / 기간 / 타겟 고객 / 목표
2. 배경 및 목적	필요성 / 주요 목적
3. 전략 및 목표	전반적 전략 / 구체적 목표 및 KPI
4. 주요 내용	제품, 서비스 소개 방안 / 특장점 / 참여 조건 / 혜택
5. 홍보 전략	채널 / 광고 / SNS 활용 / 오프라인 이벤트
6. 예산 계획	전체 예산 / 항목별 예산 / ROI 목표
7. 일정 및 담당자	일정 / 역할 및 책임
8. 성과 측정 및 평가	지표 / 평가 방법 / 추후 계획

TEC-
HNIC
02

모두가 마케터가
되는 법칙
: Teamwork

Element 07

구매 프로세스를 모르고는

마케팅을 논할 수 없다

구매를 예술의 경지에 이르게 하라,

·

이건희

전 삼성 회장

마케터의 고민 Q. 멀지만 가까운 구매 부서, 업무는 쉬워 보이는데 도대체 무슨 일을 할까?

Q. 구매 담당자는 왜 그토록 원가절감을 중시할까?

세상의 모든 순환하는 일에는 시작이 있어야 끝이 있고, input이 있어야 output이 있다. 기업 역시 투자를 거쳐 수익을 얻고, 다시 수익을 투자하는 순환의 논리에 따라 움직인다고 볼 수 있다. 기업의 경우 공급망SCM 관점에서 보면 구매가 앞부분에 있으니 input, 마케팅이 뒷부분에 있으니 output 쪽이라 할 수 있다. 하지만 이 순환해야 할 사이가 서로에 대해 관심을 갖지 않고, 서로 잘 모른다면 어떻게 될까? 투자된 방식과 금액을 고려하지 않은 상태로 무조건적인 마케팅과 판매 전략에 비용을 낭비한다면 아무리 높은 수익을 얻을지라도 공백을 메꾸지 못하고 다시 투자할 자금을 확보하지 못해 순환이 이루어지기 어렵다.

이처럼 마케팅과 구매는 서로 다른 위치에 있지만 전체라는 큰 순환의 가치 앞에 서로 더 잘 알고, 더 협조해야 하는 사이이다. 즉, 마케터가 제품의 공급과 생산 과정을 이해하는 것이 중요한 이유는 이를 통해 제품의 가용성을 예측하고 공급 문제까지 해결할 수 있기 때문이다. 아울러, 제품의 최종 가격을 매기고 마케팅 전략을 수립하는 데 영향을 주는 원자재 가격 변동성까지 이해하고 있을수록 좋다.

마케터가 알아야 할 구매 프로세스의 핵심

제품과 브랜드 이미지 제고에 큰 영향을 미치는 품질은 협력업체와의 교류로부터 시작된다. 그리고 그 협력업체와의 교류를 담당하는 자가 구매 담당자이니 결국 협력업체, 품질관리, 브랜드 이미지 제고까지 모든 부분에서 구매 담당자, 구매 부서의 역할이 매우 중요하다는 점을 알 수 있다. 제품 품질을 일관되게 유지하며 문제 발생 시 적절히 대응하기 위해서는 품질관리를 이해해야 하는데, 그 기본이 바로 구매인 것이다.

더 나아간다면 재고관리, 협력업체 관리 측면도 알아두는 것이 유리하다. 효과적인 재고관리는 과도한 비용 발생을 사전에 방지할 수 있으며, 원활한 제품 공급을 보장할 수 있기 때문이다. 이는 고객 만족도에 직결되며, 협력업체 관리가 원활하게 이루어져야 가격, 품질, 공급 분야에서 유리한 고지를 점할 수 있다.

요컨대 마케터가 구매를 이해하는 것은 효과적인 전략 개발과 실행에 큰 도움이 되는 일이며, 정해진 목표를 달성하기 위해서는 마케팅 부서와 구매 부서의 소통과 협력이 중요하다고 볼 수 있다.

구매 프로세스: 구매는 단지 돈을 주고 물건을 사는 업무가 아니다

앞에서 마케터가 구매 업무를 알아야 하는 이유를 살펴봤다면, 이제는 구매 부서의 업무를 이해해야 할 차례다. 일반적으로 '구매'라고 하면 비용을 내고 원하는 물건을 사는 행위라고 생각하는데, 이렇게만 보면 매우 쉬운 업무처럼 보인다. 백화점이나 마트에서 필요한 물품을 사는 것처럼 단지 재화를 사고 돈을 내면 되기 때문이다.

하지만 기업의 구매 업무는 그렇게 단순하게 흘러가지 않는다. 회사의 '구매품 사용 계획'에 따라 '최대한 저렴한 가격'으로 '좋은 품질'의

자재나 서비스를 구매해야 하기 때문이다. 게다가 '양호한 거래처'에서 '필요한 때'에 '필요한 만큼' 구매할 수 있어야 한다. 이처럼 사용/소요 계획, 합리적인 가격, 좋은 품질, 납기, 협력업체의 건전성 등 다양한 요소를 고려해 구매를 계획하고 조정하는 일이 바로 '구매관리'다.

 구매 부서의 업무는 독자적으로 이루어지지 않으며, 다른 부서에서 구매 요청PR, Purchase Requisition을 받고 움직이는 것이 일반적이다. 예컨대 생산 부서에서 부족한 자재에 대해 구매 요청을 하면 구매 부서는 이를 접수하고 타당성을 검토한다. 필요하다고 판단되면 제안 요청서RFP, Request for Proposal나 견적 요청서RFQ, Request for Quotation를 작성하고 해당 물품을 공급할 수 있는 협력업체를 찾아 문서를 발송한다. 그 후 요청서를 받은 협력업체가 제안서나 견적서를 회신하면 구매 부서에서는 그 내용을 검토하고 필요한 경우 협의나 발표PT 자리를 마련한다. 그리고 가격, 품질, 납기 등 다양한 조건을 종합적으로 검토해 최적의 협력업체를 선정하고 계약을 체결한다. 이후 요청한 자재의 구매 주문서PO, Purchase Order를 협력업체로 발행하면 해당 업체에서는 주문을 접수해 요구 조건에 따라 자재를 준비해 납품한다. 사용부서 또는 품질부서가 품질 검사를 마치고 입고를 결정하면 구매 부서에서 협력업체에 대금을 지급하는 것으로 업무가 마무리된다. 이러한 구매 관리 업무 프로세스는 업종과 상황 등에 따라 세부적인 내용이나 절차는 다소 차이가 발생할 수 있으나, 대체로 다음의 표와 같이 이루어진다.

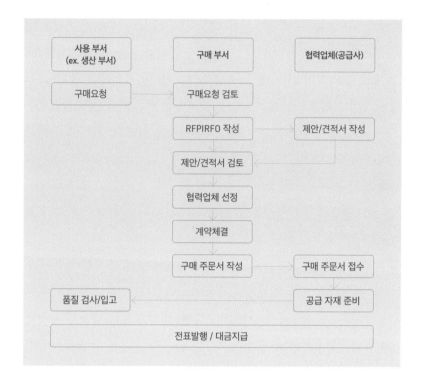

1단계. 구매 요청을 검토하고 RFP/RFQ를 작성한다

이 단계에서는 구매 목적과 품목을 확실히 정의해야 한다. 물품의 재원과 물량, 요구되는 품질 등을 구체적으로 인지해야 하며, 이를 위해 사용부서의 요청을 그대로 수용하기보다는 구매 부서 자체적으로 검토할 필요가 있다. 구매 대상을 정확히 이해해야 공급업체와 납품 방식 등을 제대로 결정할 수 있기 때문이다.

2단계. 협력업체를 물색한다

구입해야 하는 품목을 요구사항에 맞춰 공급할 수 있는 협력업체를 조사하는 과정이다. 기존 거래처 목록에서 발굴하기도 하며, 인터넷

검색을 통해 신규 업체를 타진할 수도 있다. 관련 콘퍼런스에 참석하거나 협회, 단체 등의 DB를 활용하는 것도 좋은 방법이다.

3단계. 추려진 후보군 중 최적의 협력업체를 선정하기 위한 평가를 진행한다

평가 시에는 경영일반 상황, 경영자CEO 평가, 생산기술력, 품질관리 체계, ESG 준수사항 등을 종합적으로 고려한다. 과거에는 견적이나 비용이 가장 중요한 평가요인이었지만, 오늘날에는 위와 같은 다양한 제반 요소를 고루 평가해 판단한다.

4단계. 구매 계약을 체결한다

구매 계약은 '물품 매매에 대해 두 당사자 간의 신의에 기초한 합의로 이루어지는 법적인 권리의무 관계'로 정의한다. 책임소재 등 법적 내용이 포함되기에 구매 담당자가 직접 작성하는 데에 한계가 있다고 여길 수도 있지만, 기본적인 수준에서는 담당자가 작성하기도 한다. 계약서에는 구매할 물품의 명칭, 수량, 품질, 가격, 대금 지급방법, 납기, 납품 및 검수 사항, 상호통지 의무, 제공물에 대한 담보/보험, 불가항력 사항, 계약위반과 배상, 상호의무, 비밀 보호, 계약양도, 계약 기간 및 해지 조건 등의 내용이 담긴다. 추후 분쟁이 발생할 경우를 대비해 최대한 상세히 작성하는 것이 일반적이다.

5단계. 계약을 이행한다

계약 이행 이후 구매부서는 운영 상황을 수시로 확인해야 한다. 구매 담당자들 사이에서는 'POPurchase Order는 구매의 끝이 아니라 시작이다.'라는 말이 있을 정도로 사용부서에서 구매요청을 받아 협력업체와 계약하고 PO를 발행한 후에도 구매부서는 계속 진행 상황을 점검하고 문제가 발생하면 즉시 조치해야 하며, 물품을 공급받은 뒤에는 수량과 품질도 검수해야 한다. 특히 문제가 발생하면 사후 처리나 해결에 드는 실패 비용Failure Cost이 커지기 때문에 이를 사전 예방하는 것이 중요하다. 최근에도 감염병 대유행, 유가변동과 같이 예상하지 못한 변수가 생기는 등 구매 분야에서 대응해야 하는 변수가 점점 늘어나고 있다. 이처럼 외부 환경이 시시각각 달라지는 만큼 담당자의 신속하고 적절하게 대처하는 능력이 중요해지는 추세다.

6단계. 대금을 지급한다

구매 담당자는 입고된 물품이 요구 수준에 부합하는지 검토하고, 문제가 없다면 계약 조건에 따라 협력업체에 물품 대금을 지급한다.

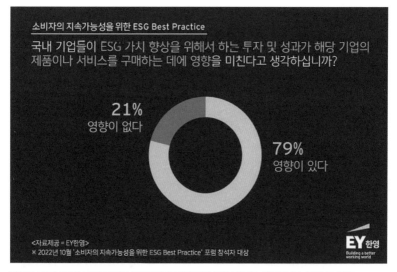

마케터나 구매 담당자 모두 ESG까지 함께 고려해 전략을 짜야 함을 시사하는 설문 결과다. (출처: EY한영)

구매 업무의 종류

구매 업무는 참여 범위에 따라 조달구매, 개발구매, 전략구매 등 크게 세 가지로 나뉜다.

1. 조달구매

이미 개발된 제품의 생산 계획에 따라 원자재나 부품을 구매, 공급하는 유형이다. 즉, 양산 단계부터 업무에 참여하는 것으로, 생산 부서와 밀접한 연관이 있다. 제품 생산에 차질이 없도록 회사에서 정한 일정이나 사용부서의 요구에 맞게 구매품을 공급해야 하기 때문이다. 무엇보다도 납기가 매우 중요한 업무라고 할 수 있다.

2. 개발구매

개발구매는 구매부서가 제품 개발R&D 단계부터 참여해 목표하는 제품을 효과적으로 개발하도록 지원하는 데에서 시작한다. 조달구매는 개발이 완료된 후 양산 단계부터 참여하지만, 개발구매는 명칭에서 알 수 있듯 개발 과정에도 관여한다는 차이가 있다. 구체적으로는 새로운 제품 생산에 필요한 원자재와 부품을 공급할 협력업체의 선정과 단가 결정, 개발 일정에 따른 원자재나 부품 공급 등의 업무를 수행한다.

개발구매는 R&D 부서나 연구소와 깊은 연관성이 있는데, 개발 부서에서 필요로 하는 원자재와 부품을 수급해야 하기 때문이다. 특히 전기, 자동차 등의 산업 분야에서는 제품 개발 단계에서 원가의 80% 이상이 결정되는 만큼 R&D 부서와 개발구매 부서 간의 협업이 중요하다.

3. 전략구매

전략구매는 상품의 기획 단계부터 참여하는 업무다. 목표로 하는 품질과 가격을 충족하기 위해 최적의 협력업체를 발굴하는 것이 중요하다. 개발구매는 R&D 부서와 협업해야 하는 업무지만 전략구매는 회사의 경영진과도 소통해야 하는 업무다. 경영진이 요구하는 바에 따라 조달 방법, 원가절감 전략을 정하는 등 회사의 경영전략과 연계한 구매전략을 수립해야 하기 때문이다. 구매 중에서도 가장 복잡하고 까다로운 업무 분야라고 볼 수 있다.

세 가지 구매관리 중 조달구매 방식을 취하는 회사가 대부분이지만, 독자적인 제품을 생산하는 제조업 분야에서는 개발구매를 추진하는 기업도 있다. 많지는 않지만 전략구매를 하는 기업도 점차 늘어나는 추세다.

구매부서는 왜 그토록 원가절감을 부르짖는가?

이처럼 구매부서가 영향을 끼치는 범주가 넓어지면서 과거에는 가격협상, 계약 조정, 납기 관리 등에 한정해 의견을 제시하던 다소 소극적인 모습이었던 반면, 최근에는 더 효율적인 공정과 이익 창출을 위한 개선안을 제시하는 모습으로 변화하고 있다. 이제는 단순 사무적 업무를 넘어서 회사 내외적 기술 동향과 경쟁에 대해 면밀히 분석하고 무엇이 더 나은 대안이 될 수 있는지에 대해 적극적으로 의견을 제시하는 경우가 늘어나고 있다.

전년 연매출액이 10억 원이었던 A회사를 예로 들어 보자. 이 회사의 영업이익은 매출액의 10%인 1억 원으로, 나머지 9억 원은 비용에 해당한다. 올해는 회사가 마케팅에 주력해 매출액이 10% 증가했다면 매출액은 11억 원, 매출이익은 그중 10%인 1.1억 원이다. 즉, 전년 대비 매출이익 증가는 0.1억 원이다. 반면, 매출액은 유지하되 비용이 10% 절감되었다고 가정해 보자. 이때 비용은 8.1억 원이며, 매출이익은 0.9억 원 증가한 1.9억 원에 달한다. 즉, 매출액이 10% 늘어났을 때 매출이익 증가는 0.1억 원에 불과하지만, 비용을 10% 절감하자 매출이익은 0.9억 원이나 늘어난 것이다.

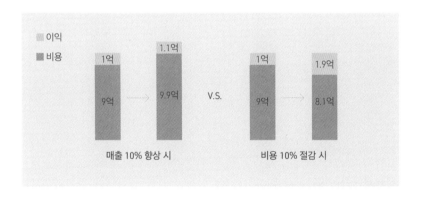

위 예시에서도 볼 수 있듯 비용을 줄이는 것은 매출을 늘리는 것보다 더 큰 순이익을 가져다준다. 비용과 직접 연관되는 부서가 바로 구매부서이며, 구매부서의 업무 수행은 회사 전체의 이익 창출에 지대한 영향을 미친다.

이런 가치를 더 눈에 띄게 확인할 수 있는 분야가 제조업인데 제조업에서 제품 생산에 드는 비용인 제조원가에는 재료비, 노무비, 경비 등이 포함된다. 재료비는 제품 생산에 필요한 원자재와 부품 등 재료의 비용이며 노무비는 생산에 투입되는 인건비를 의미한다. 경비는 재료비와 노무비를 제외한 모든 비용이다. 일반적으로는 재료비와 노무비가 차지하는 비중이 높은데, 공장 자동화, 아웃소싱, 위탁 생산 등으로 인해 노무비의 비중은 많이 줄어들었다. 즉, 상대적으로 재료비의 비중이 커진 것이다. 이에 당연히 재료비와 밀접한 연관이 있는 구매부서의 역량에 따라 재료비의 절감 비율이 결정되며, 이는 제조원가를 낮추고 이익을 극대화하는 데도 직결된다. 구매부서는 '구매 관리가 회사 이익 창출의 근원'이라고 생각하기 때문에 그토록 원가 절감에 사활을 거는 것이다.

Element 08

B2B 마케팅과 구매전략의

연결고리

마케팅의 목적은 고객을 충분히
잘 알고 이해하여 제품 또는 서비스가
자동으로 팔리게 하는 것이다.

·

Peter Drucker
경영학자, 사회학자

마케터의 고민 Q. 마케팅 전략 배우기도 바쁜데 내가 왜 구매전략도 알아야 할까?

Q. 구매담당자가 구매전략을 수립할 때 가장 먼저 해야 할 일은 무엇일까?

B2B 마케터는 마케팅 전략을 수립하기에 앞서 제품의 특징, 가치, 목표 시장 등 모든 사항에 대해 깊이 이해하는 과정을 거치게 된다. 그리고 습득한 정보, 지식을 토대로 성공적인 거래를 이끌어 내기 위해 고객의 구매전략을 이해하는 가장 중요한 단계를 거쳐야만 한다. 고객의 구매전략을 왜 이해해야 할까? 다음과 같은 네 가지 장점이 있기 때문이다.

- 첫째, 고객 구매 결정 과정의 세부적 특징까지 확실하게 파악해 구체적인 타깃을 설정하는 데 도움이 된다.
- 둘째, 구매담당자와의 대화를 좀 더 주도적으로 이끌어나가며 단순한 판매자가 아닌 문제를 해결해주고 함께 일 해 나갈 파트너로서 능력을 인정받을 수 있도록 해준다.
- 셋째, 구매자의 구매 패턴과 시기를 예상할 수 있기 때문에 그에 따른 수익 역시 더 정확하게 예측할 수 있다.
- 넷째, 고객이 자사의 제품과 경쟁 업체의 제품을 비교할 때 자사 제품만이 가진 고유한 가치를 전략적으로 강조할 수 있다.

이 네 가지 장점이 모두 발휘된다면 B2B 마케터는 상대방이 내밀 패와 의도를 모두 알고 게임을 시작하는 사람처럼 우위를 점하며 거래와 대화를 이어나갈 수 있게 된다. 그리하여 보다 치밀한 전략을 세워 고객과의 관계를 강화해 나가며, 경쟁력이 높으면서도 비용과 손실을 최소화할 전략을 세울 시간적, 심적 여유를 확보할 수 있는 것이다. 그렇기에 B2B 마케터라면 필사적으로 고객의 구매전략을 알고자 노력해야 한다.

'일류 기업은 물건을 팔 때만 돈을 버는 게 아니라 살 때도 돈을 번다.'

많은 사람들이 기업에는 '판매 담당'의 영업직이 매출과 수익에 가장 큰 영향을 끼친다고 여기지만 사실 그 반대로 '구매담당자'가 더 큰 영향을 끼칠 수 있다. 구매담당자는 제조와 생산에 필요한 모든 원자재와 부품을 구입하며 효율적인 생산이 이뤄질 수 있도록 준비하는데 과거 이 구매담당자의 고민은 "어떻게 하면 원자재나 제품을 좀 더 저렴한 가격으로 구매할 수 있는가?" 하는 물품 조달에만 초점이 맞춰져 있었다. 그렇다 보니 조직 내에서 인식은 중추적인 부서보다는 보조 부서처럼 취급되는 경우가 대부분이었다. 그래서 구매담당자가 경영 전략에 관심을 갖고, 타 부서와 활발히 교류 및 협력을 해야 한다는 인식도 부족했다.

하지만 최근엔 그런 분위기가 달라지고 있다. 구매부서는 단지 물품을 조달하며 '돈을 쓰기만 하는' 하위 부서가 아닌 치밀한 경영 전략을 세우고 보다 효율적인 공정이 이뤄질 수 있도록 환경을 구축함으로써 '돈을 버는' 부서라고 여기는 기업이 점점 늘어나고 있기 때문이다. 대표적으로 삼성, 애플 등 초일류 기업에서도 기업 혁신이나 원가 절감의 기틀을 구매 부서를 중심으로 마련해 가는 추세다. 그렇다면

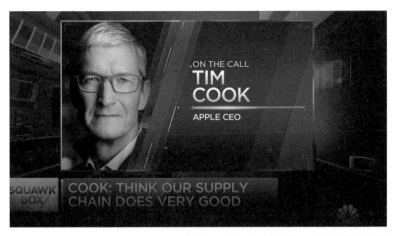

애플의 CEO 팀 쿡은 SCM, 구매, 재고관리 혁신을 통해 지난 12년간 애플의 시가 총액은 10배 이상 끌어올렸다. (출처: CNBC)

어떻게 물품을 구매하면서 돈을 번다는 것일까? 바로 '전략적 구매'를 통해서이다.

'전략적 구매'란 기존의 조달 중심 업무에서 벗어나 구매가 주체가 되어 비용과 그 외 여러 측면에서 경쟁 우위를 점하는 것을 뜻한다. 전략적 구매의 중요성이 두드러지게 된 계기는 원가 절감에 대한 인식 변화 때문이다. 기업의 원가 구조를 보면 전체 비용 중 구매 비용이 차지하는 비중이 꽤 크다는 점을 알 수 있는데, 그래서 이 구매 부서에서 비용을 절감한다면 결과적으로 더 큰 수익률을 달성할 수 있다는 결론에 다다르게 되면서 핵심 부서로 부상하게 된 것이다. 또한 구매 비용 이외에도 개발, 생산, 영업, 마케팅 등 다른 부서나 외부 공급사와의 협력·관계를 정립하는 과정에서 구매 부서가 얼마나 전략적으로 기능을 수행해주는가에 따라 많은 차이가 발생한다는 것에 주목하는 기업이 많아졌다고도 해석해볼 수 있다.

기존 구매방식과 전략 구매방식의 차이

그렇다면 '구매 부서의 구매 비용 절감은 이해할 수 있지만 전략적인 구매란 무엇인가?' 하는 의문을 가지는 이들도 있을 것이다. 전략 구매를 이해하려면 기존 구매방식과의 차이를 알아야 한다.

기존의 구매전략은 생산전략을 지원하는 T3$^{Tier\,3}$ 전략적 역할 정도였다. 구매 프로세스 역시 부서 차원에서 먼저 목표를 수립한 뒤 조직 전체에 공유하는 Bottom-up 방식을 취했다. 또한, 특정 구매품목의 단가 절감을 위한 협상 등 단기적인 목표가 주를 이루다 보니 여러 부서와 협업하기보다는 구매 부서 내에 한정해 진행되는 업무가 많았다.

그런데 요즘엔 구매 전략이 T2$^{Tier\,2}$ 전략으로 발전하면서 전체적인 사업전략의 성공을 위한 핵심 요소가 되었다. 이는 구매전략이 생산/제조전략을 포괄하는 상위 전략으로 진화했다는 의미이기도 하다.

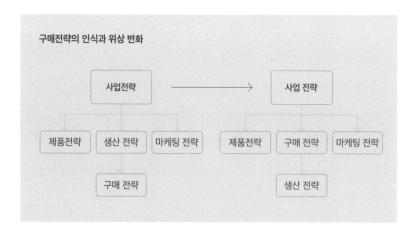

전략 구매는 Top-down 방식으로, 회사의 사업전략을 먼저 수립한 뒤 그에 맞는 구매전략을 수립한다. 더불어 장기적인 관점으로 단계별 혁신을 위한 목표를 설정한다는 차이도 있다. 기술적인 한계를 뛰어넘는 고차원적인 원가 절감 전략을 세우기도 한다. 즉, 단일 품목에 집중하기보다는 원가 구조 자체를 뒤바꾸는 혁신에 초점을 두는 것이다. 이때 전반적인 체계를 개선하는 만큼 구매 부서에서 독자적으로 전략을 수립하거나 추진할 수 없기에 유관 부서와 협업해 공급망 전체를 망라하는 전략을 수립한다. 그렇기 때문에 전략 구매는 단순히 협상이나 경험에 의존하기보다는 체계적인 방법론을 바탕으로 추진되어야 했던 것이다.

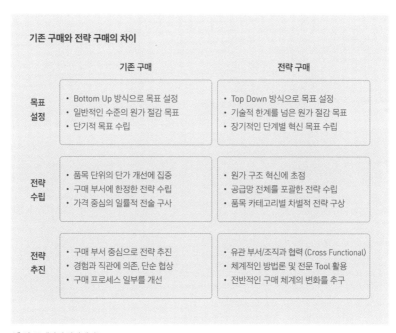

기존 구매와 전략 구매의 차이

	기존 구매	전략 구매
목표 설정	• Bottom Up 방식으로 목표 설정 • 일반적인 수준의 원가 절감 목표 • 단기적 목표 수립	• Top Down 방식으로 목표 설정 • 기술적 한계를 넘은 원가 절감 목표 • 장기적인 단계별 혁신 목표 수립
전략 수립	• 품목 단위의 단가 개선에 집중 • 구매 부서에 한정한 전략 수립 • 가격 중심의 일률적 전술 구사	• 원가 구조 혁신에 초점 • 공급망 전체를 포괄한 전략 수립 • 품목 카테고리별 차별적 전략 구상
전략 추진	• 구매 부서 중심으로 전략 추진 • 경험과 직관에 의존, 단순 협상 • 구매 프로세스 일부를 개선	• 유관 부서/조직과 협력 (Cross Functional) • 체계적인 방법론 및 전문 Tool 활용 • 전반적인 구매 체계의 변화를 추구

(출처: 구매관리 아카데미)

구매전략 수립을 위한 크랄직 매트릭스

여기서 B2B 마케터라면 알아야 할 모델 중 하나인 '크랄직 매트릭스 Kraljic Matrix'에 대해 알아두는 것이 좋다. 크랄직 매트릭스는 구매전략 수립을 위해 주로 사용하는 모델 중 하나로, 세계적인 구매 전문가 피터 크랄직Peter Kraljic이 1983년 '하버드 비즈니스 리뷰'에 소개하며 널리 알려졌으며, 구매전략 수립에 앞서 구매 포트폴리오를 분류, 분석하는 모델이다. 크랄직 매트릭스에서는 구매품목을 수익 기여도Profit Impact와 공급 위험도Supply Risk에 따라 2×2 매트릭스로 분류하는데, 각 카테고리별 특성에 따른 구매전략이 존재한다는 점이 특징이다.

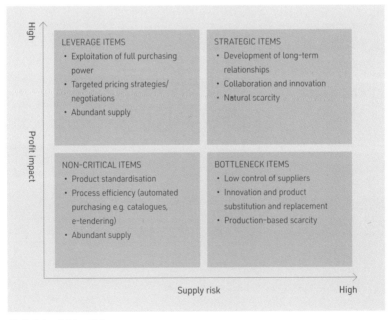

(출처: 하버드 비지니스 리뷰)

1. 중요하지 않은 품목(Non-critical Items)

수익성이 미미하고 공급 위험도가 낮아 회사에서 중요하게 여기지 않는 품목으로, 사무용품이 대표적이다. 임직원이 사용하는 사무용품 자체는 회사의 수익을 창출하지도 않으며, 구매할 때 위험 요소도 없다.

하지만 이 카테고리에 해당하는 품목은 업무에 필수적으로 사용해야 하므로 자주 구매해야 한다. 구매 부서가 매번 이런 품목까지 세세하게 관리하는 것은 되려 더 중요한 구매 품목에 신경을 쓸 시간을 낭비하게 만들어 전체적으로 효율적인 업무가 이뤄지지 못하게 만들 수 있다. 그래서 효율성을 높이기 위해 품목을 표준화하고 구매 프로세스를 자동화하는가 하면 통합구매나 구매 대행사 같은 보조적 절차를 세워두는 편이 좋다.

2. 지렛대 품목(Leverage Items)

수익성이 좋지만 공급 위험도는 낮은 품목이다. 회사 비즈니스에 결정적인 영향을 미치는 품목인 만큼 더 큰 수익을 위해 전략적으로 구매할 필요가 있다. 하지만 제품 특성상 사양이 대체로 비슷하기에 쉽게 다른 제품으로 대체할 수 있어 공급자보다 구매자가 주도권을 쥔다. 품목이 마음에 들지 않으면 다른 공급자를 선택할 수 있기 때문이다. 지렛대 품목의 수익성을 극대화하는 전략으로는 공급업체 간 경쟁, 협상, 대체재 개발 등이 있다.

3. 병목 품목(Bottleneck Items)

수익성은 낮은데 공급 위험성이 큰 품목이다. 수익성이 낮아 공급업체도 한정되어 있기 때문에 자연히 공급 위험성도 큰 편이다. 지렛대 품목과는 달리 구매자보다 공급자가 주도권을 쥐는데, 한정된 시장을 독과점한 공급자가 원하는 대로 가격을 인상할 수 있다. 대체재를 찾기도 어려워 담당자의 골칫거리 같은 품목이다. 병목 품목에는 수량 보장, 공급업체와의 관계 관리, 적정재고 확보 등 공급 위험성 감소에 중점을 둔 전략을 취한다.

4. 전략적 품목(Strategic Items)

공급 위험성과 수익성이 모두 높기에 구매담당자에게 가장 중요한 품목이다. 공급업체와 제휴 관계를 맺고 전략적으로 협업하는 전략이 효과적인데, 그래야 장기적으로 윈-윈Win-win할 수 있다. 마케터에게 CRM이 중요하듯 구매담당자에게는 SRM 공급업체 관계 관리이 중요하다. 구매품목을 제대로 분류하지 못하면 수익성이 낮은 품목에 불필요한 자원이 낭비되거나 주요 공급업체와의 관계를 제대로 관리하지 못하는 등의 문제가 발생한다. 이는 결국 회사 수익에 악영향을 미친다. 고로 B2B 마케터는 자사의 제품이나 원지재가 구매 기업의 크랄직 매트릭스 중 어느 카테고리에 해당하는지 잘 판단해야 한다. 분류에 따라 상대 기업의 구매전략이 달라지기 때문이다. 일단 구매전략을 파악한 뒤에 그에 맞는 마케팅 전략을 수립하면 된다.

그 외에도 대략적인 구매전략 수립 절차를 잘 알아둘 필요가 있다. 모든 절차를 세세하게 이해하지는 않아도 되지만, 자사 제품의 강점을 어필할 단계를 파악할 수 있기 때문이다. 대상 기업의 구매 결정 과정, 이해당사자, 니즈와 고려 사항을 이해하는 것은 제안을 효과적으

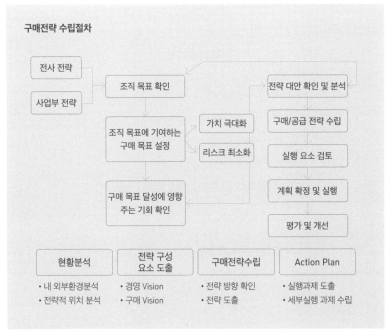

구매전략 수립절차

(출처: 구매관리 아카데미)

로 전달하는 데 매우 중요하다. 예컨대 대상 기업이 구매 결정을 내리는 특정 단계에 가장 큰 영향력이 있는 이해당사자와 이들이 핵심적으로 고려하는 사항을 미리 파악해둔다면 그에 맞는 커뮤니케이션 전략을 세울 수 있다. 그리고 이는 단기적인 판매 목표 달성을 넘어 장기적인 매출 증대로 이어져 고객과의 신뢰 관계를 공고히 구축하는 데에도 큰 영향을 미친다.

결론적으로 B2B 마케팅 전략은 구매전략과 직결된다. 그렇기에 대상 기업의 구매전략 프로세스를 이해하고 적절한 전략을 세우는 것이 B2B 마케팅의 핵심이라고 할 수 있다.

Element 09

마케팅과 R&D는

하나의 부서라는 생각으로

연구란 모두가 이미 본 것을 보며
아무도 생각하지 않은 것을 생각하는 것이다.

•

Albert Szent-Gyorgyi
헝가리 생리학자, 노벨생리의학상 수상

마케터의 고민	Q. 마케팅 업무도 바쁜데 왜 마케터가 R&D 업무까지 알아야 한다고 하는 걸까?
	Q. 연구와 개발은 무엇이 다르며 R&D 직무는 어떤 업무를 하고 있을까?

흔히 마케터는 다재다능해야 한다는 말을 많이들 한다. 실제로도 제품과 서비스에 대한 지식은 물론 커뮤니케이션 능력, 트렌드를 읽는 센스, 범람하는 데이터를 해석할 수 있는 분석력까지 오늘날 마케터는 다양한 역량을 요구받는다. 회사는 늘 이런 역량을 융합해 시너지를 낼 수 있는 '올라운더 마케터'를 원한다. 원하는 회사가 있는데, 또 그런 '올라운더급' 능력을 가진 마케터도 실제 활약 중이니 회사에서 필요로 하는 인재가 된다는 것은 직장인으로서 자랑스러울 만한 일이다.

그런데 그런 마케터 업계에 비보가 하나 날아들었다. 최근 R&D 직군 대상 마케팅 교육 수요가 늘어나고 있다는 사실이다. 이는 R&D 인력도 자신들이 개발한 상품이 어떻게 고객에게 제공되며, 어떤 마케팅 전략을 활용해야 효과적으로 판매할 수 있는지 이해해야 한다는 의미로도 볼 수 있다. 실제로 마케팅 부서와 R&D 부서 간의 원활한 의사소통이 신제품의 성공적인 개발에 중요하다는 연구 결과도 다수 확인할 수 있으니 그런 결과가 배경이 되어 마케팅 부서와 R&D 부서 간의 커뮤니케이션을 더욱 활성화하겠다는 경영진의 의지가 생겨났다고 볼 수도 있다. 이에 반대로 마케터도 담당하는 상품의 연구개발 콘셉트와 방향성, 품질, 특성 등 기본적인 R&D 지식은 갖추어야 한다는 판단 하에 R&D 부서 업무에 대해 이해할 것을 요구받기도 한다.

마케터는 왜 R&D를 알아야 할까?

첫째, 보다 성공적인 고객 가치 제안

고객에게 상품의 특장점을 보다 명확하게 전달하며 차별화된 가치를 제안할 수 있게 하기 위함이다. 상품의 기술적 이해도가 높아진 마케터는 상품의 특장점을 더 구체적으로 파악해 새로운 고객 가치를 발견해낼 수 있게 해줄 것이다.

둘째, 치밀하고 성공적인 시장 조사

R&D 결과를 분석함으로써 새롭게 시장 경쟁력과 차별점을 발견할 수 있다면 이 정보는 더욱 정확한 시장 조사와 경쟁력 분석의 토대가 될 수 있으며, 성공적인 시장 진입을 위한 서비스 아이디어, 마케팅 전략 개발로 이어질 수 있다.

셋째, 대내외 관계자와의 원활한 커뮤니케이션

R&D 과정에 대한 깊이 있는 이해를 기반으로 관련 부서와 원활한 소통과 협업을 이끌어내 성공적인 개발 초기 전략 수립은 물론 개발비용 절감 효과도 볼 수 있다. 더불어 R&D 부서가 제공하는 기술 정보를 활용해 고객에게 관련 내용을 효과적으로 전달하는 데도 도움이 된다. 마찬가지로 R&D 직군이 SWOT, PESTLE과 같은 시장 조사 방법과 기초 마케팅 전략을 이해하는 것도 협업에 큰 도움이 된다.

이 세 가지 능력을 갖춰 실무에 활용할 수 있다면 보다 많은 부분에서 제품 개발과 마케팅 전략의 통합에 기여함으로써 기업의 성과 향상으로 이어질 수 있을 것이다.

마케터가 알고 있으면 편한 R&D 지식

질문 1. R&D 는 무슨 일을 하는 부서인가요? 연구와 개발은 무엇이 다른가요?

R&D 지식의 필요성을 알게 되었다면 다음으로는 R&D 직군의 업무를 살펴보자. 먼저 연구개발의 절차와 두 분야의 차이를 알아보면 연구개발은 크게 아래와 같이 세 가지 단계로 구분할 수 있다.

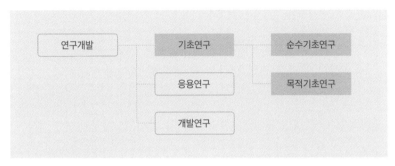

(출처: 교육부, 과기부, 2005)

사전적 정의 (국방과학기술용어사전 출처)

기초 연구 : 핵심기술 연구개발을 위해 필요한 가설, 이론 또는 현상이나 관찰 가능한 사실에 관한 새로운 지식을 얻기 위하여 학계에서 수행하는 이론적 또는 실험적 연구 활동이다. 기술을 실용화하거나 상업적 용도로 사용하기보다 학문적 지식 증진에 초점을 둔다.

예) 입자의 특성을 연구하는 입자물리학

세포의 구조와 기능을 분석하는 생물학 연구 등

순수기초연구	과학적인 지식탐구나 이해를 목적으로 수행하는 이론적 연구
목적기초연구	특정 분야의 기술적 한계를 극복하는 기반기술과 지식을 탐구하는 활동

응용 연구 : 실제 문제 해결 등의 실용적 목표나 상업적 목적을 달성하기 위한 공정, 제품에 대한 연구 활동이다.

예) 전염병 치료를 위한 의약품 개발

　친환경적인 에너지 효율 개선 연구 등

개발 연구 : 기초 연구와 응용 연구를 기반으로 새로운 장치나 제품의 구현, 시스템 및 공정의 상용화·개선을 목적으로 하는 연구 활동을 의미한다.

예) 특정 제품에 필요한 HW/SW 제작

　상용화와 양산을 위한 생산성 및 품질 향상 연구 등

기본적인 연구개발 단계와 정의는 위와 같지만, 실무에서는 업종이나 특성에 따라 상용화 가능 여부, 프로젝트 추진 단계 등으로 더 세분화하기도 한다.

질문 2. 특히 제조업 분야의 R&D 직군에 초점을 맞춰 수행 업무를 알고 싶어요.

임무 1. '기업의 R&D 방향성을 제시하다' : 연구기획

R&D 부서는 신기술, 과학적 발견, 경쟁사의 기술 동향 등 연구개발 트렌드 및 신규 기술 동향을 수집해 기업의 목표와 비전에 부합하는 연구 활동을 기획하고 R&D 전략을 수립한다. 더불어 원활한 개발 활동을 위한 제반 활동기술협력, Open Innovation, 연구원 교육 기획 및 운영 등을 지원하며 예산 및 자원관리, 기술사업화 업무를 주관하기도 한다. 즉, 직접 연구를 수행하지는 않지만 전체적인 연구가 원활하게 진행되도록 지원하는 직무라 할 수 있다.

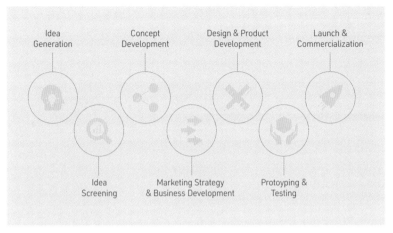

업종, 산업에 따라 다르지만 일반적인 신제품 개발 프로세스는 7가지 단계로 구분되어 있다. (출처: slcikplan)

임무 2. '개발-출시-개선의 사이클' : 제품개발(연구개발)

일반적으로 말하는 기업의 R&D 업무가 제품개발에 해당하는 경우가 많다. 맨 처음 제품이나 서비스의 기술 및 소재를 개발하는 것부터 신제품이 출시될 때마다 그에 관련된 개선 업무를 담당한다. 제품개발 부서는 연구기획 부서와 협업하거나 독자적으로 기술 트렌드와 고객 니즈, 경쟁사 동향, 시장 등을 조사해 신제품 후보를 발굴하고 콘셉트를 결정한다. 여기에는 기능, 특징, 디자인 등 초기 개념이 포함된다. 콘셉트를 구체화하고 나면 마케팅 부서와 함께 상품화 전략과 계획을 수립하고, 이를 기반으로 세부적인 설계를 진행한다.

이후에는 구매, 품질, 생산 등 다른 부서와 적극적으로 협업해 시제품 프로토타입, 목업을 제작하고 시험과 검증에서 도출된 개선 사항을 반영해 완성도를 높인다. 제품 출시 이후에는 고객 평가를 통해 수집한 개선점과 필요로 하는 부분을 반영해 지속 개선해 상품 가치를 높인다.

업종이나 기업 성격에 따라 선행개발, 설계, 시험평가 등으로 세분화한다.

임무 3. 기업의 미래를 이끌어갈 새로운 성장 동력과 먹거리 찾기 : 기술연구

기술과 공정이 점차 고도화됨에 따라 완전히 새로운 제품이나 서비스를 만들기도 더욱 어려워졌다. 이러한 문제를 해결하는 대표적인 돌파구가 바로 '기술연구'로, 끊임없이 더 나은 제품, 더 새로운 서비스를 내놓아야 살아남을 수 있는 많은 기업이 미래의 성장 동력과 새로운 먹거리를 찾기 위해 핵심기술 연구에 투자를 아끼지 않고 있다. 기술연구는 단기적 제품 상용화보다는 장기적 관점으로 신기술 개발 및 신규 사업 과제 연구에 초점을 맞추며, 실험과 평가를 반복하며 혁신적 솔루션을 발굴한다. 더불어 개발, 생산, 마케팅 부서와 협업하며 기존 보유 기술에 대한 성능 향상 및 개선 작업도 수행한다.

임무 4. '기업의 모든 자산 유지 및 보호' : 지식재산(특허) 관리

갈수록 지식재산의 중요성이 강소됨에 따라 특허 정보를 조시하고 분석하는 능력도 주목을 받고 있다. 지식재산 관리 직무는 회사의 기술 자산을 유지·보호하기 위해 특허 정보 조사선행기술, 정량적/정성적 특허조사, 디자인/상표 특허출원 등록 및 명세서작성, 특허 전략체계 수립 및 강화 등의 업무를 담당한다. 별도의 부서를 두지 않고 연구기획 부서에서 지식재산 관리 업무를 담당하는 기업도 있는데 몇몇 대기업에서는 변리사를 채용해 연구원을 대상으로 지속적인 특허 교육을 진행하기도 한다.

마케팅과 R&D, '동상동몽(同床同夢)'이 될 때까지

최근 들어 마케팅과 R&D 업무의 협력을 강조하는 분위기가 조성되고 있기는 하지만 불과 몇 년 전까지만 해도 같은 회사-다른 자세로 다른 꿈을 꾸는 사람처럼 서로 다른 업종이라 생각하는 사람이 많았다. 그래서 적극적으로 서로 협업을 장려하고 있다고는 하지만 현재까지 어떠한 조직도 마케팅-R&D 나아가 생산, 품질 부문과 완벽하게 협업을 성공하는 경우는 없었을 것이다. 하지만 기업에서는 끊임없이 해결 방안을 찾고 협업이 가능한 시스템을 구축하고 장려하며 우리가 '기업의 목표 달성'이라는 같은 꿈을 꾸는 사람들임을 자각하고 노력할 수 있도록 해야 할 필요성이 있다. 실제 실리콘밸리의 많은 기업들 역시 직무순환 장려제도를 운영하며 신제품개발 관련 '공통언어'를 생성하고 타 부문 인력들과 네트워크를 구축함으로써 부서 간 장벽을 낮추고 업무 생산성을 올리고자 노력하고 있다. 고로 R&D와 마케팅의 협업은 이제 일부의 선택이 아닌 기업의 성공을 위한 필수 조건이라 할 수 있다.

R&D 부서는 고객요구사항을 어떻게 분석할까?

'고객만족경영'이라는 단어가 일반화된 시대, 고객의 요구사항을 제품/서비스에 적극적으로 반영해야 한다는 주장에 동의하지 않는 사람은 없을 것이다. 이는 R&D 부서에서도 흘려들어서는 안 된다. 고객 요구사항을 상품의 설계 단계부터 우선순위에 따라 제대로 반영해야 제대로 개발 방향성을 잡을 수 있으며 나아가 비용 절감, 성공적인 시장 안착에 이를 수 있기 때문이다.

"실제 R&D 부서에서는 고객 요구사항을 어떻게 분석해 개발에 적용하고 있는 것일까?"

이런 궁금증을 해결하기 위해 신제품 개발 과정에서 전통적으로 사용하는 세 가지 고객 요구사항 분석 기법을 간단히 소개한다.

AHP(Analytic Hierarchy Process)

계층 분석법인 AHP는 다속성 정책 결정법이다. 목표를 구성하는 다양한 평가요소를 주요 요인과 세부 요인으로 나누어 계층화한 뒤 각 요소의 일대일-쌍대 비교를 통해 상대적 중요도를 도출하는 방법이다. 구성 요인의 중요성과 우선순위를 정해야 할 때 유용하다.

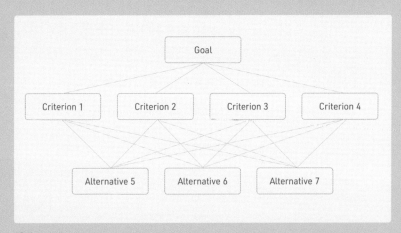

(출처 : github)

KANO

KANO는 제품의 품질과 고객 만족도 간의 관계를 설명하는 모델이다. 제품에 대한 질문에서 도출한 고객 반응을 당연 품질, 1차원적 품질, 매력적 품질, 무차별 품질, 역품질 등 5가지 특성으로 구분한다. 고객 요구사항을 명확히 이해하고 우선순위에 따른 제품개발 및 개선 전략을 수립하는 데에 주로 사용된다.

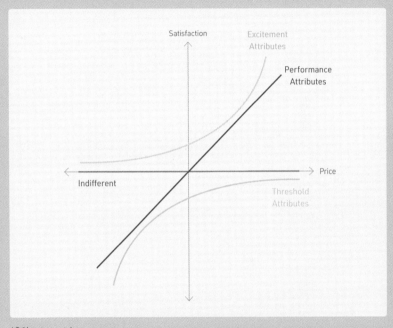

(출처 : mindtools)

QFD (Quality Function Deployment)

QFD는 품질기능전개로 해석하며, 추상적인 고객의 요구사항을 제품의 기능과 특성 등 기술적 언어로 전환해 고객 만족과 개발 목표를 달성하는 방법론이다. R&D 부서에서 독자적으로 수행하기보다는 마케팅, 구매, 영업, 생산 등 다양한 부서와 협업하는 것이 일반적이다.

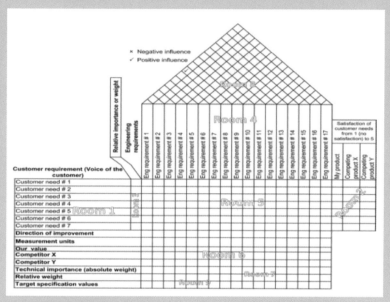

(출처: sciencedirect)

Element 10

다 된 마케팅에

'물류' 빠뜨리지 않도록

마케팅은 너무나 중요하기 때문에
마케팅 담당 부서에만 맡겨두어서는 안된다.

·

David Packard
HP 공동 설립자

마케터의 고민   Q. 전임자가 해 오던 대로 했을 뿐인데…

Q. 원래 이 정도 비용이 맞는 거겠지?

Q. 그래서 결론은 언제 도착한다는 거예요?

마케터와 물류의 관계는 그야말로 case by case다. 대부분의 마케터가 물류에 대해 모르지 않지만 그렇다고 물류에 대해 잘 안다고 말하기도 힘든 경우가 많다. 마케팅 자체가 워낙 업무 범위가 넓다 보니 마케터의 업무 범위에 따라 어떤 이는 물류 부서와 간단한 소통으로도 충분한 반면, 어떤 마케터는 물류비 책정부터 상품 적재 방식까지 세세하게 체크해야하기도 한다.

> "case by case라는 건 마케터가 물류를 알아도 그만,
> 몰라도 그만이지 않나요?"

그럼에도 불구하고 마케터에게 물류에 대해 언급하는 것은 물류가 마케터에게 미치는 영향이 점점 커지기 때문이다. 산업의 경계가 허물어지고 있다. 대표적으로 유통 전문 업체였던 이마트는 언제부터인가 자체상품PB, Private Brand Products을 개발, 판매하고 있다. E-커머스 기업으로 출범한 쿠팡은 직접 물류센터를 운영하며 주문부터 배송에 이르는 유통의 전 과정을 관장하고 있다. 그 말인 즉슨 예전처럼 한 우물만 판다는 생각으로 세상의 변화를 외면하고 제 갈 길만 간다면 성공을 거두기 어렵다는 것이다. 그리고 앞서 말한 변화가 이제부터 마케터가 물류 분야를 이해해야 하는 이유다.

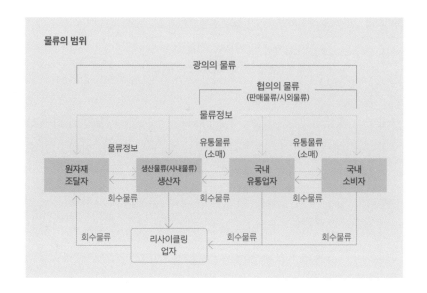

WHY. 왜 물류에 관심을 가져야 할까?

"조심해! 공들여 탑 쌓아 놓았더니 물류 굴러온다."

'물류'라는 단어를 들으면 사람들이 떠올리는 이미지는 '까대기'이다. 지게차에 물건을 가득 싣고 커다란 공장에 끝도 없이 물건을 운반해 분류하는 것을 소위 까대기라고 부르는데, 그 일을 떠올리는 이유는 '물류=단순 노동, 운반'이라고만 생각하기 때문이다. 하지만 상품이 창고에 쌓이고 출고되어 무사히 거래처에 도달하기까지 얼마나 많은 이해관계자가 얽혀있을까?

물류는 제품 생산부터 판매까지 전 과정에 관여하며, 기업의 원만한 거래 및 운영을 좌우하는 중요한 과정이다. 그렇게 관여하는 범위가 넓은 만큼 물류는 마케팅 성과 및 고객 만족도에도 영향을 미친다. 특히 유형의 재화를 취급하는 마케터에게는 물류의 중요성이 더욱 클

수밖에 없다. 그렇다 보니 마케터가 더 이상 물류에 대해 무지하다면 물류에 뒤통수를 맞을 수도 있는게 현실이다.

첫째, '출시일에 제품이 안 나온다고?' 약속된 공급 시간을 지켜라.

마케팅이 제대로 결실을 보기 위해서는 제품이 신속하고 정확하게 소비자에게 전달되어야 한다. 신제품 출시를 앞두고 홍보 영상과 프로모션까지 모든 준비가 갖춰진 상황에서 갑작스럽게 출시일이 연기된다면 어떨까? 실제로 테슬라 2세대 전기차인 로드스터의 경우 부품 부족으로 출시일이 무려 3년이나 연기되기도 했다.

물론 브랜드를 향한 충성도가 높은 팬들의 경우 출시일 연기를 높은 기대감으로 치환하기도 한다. 하지만 일반 소비자는 다르다. 판매자나 마케터 측면에서 임기응변으로 출시일 연기를 사전예약이라는 방식으로 대처할 수도 있겠지만, 어느 정도 잠재고객의 이탈은 감수해야 한다. 원하던 시점에 해당 제품을 얻지 못했기에 고객은 대체재를

보관 및 배송에 대한 소비자의 요구가 까다로워지면서 물류의 중요성은 급격하게 대두되고 있다. (출처: 리얼패킹 공식 블로그)

찾기 위해 뿔뿔이 흩어질 것이기 때문이다. 이처럼 적기에 제품을 공급하는 것은 매출확보는 물론 제품에 대한 만족도와 브랜드에 대한 충성도로 직결되는 아주 중요한 문제이다.

두 번째, '내가 필요할 때 오는 게 최고지!' 로켓 배송과 새벽 배송에 열광하는 이유

예를 들어 고객이 '화장지'라는 물품이 당장 필요해 구매를 위해 앱을 켰다고 생각해보자. '화장지' 카테고리에는 A부터 Z까지 수없이 다양한 선택지가 있다. 이때 고객은 이전에 가장 만족도가 높은 A 브랜드 화장지, 개인적으로 선호하는 B 브랜드 화장지보다 내일 새벽 받아볼 수 있는 C 화장지를 선택할 가능성이 압도적으로 높다. 왜 그럴까? 이유는 단순하다. 브랜드 간의 차이가 크지 않은 저관여 상품을 구매할 때 대부분의 고객에게는 구매 편의성과 접근성이 중요한 구매요인이기 때문이다. 쿠팡의 로켓배송과 마켓컬리의 샛별 배송이 인기있는 이유도 바로 내가 원하는 물건을 빠른 시간 내 원하는 장소로 받을 수 있어서다. 공급 과잉의 시대에 더 많은 고객을 유치하고, 선택받는 자가 되려면 결국 고객의 발견되지 않은 니즈를 선점해야 한다. 그리고 온라인 시장이 폭발적으로 성장할 때 가장 주목받는 부분이 바로 물류다.

물류의 중요성은 저관여상품인 생필품에서 더욱 도드라진다. 코로나 기간 동안 일상의 필수품이었던 KF94 마스크가 필요한 상황을 가정해 보자. 특수한 상황이 아니라면 가격과 품질은 판매처마다 대동소이할 것이다. 이때 구매를 결정하는 것은 바로 접근성이다. 오프라인 매장을 찾는다면 근거리에 있는 곳을 선호할 것이며, 온라인으로 구입한다면 출고와 배송이 가장 빠른 곳을 선택할 것이다. 이처럼 시의

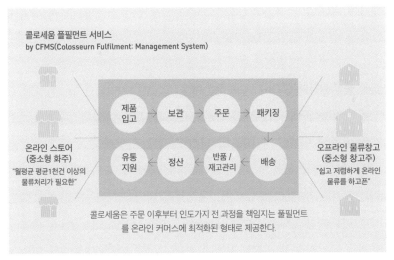

콜로세움 풀필먼트 서비스
by CFMS(Colosseurn Fulfilment: Management System)

온라인 스토어
(중소형 화주)
"월평균 평균1천건 이상의
물류처리가 필요한"

제품
입고 · 보관 · 주문 · 패키징

유통
지원 · 정산 · 반품/
재고관리 · 배송

오프라인 물류창고
(중소형 창고주)
"쉽고 저렴하게 온라인
물류를 하고픈"

콜로세움은 주문 이후부터 인도가지 전 과정을 책임지는 풀필먼트
를 온라인 커머스에 최적화된 형태로 제공한다.

온라인 시장의 성장에 따라 풀필먼트 서비스도 점점 수요가 높아지고 있다. (출처: 콜로세움)

적절한 상품 공급은 시장에서 경쟁 우위를 확보하는 가장 손쉬운 방법 중 하나라고 할 수 있다.

그렇다고 모든 기업이 쿠팡처럼 물류에 거액을 투자할 수 있는 것은 아니다. 하지만 걱정할 필요는 없다. 판매자가 상품을 반드시 직접 배송해야 하는 것은 아니기 때문이다. 본인에게 가장 적합한 서비스를 제공하는 물류 업체를 찾으면 된다.

최근에는 온라인 시장의 규모가 커짐에 따라 '풀필먼트fulfillment'의 수요가 높아지고 있고, 그에 따라 파스토, 콜로세움 등 풀필먼트 서비스를 제공하는 업체 역시 늘어나는 추세다. 기업의 규모와는 무관하게 물류 서비스의 질을 높이는 방법이 다양해지고 있다. 서비스 감동은 구매 감동으로 이어지며, 이는 재구매로 이어져 매출 증가라는 선순환 효과를 이룰 수 있다. 물류는 단순히 물건을 빠르게 운반하는 것이 아니다. 고객 만족을 효과적으로 향상시킬 수 있는 충성 고객 확보의 시작점이다.

셋째, '물류 관리만 똑똑하게 해도 돈을 번다.'

똑똑한 물류 관리는 비용 절감의 치트키라고 할 수 있다. 제품의 패키지를 어떻게 만드는지, 제품을 어떤 방식으로 적재하고 공급할 것인지에 따라 결국 제품의 가격, 즉 Pricing 전략에도 영향을 미치기 때문이다. 이는 단순히 물류비가 아닌 제품 원가가 바뀌는 것이다. 그렇기에 패키지를 만듦에 있어 심미적인 부분도 중요하지만, 심미성에만 매몰되어서도 안 된다. 진정한 마케터라면 매력적인 디자인을 유지하는 동시에 매출 원가를 낮추는 방법도 고려해야 한다. 즉, 생산부터 배송에 이르는 전 과정을 아울러 고민할 때 마케터의 상품기획은 퀄리티와 수익성을 모두 잡을 수 있다.

네 번째, 배송은 고객에게 가장 중요한 고객 서비스임을 잊지 말자.

물류 품질은 고객 서비스와 직결된다. 온라인 시장의 비중이 높아지는 오늘날에는 물류의 중요성이 더욱 커지고 있다. 포털사이트, SNS 등 다양한 매체에서 각종 매력적인 광고들이 오감을 자극한다. 이러한 시장경쟁속에서 고객의 이목을 집중시킬 광고는 중요하다. 하지만 대체재가 넘쳐나는 세상에서 자사의 제품이 소비자에게 선택받게 하기 위해서는 광고에만 의존해서는 안 된다. 제품의 퀄리티뿐만 아니라 제공되는 서비스도 함께 체크해야 한다. 고객이 상품을 주문하고 끝이 아니라는 것이다. 그리고 소비자의 손에 전달되는 마지막 순간의 서비스를 담당하는 것이 바로 물류다.

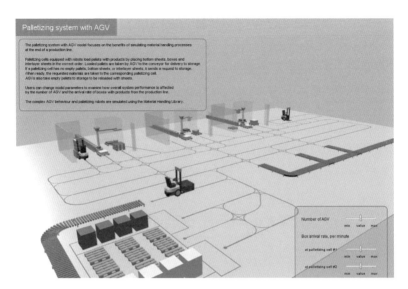

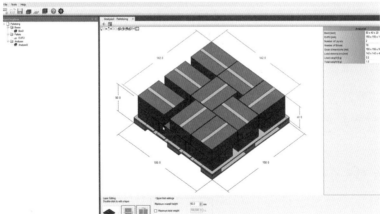

파레트(pallet) 적재 방식에서부터 운영까지 최적의 시뮬레이션 모델을 만드는 것이 물류창고의 핵심 업무이다.
(출처: anylogic cloiud, Denso robotics)

HOW. 무엇을 확인해야 할까?

"마케팅과 물류, 결국은 커뮤니케이션"

마케터는 바쁘다. 상품 하나, 프로모션 하나를 기획할 때마다 각종 부서와 소통해야 하기 때문이다. 물류도 마찬가지다. 제품의 판매량을 늘리는 것은 어떻게든 혼자 힘으로 할 수 있다. 하지만 그 제품을 고객의 손에 전달하려면 타인 즉 타부서의 손을 빌릴 수밖에 없다.

첫째, 안정적으로 공급될 수 있는가?

마케터는 제조, 유통, 운송 등 공급망 내의 여러 이해관계자와 우호적인 관계를 유지해야 한다. 앞에서 살펴본 것처럼 물류는 제품의 생산부터 배송에 이르기까지 전 과정에 개입하기 때문에 한 부분에서 문제가 생기면 고객 서비스는 망가질 수밖에 없다. 그렇기에 이들과 원활하게 소통하면서 제품의 공급이 원활하게 이루어지는지 수시로 점검해야 한다. 판매를 뒷받침하는 공급망이 제대로 운영되어야 마케팅 성과 예측도 보다 정확해질 수 있다.

두 번째, 정확한 날짜에 배송된다는 신뢰를 줄 수 있는가?

다음 날 급하게 필요한 필기구가 있을 때 굳이 문구점을 방문하지 않고 새벽에 현관 앞에 배송되는 서비스를 선택하는 이유는 무엇일까? 출근 전에 물건을 받아볼 수 있다는 확신이 있기 때문이다. 같은 맥락으로 서비스 품질 관리를 위해서 마케터는 납기와 배송 시간을 파악하고 있어야 한다. 대략적인 정보만 인지하고 만족하는 안일함은 고객이탈로 이어지기 십상이다.

고객에게는 환불이라는 수단이 있다. 제품을 판매했다고 끝이 아니다. 오랫동안 사업을 영위하려 한다면 한 번에 그치지 않고 계속해서 반복 구매하는 단골손님, 즉 충성 고객을 확보하는 것이 중요하다. 정확한 배송은 고객 만족도에 영향을 미치며, 긍정적인 고객 경험은 충성도 향상의 시작이다.

세 번째, 물류비는 절감하고 효율성은 높이고!

멋진 카피 문구와 유명한 연예인이 등장하는 광고로 매출을 끌어내는 시대는 끝났다. 정확한 숫자로 성과가 판가름되는 만큼 매출과 비용을 면밀히 따져봐야 한다. 생산 공정을 바꿀 수 없다면 물류비를 꼼꼼히 점검하고 절감 방안을 고민할 필요가 있다. 관례처럼 굳어져 왔던 계약 방식을 바꾸는 것만으로도 이익은 눈에 띄게 변할 수 있다. 전임자에게 인수인계받은 대로 무역 거래조건을 CIF Cost, Insurance and Freight[1]만 고집하고 있는 것은 아닌지, FOB Free On Board[2]나 EXW Ex Works[3]로 바꾸면 안 되는지 고민해 보자. 프로모션으로 제품 몇 개를 더 판매하는 것보다 전체적인 프로세스를 최적화하는 것이 이익 증대에는 훨씬 효과적이다.

---

[1] CIF: 운임 보험료 포함 인도, 수출자가 물품이 목적항(최종 목적지 항구)까지 운송하는 데 필요한 운임 및 보험 비용을 지불하는 계약 조건
[2] FOB: 본선 인도조건, 수출자가 물품을 지정된 선박에 선적하는 것까지 리스크를 부담하는 계약 조건. 수출자가 수출국 내에서의 비용만 부담하면 되기 때문에 선호하는 편
[3] EXW: 공장 인도조건, 수출자의 창고나 공장과 같은 지정된 장소까지 구매자가 지정한 장소까지 물품을 운송하는 계약 조건

WHAT. 마케터가 물류를 알면서 얻는 것, "이익과 신뢰"

교과서에서는 물류를 '제품의 생산부터 소비자에게 전달될 때까지 공급망에서 발생하는 재화의 이동과 관련된 활동'이라고 정의하고 있다. 시쳇말로 표현하면 고객이 물건을 기분 좋게 받을 수 있도록 안간힘을 쓰는 서비스라고 해도 무방하다.

고객이 웃으며 제품과 서비스를 소비하는 것은 긍정적인 고객 경험 제공의 시작이다. 과거 까대기라는 단편적인 이미지만 떠오르던 물류였지만 지금은 생산부터 구매, 배송, 반품까지 고객의 모든 소비 행동에 맞물려 있는 아주 중요한 요소로 평가받고 있다. 그리고 물류를 이해하면 고객 만족과 비용 절감이라는 두 마리 토끼를 모두 잡을 수 있다. 영업이익을 높이고 싶다면 뒷전으로 미뤄 두었던 물류를 다시 한번 점검해 보자. 의외의 해결책을 발견할 수 있을지도 모른다.

팝업 스토어 마케팅

'모여라! 빨리' 화려하게 등장했다가 반짝 사라지는 스토어

'팝pop' 하고 '업up' 하며 튀어나오는 광고, 인터넷을 사용하는 사람이라면 누구나 보고, 내리고, 때론 클릭하는 팝업 광고를 현실 세계로 끌어낸 팝업 스토어가 소위 말해 잘나가는 브랜드의 필수 마케팅 방식의 방법으로 각광받고 있다. 결론부터 말하자면, 팝업 스토어는 크게 두 가지 매력 포인트를 가지고 있다.

첫째, '지금이 아니면 볼 수 없어.' 특정 기간에만 방문할 수 있다는 조건이 마치 '한정판' 물품을 구매하는 것 같은 특별함을 느끼게 해 소비자의 호기심과 방문 욕구를 부추긴다. 둘째, 정규 매장이 아니기에 운영 시기, 장소, 내부 인테리어 등 사항을 유동적으로 조절할 수 있다. 짧은 기간 동안만 운영하기에 적은 자금으로도 높은 임대료를 내야 하는 핵심 상권에 제품을 홍보할 단독 공간을 확보할 수 있기 때문이다.

일례로 팝업 스토어를 꾸준히 여는 '더 현대 서울'의 경우 입점 브랜드 입장에서는 백화점을 방문하는 일반 소비자들에게 제품, 브랜드를 각인시킬 절호의 기회, 어느 정도 검증받은 브랜드라는 이미지 각인을 노려볼 수 있다. 반대로 '더 현대 서울' 입장에서도 타 백화점과 차별화된 자신들만의 이미지를 구축하는 데 도움이 되고 있다. 이는 업종을 막론하고 기업과 브랜드, 공간을 제공하는 모두의 입장에서 매력적인 마케팅 전략이라 할 수 있다.

'새로운 이미지를 더하다.' 카스쿨

오비맥주도 팝업 스토어 트렌드에 참여했다. 오비맥주 대표 상품인 카스를 소재로 한 '카스쿨^{CassCool}' 팝업 스토어가 지난여름 서울 홍대 축제거리 인근에 문을 열었고, 큰 인기를 얻은 것은 물론 다양한 바이럴 마케팅이 되어 종료된 지금도 회자되고 있다. '젊음의 거리'로 유명한 지역에 위치한 팝업 스토어는 카스 로고와 어울리는 파란색으로 꾸며졌고, 젊은 세대의 흥미를 끌 요소들이 잘 구성되어 있다. 로봇이 준비해주는 카스의 맥주를 마시면서 터치 디스플레이로 게임을 즐기거나 럭키 드로우를 통해 카스 로고가 새겨진 굿즈를 받을 수 있다. 또한 나만의 맥주 캔을 직접 제작해 보는 체험은 물론, 감자 전분과 물을 섞어 만든 우블렉 위를 뛰어다니는 액티브한 새로운 경험도 할 수 있게 구성했다. 결국 팝업 스토어에서의 활동적인 체험, 기술적인 체험 그리고 감성적인 체험을 통해 카스가 전달하려는 이미지를 느낄 수 있도록 함으로써 고객들은 자연스럽게 그 이미지의 일부가

다양한 소비자 참여형 이벤트로 구성되어 있는 카스쿨(출처: 식품음료신문)

되도록 구성한 것이다. 역시 이를 SNS에 공유하며 확산시키는 것도 물론 전략 중 하나이다. 카스는 '젊음'이라는 일관된 브랜드 메시지를 전달해 왔으며, 젊은이들과 공감할 수 있는 광고 카피와 콘서트, 스포츠 등 다양한 이벤트를 통해 '젊음' 이미지를 강조했다. 카스쿨 팝업 스토어는 이러한 노력 중 하나로써 트렌드를 따르면서 팝업 스토어 형식을 도입함으로써 카스의 젊음과 에너지 가득한 이미지를 여름이라는 계절적 상황과 함께 극대화시킨 것이다.

'기존의 이미지를 빼내다' 시바스 리갈

시바스 리갈 길Chivas Regal Gil은 압구정 로데오에 위치한 시바스의 팝업 스토어로, 글로벌 위스키 브랜드인 시바스의 로고가 크게 드러난 3층 규모의 공간으로 'Find your way네 갈 길'이라는 부제로 영감에 중점을 둔 다양한 체험과 예술을 즐길 수 있는 공간이 마련되어 있다. 사실 여전히 시바스는 젊은 세대와의 거리가 먼 이미지를 가진 브랜드이다. 그렇기에 점차 경쟁이 치열해지는 위스키 시장에서 포트폴리오의 다각화를 통해 시장 점유율을 확대하기 위해 팝업 스토어 전략을 선정한 것이다.

MZ세대에게 어필하기 위해 기존의 접근하기 어려운 '어른의 술' 이미지를 버리고, 힙하고 젊은 이미지로 바꾸려는 노력이다. 시바스 팝업 스토어를 통해 젊은 세대가 시바스 위스키를 쉽게 접하고 새로운 이미지를 인식하도록 함으로써 브랜드의 확장과 젊은 소비자들과의 소통을 도모하고 있다. 이러한 전략은 시장 경쟁력을 강화함과 동시에 MZ세대의 인지도와 호감도를 높이며 브랜드의 미래 성장을 위한

팝업 스토어를 통해 '젊음'의 메세지를 전달하는 브랜드 시바스(Chivas) (출처: 더리포트)

발판을 마련하는 데 크게 기여할 것으로 보인다.

이들의 팝업 스토어 역시 타깃 고객 맞춤형으로 구성되어 있다. 시바스의 대표 제품인 시바스 15와 18을 상징하는 색상의 조명으로 장식된 1층에서는 시바스 칵테일 클래스를 통해 직접 칵테일을 만들어볼 수 있고, 드렁큰타이거 바에서는 하이볼을 즐길 수 있다. 2층에는 블랙핑크의 리사와 협업한 한정판 제품 전시, 포토존 서비스 및 굿즈 커스터마이징 체험을 제공한다. 3층에서는 아티스트 필독의 전시와 패션 브랜드 커버낫과 시바스의 콜라보 상품을 감상할 수 있다.

이처럼 트렌디한 공간을 제공하면서 다양한 체험을 함께하는 팝업 스토어는 시바스의 고급스러운 이미지를 유지하되, 올드한 이미지를 지우고 젊은 아티스트들의 힙한 감성을 담아내고 있다. 카스가 진행한 팝업 스토어와는 반대로, 시바스의 기존 이미지와 콘셉트를 버리기 위한 방법으로 팝업 스토어를 채택한 것이다.

'판로를 바꿀 새로운 길을 터내다.' 팝업 스토어의 마케팅 가치

하지만 누구나 팝업 스토어를 여는 것만으로 이런 효과를 누릴 수 있는 것은 아니다. 특별한 공간의 팝업 스토어를 만들어낸다고 한들, 이에 참여하는 소비자들이 팝업 스토어가 주는 이미지와 브랜드를 느낄 수 없거나 연상할 수 없다면 팝업 스토어의 의미는 상실되고 만다. 팝업 스토어는 브랜드의 이미지와 가치를 전달하려는 취지에서 기획되어야 하며, 고객들이 체험 후에도 그 경험을 브랜드와 실질적으로 연관시킬 수 있는 방법을 고민해야 한다. 팝업 스토어가 그저 휘발적인 즐거운 경험에서 끝나는 것이 아닌, 브랜드에 대해 무언가를 직간접적으로 인지하게 만들고 싶다면, 경험이 주는 이미지를 자사 브랜드와 어떻게 연결시킬 것인가에 대한 깊은 고민이 반드시 선행되어야 할 것이다.

Element 11

특허, 마케팅과 브랜딩을 위한

무기가 된다

특허 제도는 천재의 불꽃에
보상이라는 기름을 붓는다.

·

Abraham Lincoln
미국 제16대 대통령

마케터의 고민   Q. 특허, 잘 활용하면 마케팅&브랜딩에 연계해 볼 수 있지 않을까?

                      Q. 특허법을 구성하는 주요 요건에는 무엇이 있을까?

미국 역대 대통령 중 유일하게 특허권을 보유한 인물이 누구일까? 바로 미국 제16대 대통령 에이브러햄 링컨이다. 대부분 링컨 대통령이라고 하면 1863년 노예 해방 선언과 남북 전쟁을 떠올린다. 하지만 그는 1849년 40세의 나이로 장애물에 걸린 배를 들어 올리는 부력장치 기술로 미국 특허 6,469호를 취득한 적이 있었으며 대통령에 당선되기 전에는 발명에 관한 강의도 했다고 전해진다.

특허와 마케팅은 엄연히 다른 영역이다. 하지만 특허는 기술이나 제품개발의 법적 측면의 안전장치가 되는 것은 물론, 마케팅 전략 강화라는 관점에서도 중요한 역할을 한다. 대표적으로 '자사 특허 기술로 만든'이라는 홍보 문구를 제품에 기재하는 것이 대표적이다.

숙취해소음료로 유명한 여명808은 제품 캔에 특허등록번호를 표시함으로써, 특허 기술을 보유했다는 문구 하나만으로도 효과에 관한 브랜드 이미지를 고객에게 각인시켰다. 성심당의 '튀김소보로'도 좋은 예다. 성심당은 2011년 '튀김소보로 제조방법'에 대한 특허를 출원했고, 빵 포장용지에는 그 특허등록번호가 기재되어 있다. 관련 특허 청구범위를 보면 튀김소보로 제조 과정은 반죽물 제조, 고물 제조, 1차 발효, 2차 발효, 튀김 등 5단계로 분류되며, 제조에 필요한 원재료의 중량도 구체적으로 기재했다.

성심당이 대전의 대표 베이커리로 거듭난 것은 튀김소보로가 특히 맛있기 때문이거나 구체적인 레시피를 엄격하게 준수하기 때문은 아닐 것이다. 소보로 외의 다른 빵도 맛이 좋으며, 경쟁사와 비교할 때 가격경쟁력도 있다고 볼 수 있다. 하지만 튀김소보로에 관한 특허를 보유하고 있는 것만으로도 성심당은 제과제빵 시장에서 기술 경쟁력이 있음을 내세울 수 있다. 또한, 특허권을 활용한 홍보로 차별화된 '튀김소보로'의 이미지를 심어준다는 것도 강력한 무기가 된다.

이처럼 특허를 효과적으로 활용하면 제품이나 서비스의 가치를 높이는 것은 물론, 시장 경쟁력을 강화하는 데에도 도움이 된다. 특허는 기술적 우위가 있음을 '객관적'으로 증명하는 것인 만큼 브랜드의 신뢰도와 평판을 높이는 효과가 있으며, 특정 기술이나 제품, 혹은 발명에 대한 법적 보호를 받아 경쟁 우위를 점할 수 있다. 특허 라이선스 계약도 강력한 마케팅 요소가 된다.

마케터의 관점에서 타사 제품 대비 자사 제품의 차별성을 부각하고 싶을 때 '최초'를 강조하는 것이 효과적이라는 것은 널리 알려진 사실이다. 마케팅 불변의 법칙 중 하나로, '더 좋은 것'보다 '최초'가 되는 것이 더 낫다는 '선도자의 법칙'이라는 단어가 있을 정도다.

관련해, 특허 필요 요건 중에는 '진보성'이 있다. 기존에 알려져 있는

특허를 활용해 브랜드 이미지를 각인시키고 있는 튀김소보로와 여명 808(출처: 성심당, 여명 808 홈페이지)

기술보다 나은 측면이 있어야 특허 출원이 가능하기 때문에 즉, 특허를 보유하고 있다는 것은 특정 기술에 대한 진보성이 있으며, 국가가 관장하는 심사 과정을 통해 '최초'임을 인정받았음을 의미한다. 이는 대중에게 익히 알려진 사실이니만큼 고객이 자사 제품을 선택하는 좋은 '이유'가 되며, 강력한 브랜드 효과를 줄 수 있다.

고로 특허를 활용해 효과적으로 마케팅을 진행하려면 특허에 대한 이해가 선행되어야 하는 것은 당연하다. 아래 특허의 기본 개념과 용어, 관련 사례 등을 통해 마케팅에 특허를 활용하는 데에 필요한 인사이트를 얻을 수 있을 것이다.

지식재산권(IP)이란?

특허를 이해하려면 먼저 지식재산권IP, Intellectual Property Rights을 알아야 한다. 「지식재산기본법」에서는 지식재산을 '인간의 창조적 활동 또는 경험 등에 의하여 창출되거나 발견된 지식·정보·기술, 사상이나 감정의 표현, 영업이나 물건의 표시, 생물의 품종이나 유전자원, 그 밖에 무형적인 것으로써 재산적 가치가 실현될 수 있는 것'으로 정의한다. 고로 지식재산권은 이러한 지식재산에 대한 권리이며, 세부적으로는 '산업재산권', '저작권', '신지식재산권'으로 분류할 수 있다.

'특허'는 그중 산업재산권에 포함되며 사전적으로 '자연법칙을 이용한 기술적 사상의 창작으로, 발명 수준이 고도한 것'으로 정의된다. 산업재산권에는 특허권 외에도 실용신안권· 디자인권· 상표권이 속해 있으며 특허 출원한 발명은 특허법에서 규정하는 일정 요건을 갖추어야 한다. 그중 중점적으로 검토해야 하는 것은 크게 세 가지로, 주체적 요건·객체적실제적 요건·시기적 요건이 있다. 각 요건을 잘 이해하기 위해서는 먼저 세부적인 판단기준을 파악하고 있어야 한다.

1. 주체적 요건

특허를 신청하거나 특허를 보유할 수 있는 자에 관한 요건이다. 발명자, 혹은 발명자에게서 특허받을 권리를 양수한 자여야 하며, 이 주체적 요건을 충족해야 특허 신청을 접수하고 등록할 수 있다.

1) 발명자: 특허로 보호받을 새로운 기술이나 방법, 즉 발명을 창안한 사람. 해당 발명의 기술적 아이디어를 최초로 생각하고 구체화한 사람이어야 하며, 반드시 특허의 창작에 실질적으로 기여한 사람

산업재산권의 구분

구분	특허	실용신안	디자인	상표
정의	자연법칙을 이용한 기술적 사상의 창작으로써 발명수준이 고도한 것(대발명)	자연법칙을 이용한 기술적 사상의 창작으로써 물품의 형상·구조·조합에 관한 실용성있는 고안(소발명)	물품[물품의 부분, 글자체 및 화상(畵像)을 포함한다. 이하 같다]의 형상·모양·색채 또는 이들이 결합한 것으로써 시각을 통하여 미감을 느끼게 하는 것	자기의 상품과 타인의 상품을 식별하기 위하여 사용하는 표장
사례 (전화기)	알렉산더 그레이엄 벨이 전자를 응용하여 처음으로 전화기를 생각해 낸 것	분리된 송수화기를 하나로 하여 편리하게 한 것	탁상전화기를 반구형이나 네모꼴로 한 것	전화기 제조회사가 전화기나 포장 등에 표시하는 상호·마크
존속 기간	설정등록일로부터, 출원일 후 20년까지	설정등록일로부터, 출원일 후 10년까지 (구법 적용 분은 15년)	설정등록일로부터, 출원입 후 20년까지 (구 적용 분은 15년)	설정등록일로부터 10년(10년마다 갱신 가능, 반영구적 권리)

(출처: 특허청_지식재산권의 손쉬운 이용 발간자료)

이어야 한다.

2) 양수인: 발명자가 발명을 양도·전매한 대상. 양수를 받은 취득자는 그 특허에 대한 신청과 보유 권리를 갖는다.

3) 공동발명: 두 명 이상이 협력하여 특정 발명을 창안하였을 경우 공동발명이라 명시한다. 또한 특허받을 권리를 공유하고자 한다면 공동발명자 전원이 공동으로 특허를 출원해야 한다.

4) 단체: 특정 사람이 아닌 기업, 연구 기관, 대학 등 단체 명의로 특허를 신청하고 보유할 수 있다. 이 경우 신청과 보유에 대한 법적 규정과 절차를 따라야 하며 현재 특허법에서는 특허청이나 특허심판원에 재직 중인 자는 상속이나 유증을 제외하고는 재직 중 특허를 받을 수 없도록 규정하고 있다.

2. 객체적(실체적) 요건

특허의 객체적 조건은 먼저 특허로 인정되지 않는 경우인 '종래발명'에 대해 명확하게 집어내 이 경우를 제외한 경우의 수만을 생각하면 이해하기 쉽다.

종래발명

• 특허 출원 전에 국내외에 공지公知되었거나 공연公然히 실시된 발명
• 반포된 간행물에 게재된 바 있거나, 전기통신회선을 통해 공중公衆이 이용 가능한 발명

특허로 인정되는 경우

1) 신규성: 누구도 본 적도, 들은 적도, 알려진 적도 없는 새로운 발명에 특허는 부여된다.

2) 진보성: 종래에 개발된 선행 기술이 있기는 했으나 그것과 명확한 기술적 차이가 있어 차별화할 수 있고 진보했다는 증거로 삼을 수 있는 발명이라면 특허로 인정한다.

진보를 판단하는 기준

목적의 특이성	발명의 목적이 기존과 전혀 다른 새로운 분야에 적용하기 위해서거나 문제를 해결하는 데 새로운 기술이나 방법을 적용하려는 진보성을 입증해야만 한다.
구성의 곤란성	신규성과 별개로 종래발명과 비교해 신규 발명의 구성요소 조합이 쉬운지, 혹여 일반적인 기술자가 쉽게 발명할 수 있는 것인지 확인한 다음 쉽게 발명할 수 없을 경우에만 특허 취득을 허락한다.
효과의 현저성	기존 발명보다 월등히 효과가 좋고, 쉽게 예측할 수 없어야 한다.

3) 산업적 이용 가능성: 특허법의 목적은 산업발전에 이바지하는 것이다. 그렇기에 발명이 특허를 받으려면 산업적으로 이용 가능해야 하며, 다른 요건을 갖추었더라도 산업적으로 이용할 수 없거나 산업 외 영역에서만 사용할 수 있다면 특허 취득이 불가능하다. 산업적으로 이용할 수 없는 발명의 대표적인 예로 의료 행위가 있다.

3. 시기적 요건

타인보다 먼저 출원한 발명이어야 한다. 복수의 사람이 같은 발명을 한 경우, 우리나라를 포함한 대다수 국가는 누구에게 특허권을 부임할 것인지 판단하는 기준으로 선先 출원 주의를 선택하고 있다. 국가에 따라서는 먼저 발명한 자에게 특허권을 부여하는 선先 발명 주의를 채택하기도 한다.

4. 기타: 속지주의

속지주의는 어떤 나라의 영토에서 태어난 사람이 해당 국적을 얻는다는 원칙이다. 지식재산권의 속지주의도 마찬가지로, 특허권을 획득한 국가 내에서만 효력이 발생한다. 즉, 특정 국가에서 해당 발명의 권리를 주장하려면 해당 국가에 특허를 출원해 특허권을 얻어야 한다.

특허 활용 ESG 마케팅 연계 사례

유니레버 : 색이 변하는 비누: 특허 기술을 활용한 ESG 캠페인 진행

비누 브랜드 DOVE의 제조사로 알려진 "유니레버"는 ESG 경영을 잘 구축한 기업으로 평가되며, '색이 변하는 비누'에 대한 특허를 보유하고 있다. 관련 광고 영상에서는 '10초간 세균 99% 박멸'이라는 문구와 10초 동안 손을 씻으면 거품의 색이 흰색에서 초록색으로 변하는 것을 확인할 수 있다. 유니레버는 이 기술을 활용해 브랜드의 차별화를 위한 손 씻기 캠페인을 진행했다.

유니레버는 2000년대 초부터 손 씻기 문화가 정착되지 않은 인도에서 손 씻기 캠페인을 진행하고 있었다. 당시 인도는 손으로 음식을 먹는 문화가 보편적이었고, 비위생적인 손 관리로 인해 설사병에 걸려 죽는 아이들이 많았다. 이에 유니레버는 씻지 않은 손에서 번식하는 세균을 가시화해 보여주며 손 씻기의 중요성을 알리는 동시에 저소득층에는 무료로 자사의 비누를 제공했다. 여기에 색이 변하는 비누를 추가 출시해 손을 씻는 시간과 잘 씻었는지 부모에게 확인시키는 역할을 하며 손 씻기 문화의 정착에 도움을 주었다. 이 캠페인은 인도 정부와 학교, 언론의 지지를 받으며 외진 시골 마을까지 캠페인을 확산해 진행하기에 이르렀다.

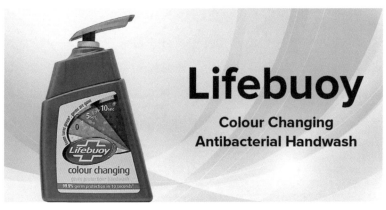

'색이 변하는 비누' 기술을 활용해 ESG 캠페인을 성공적으로 진행한 유니레버사(출처: Lifebuoy 홈페이지)

유니레버는 이 캠페인을 통해 인도 매출액을 크게 신장시켰으며, '사회적 책임'을 준수하는 기업이라는 이미지를 심어주며 사회적 인지도를 높일 수 있었다. 결과적으로 일석이조의 결과를 낳은 성공적인 브랜드 캠페인이었다고 평가할 수 있다.

마치며: 특허는 강력한 홍보 자료이자 광고이다.

비대면이 일상화된 오늘날 기업은 오프라인 매장이 없어도 브랜딩만 잘한다면 좋은 판매 성과를 올릴 수 있게 되었다. 이러한 상황에서 기술의 독창성과 차별성은 기업이 갖춰야 하는 필수 요소라 할 수 있다. 그리고 그 차별성을 갖췄다는 것을 가장 명확하게 증명할 수 있는 방법 중 하나가 특허이다. 한 기업이 특허를 보유하고 있다는 것은 좋은 기술력을 가지고 있다는 인식을 심어주며, 브랜드를 차별화할 수 있는 요소로 활용할 수도 있다. 자사가 특허를 보유하고 있다면 그 자체만으로도 강력한 홍보 자료이자 광고가 될 수 있기 때문이다. 보유한 특허가 없다면 출원을 준비하는 과정에서도 마케팅 포인트를 찾을 수 있고, 마케팅과 직접적인 연관이 없어 보일지라도 넓은 시야를 갖추고 통찰력을 발휘한다면 연계 요소를 찾고 효과적으로 활용하는 마케터로 거듭날 수 있을 것이다.

국가별, 무/유료 특허정보조사 사이트 소개

국가별

대한민국: http://www.kipris.or.kr/khome/main.jsp

기관(국가)	검색구분	주소
세계지식 재산권기구 (WIPO)	국제특허검색	http://patentscope.wipo.int/search/en/search.jsf
	국제상표검색	http://www.wipo.int/romarin
	디자인검색	http://www.wipo.int/designdb/hague/en/
미국 (USPTO)	특허검색	http://patft.uspto.gov/
	상표검색	https://www.uspto.gov/trademark
유 럽(EPO)	특허검색	http://www.espacenet.com/index.en.htm
일본(IPDL)	특허/상표/ 디자인 검색	https://www.j-platpat.inpit.go.jp
유럽지식재산청 (EUIPO)	상표검색	https://www.tmdn.org/tmview
	디자인검색	https://oami.europa.eu/ohimportal/en/
호주 (AU)	특허검색	http://pericles.ipaustralia.gov.au/ols/auspat/
	상표검색	https://search.ipaustralia.gov.au/ trademarks/search
	디자인검색	http://pericles.ipaustralia.gov.au/adds2/adds. adds_simple_search.paint_simple_search
캐나다 (CA)	특허검색	http://ic.gc.ca/opic-cipo/cpd/eng/introduction. html
	상표/디자인검색	http://www.ic.gc.ca/
중국	특허검색	http://211.157.104.77:8080/sipo_EN/search/ tabSearch.do?method=int
	상표/디자인검색	http://wsjs.saic.gov.cn
영국	특허/상표/ 디자인 검색	http://www.ipo.gov.uk/search
홍콩	특허검색	http://ipsearch.ipd.gov.hk/patent/main. jsp?LANG=en
	상표검색	http://ipsearch.ipd.gov.hk/trademark/jsp/main.jsp

기관(국가)	검색구분	주소
독 일 (DE)	특허검색	https://register.dpma.de/DPMAregister/pat/uebersicht
	상표검색	https://register.dpma.de/DPMAregister/marke/uebersicht
	디자인검색	https://register.dpma.de/DPMAregister/gsm/uebersicht
뉴질랜드	특허검색	http://www.iponz.govt.nz/app/Extra/Default. asp?sid=635296415025624841
	상표검색	http://www.iponz.govt.nz/app/Extra/Default. asp?sid=635296414944036841
	디자인검색	http://www.iponz.govt.nz/app/Extra/Default. aspx?sid=635296414856832841
필리핀	특허검색	http://121.58.254.45/ipophilsearch/patentsearch.aspx
	상표검색	http://www.wipo.int/branddb/ph/en/
러시아	특허/상표/ 디자인 검색	http://www.rupto.ru/rupto/portal/96bb3146-3081-11e1- 351c-9c8e9921fb2c?lang=en
덴마크	특허검색	http://onlineweb.dkpto.dk/pvsonline/Patent
	상표검색	http://onlineweb.dkpto.dk/pvsonline/Varemaerke
	디자인검색	http://onlineweb.dkpto.dk/pvsonline/Design
Thomson Reuters	MicroPatent	http://www.micropat.com/static/index.htm

(출처: 특허청_지식재산권의 손쉬운 이용)

무료 DB 사이트

Google Patents: https://patents.google.com/
Google Scholar Search: https://scholar.google.com/
DBpia: https://www.dbpia.co.kr/
사이언스온: https://scienceon.kisti.re.kr/

유료 DB 사이트

Keywert: https://www.keywert.com/
Wips: https://www.wipson.com/
LexisNexis: https://www.lexisnexis.com/en-us/

무지출 챌린지와 카카오톡 거지방

'YOLO'와 'FLEX'는 어디 가고 '효율성'만 남았다

코로나 시기를 거치면서 물가는 가파르게 상승하였다. 그리고 이로 인해 결국 가계의 소비력은 자연스럽게 감소하는 중이다. 'YOLO'와 'FLEX'라는, '지금 이 순간을 즐기기' 위해 '돈을 쓰며 과시하는' 키워드가 유행하던 불과 몇 년 전과는 사뭇 다른 모습이다. 이제는 이를 효율성이라는 단어가 대체하고 있다.

무지출 챌린지: 한 푼도 쓰지 않고 며칠을 살 수 있을까?

2022년도에도 자주 행해지던 무지출 챌린지는 현재도 MZ세대를 중심으로 확산 중인 진행형이다. 쉽게 말하면 일주일에 며칠간 '무지출'에 성공했는지를 SNS에 인증하는 챌린지이다.

'챌린지라면 아이돌 가수 댄스 따라하기 하는 그런 거 아니야?"라고 생각한다면 오산. 이 챌린지는 가계부 앱을 인스타그램에 인증하기도 하고, 도전 과정을 유튜브에 브이로그 형식으로 업로드하는 것이다.

무지출 챌린지는 식비를 줄이기 위한 도시락 싸기, 혹은 하루에 한 끼만 먹기 등 다양한 형태로 지출을 줄이고 그 과정을 인증한다. 이러한 챌린지는 '놀이'로서 인식되며 MZ세대들에게 급속도로 퍼지고 있다. 무지출 챌린지를 통해 자신의 소비 패턴을 깨닫고, 어떻게 해야 돈을 모을 수 있는지에 대한 이야기를 할 수 있기 때문이다. 챌린지에 참여하는 이들의 참여 이유는 집 대출금을 갚기 위해, 불필요한 지출을 줄이기 위해, 자산을 모으기 위해 등 다양하다. 소비를 과시하는 'FLEX', 그 반대에 서 있는 '무지출 챌린지'까지 MZ세대는 다양한 방식으로 자신의 삶을 공유하고 나누고 있다.

'절약을 놀이로!' 카카오톡 거지방

'카카오톡 거지방'은 소비를 절약하는 습관을 위해 자신들의 소비행태를 공유하는 공간이다. 이는 주로 MZ세대를 중심으로 확산되고 있는데 카카오톡 오픈채팅에 '거지방'이라고 검색하면 여러 채팅방이 나온다. 이 오픈채팅에서 익명의 사람들은 지출 내역을 빠짐없이 공유한다. 각 방은 저마다 다른 규칙을 갖고 있는데 대체로 닉네임 옆에 한 달에 쓴 지출 내역 혹은 목표 지출을 채팅방에 공유한다. 스스로를 '거지'라고 칭하는 모습을 부정적으로 보는 의견도 있지만, 채팅방 참여자들은 유머로 승화하는 놀이방식으로 받아들이는 듯하다. 혼자 가계부를 작성하고 지출을 줄이는 방식이 다소 딱딱하다면, 절약하고 싶은 이들이 모여 절약을 일종의 '놀이'로 생각하기 때문에 오히려

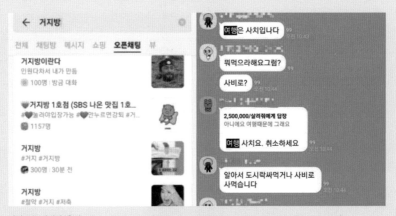

카카오톡 거지방(출처: https://www.yeongnam.com/web/view.php?key=20230420010002608)

스트레스가 줄어든다는 것이다.

'가난하지만 즐겁게 살 테야.' 현대판 해학인가?

무조건 아껴 쌀 한 톨도 이웃과 나눠 먹으며 살아가던 옛 세대의 방식도 대단했고, 지금의 불황과 물가 폭등을 '피할 수 없으면 즐기자.'라는 식으로 즐길 방법을 찾아내는 요즘 세대도 대단하다.

'가난하지만 난 괜찮아. 그러니 지금 이대로 즐겁게 살 방법을 찾을 거야.'라며 때론 애쓴 자신을 위한 'FLEX'를 외치며 작은 사치를 부려보기도 한다. '취향 소비'라고 부르는 한 끼에 몇십만 원을 호가하는 '오마카세고급 코스 일식당' 요리가 유행하고, 한우, 디저트, 커피 등 미식 경험 소비가 크게 늘고 있다. 그런데 또 정반대에서는 '누가 누가 더 잘 아꼈나'를 뽐내며 무지출과 도시락 싸기 방법을 나누며 서로의 절약을 칭찬해준다. 경제학적으로는 이런 현상을 '소비 양극화'라고 하여 오랜 불황 끝에 드러나는 좋은 현상은 아니라고 한다. 하지만 위기를 그 나름의 즐거움으로 이겨내는 MZ세대의 모습 또한 현대판 해학처럼 살아가려는 풍경이 아닐까? 당분간은 이 소비가 어떻게 변해갈지 지켜볼 만하다.

Element 12

마케팅 설득의 힘.

재무 평가 지표

마케팅은 단기적인 판매를 위한 노력이 아닌
장기적인 투자력이다.

·

Philip Kotler

Kellogg Shool of Management 마케팅 석좌 교수

마케터의 고민   Q. 뭐만 하면 우리 예산부터 줄인다고 하네….

                         Q. 어떻게 하면 마케팅에 대한 투자를 이끌어 낼 수 있을까?

                         Q. 어떤 지표를가 설득에 효과적일까?

마케팅! 대중의 인식을 디자인하다

마케팅은 고객가치를 창조하는 핵심활동이라고 알려져 있다. 이때 말하는 고객가치란 무엇일까? 고객가치란 고객이 어떤 제품을 구매하거나 서비스를 이용할 때 지불하는 비용 대비 얻는 효용가치의 정도를 의미한다. 예를 들어 100만 원짜리 제품을 샀을 때 그 제품에 대해 70만 원의 가치를 느꼈다면 고객가치가 낮은 제품, 150만 원의 가치를 느꼈다면 그 제품은 높은 고객 가치를 제공한다고 표현할 수 있다. 고객가치에 영향을 미치는 요인들은 무엇이 있을까? 제품의 성능, 디자인, 내구성 등 많은 요소가 있지만, 가장 중요한 것은 소비자가 그 제품을 어떻게 인식하고 있는가 하는 것이다. 그리고 이 인식을 디자인하는 것이 바로 마케팅이다.

브랜드에 대한 대중의 인식이 기업 브랜드에 대한 충성도와 제품 판매량에 얼마만큼 강력한 영향력을 미치는지 보여주는 사례가 있다. 바로 'Think Different', 혁신의 상징인 애플이다.

애플은 2022년 글로벌 브랜드 컨설팅 업체 '인터브랜드'가 발표한 'Best Global Brand' 1위로 선정되었다. 10년 연속 베스트 글로벌 브랜드 1위 자리를 지킨 것이다. 하루가 다르게 바뀌어가는 세상에서 이토록 오래 혁신의 아이콘으로서 이미지를 지켜내며 지속적인 성장을 일구어 낸 이유는 무엇일까? 바로 높은 충성도를 가진 고객들을 확보했기 때문이다. 애플은 '애플의 제품으로 세상을 바꿀 수 있게 하겠다'는 브랜드의 비전과 철학을 지속적으로 노출하며 고객에게 자사 제품과 서비스에 대한 효용가치를 높여나갔다. 그리고 이후 수많은 기업들은 애플처럼 제품 발표 시연회를 통해 고객에게 제품과 서비스를 소개하는 마케팅활동이 기업의 성장에 긍정적인 영향을 미칠 수 있다고 인정하게 되었다.

하지만 최근 들어 일각에서는 이런 마케팅 방법에 대한 회의적인 의견도 두드러지고 있다. 마케팅 관련 비용이 실제 기업의 이익 증가로 연결되는지 따져보아야 한다는 마케팅의 수익 책임성accountability이 강조되고 있기 때문이다. 기업 이해관계자들은 마케터에게 마케팅의 성과를 입증해 달라고 요청하고 있다. 마케터는 예산을 확보 또는 유지하기 위해 마케팅의 수익책임성을 입증해야 하는 의무를 지게 된 것이다.

마케터! 내부고객에게는 감성보다 숫자로 어필하자

앞서 언급한 것처럼 마케터는 마케팅 성과를 측정하는 것뿐만 아니라 마케팅 투자수익률ROMI, Return on Marketing Investment 입증에 대한 압력을 받고 있다. 이러한 사회적 분위기와 기술의 발전으로 디지털 마케팅에서는 성과를 측정하는 활동이 왕성하게 이루어지고 있다. 하지만 4대 매체TV, 라디오, 신문, 잡지를 활용한 마케팅 활동의 성과는 여전히 측정하기 어렵다. ROMI를 계산하기 위해서는 두 가지 요소가 필요하다.

모든 비즈니스는 결국 숫자로서 표현되고 성과를 보여줄 수밖에 없다. (출처: jtbc)

하나. 마케팅 활동에 대한 비용 데이터

ROMI 계산을 위해서 각 마케팅 별로 소요된 비용 데이터가 필요하다. 왜냐하면 캠페인의 투자수익률을 분석하기 위한 재료가 바로 비용이기 때문이다. ROMI는 마케팅팀의 예산 타당성을 입증하기 위함임을 잊지 말자.

둘. 재무적 지식

기술이 좋아져서 더 이상 함수를 직접 계산하지 않고 숫자만 넣어도 답이 뚝딱 나오는 세상이다. 하지만 상대방을 설득하기 위해서는 답과 함께 그 안에 어떤 논리가 뒷받침되고 있는지 설명할 수 있어야 한다. 재무 전문가 수준은 아니더라도 본인이 진행하는 마케팅 활동이 합당하다는 것을 상대방에게 설명할 수 있어야 한다. 그리고 '재무적인 지표'는 경영진의 주 언어다. 그들이 의사를 결정할 때 가장 많이 고려하는 지표이자 회사를 운영하는 데 있어 모국어와 같은 존재라는 것이다. '로마에서는 로마법을 따르라.'는 말처럼 마케팅 기획안을 실행하기 위해서는 지갑을 들고 있는 사람들의 언어로 설득해야 한다.

'마케터가 재무지표에 신경 써야 하는 몇 가지 이유'

1. 수익 증대

마케팅 활동의 목표 중 하나는 기업의 수익을 증대이다. 마케터는 이 목표를 달성하기 위해 수익추이를 파악해야 하고, 그 추이를 재무지표를 통해 판단해야 한다. 더불어 재무지표를 모니터링하다보면 어떤 마케팅 전략이 가장 수익을 높이고 있는지까지 파악할 수 있다. 예를 들어, 한 기업에서 진행하고 있는 모든 광고를 모니터링 한다고 보자. 이때 특정 광고 캠페인이 매출에 긍정적인 영향을 미치는 것을 확인한다면 해당 마케팅에 좀 더 많은 자원과 예산을 투입하고 비교적 성과가 적은 캠페인에는 예산을 줄일 수 있다. 이러한 조정과정을 통해 기업은 더 큰 수익을 창출할 수 있다.

2. 비용 관리

마케팅은 채널이 다양한 만큼 비용 역시 다양하게 발생한다. 재무지표를 활용한다면 마케팅 비용을 추적하고 분석함으로써 비용 효율성을 평가할 수 있다. 어떤 마케팅 채널이 비용 대비 가장 효율적인 결과를 제공하는지 확인하여 예산 낭비를 방지할 수 있다.

3. 투자 회수율 평가

재무지표는 마케팅 활동의 효과를 정량화하고 평가하는 데 도움을 준다. ROMI는 마케팅 투자 대비 얻은 이익의 비율로, 어느 정도의 이익이 발생하였는지 알려준다. ROMI를 계산하여 각각의 마케팅 전략 및 캠페인의 성과를 판단하고 개선점을 찾아낼 수 있다.

4. 경영 의사 결정 지원

재무지표들은 기업 내부 및 외부 주주들에게 중요한 정보를 제공한다. 이러한 정보들은 경영진 및 의사 결정자들에게 마케팅 전략 수정, 자원 할당, 신규 시장 진출 등 다양한 의사 결정에 도움을 준다.

5. 성장 가능성 평가

재무지표들은 기업의 성장 가능성과 안정성에 대한 정보도 제공한다. 예를 들어, 고객 유치 및 유지비용, 판매량 증가 등으로 인해 순이익이 증가한다면 기업은 더 많은 자금을 투자하고 성장할 수 있는 잠재력을 가지고 있다고 볼 수 있다. 이는 기업의 시장 경쟁력과 성장 가능성을 나타낸다. 또한, 재무지표는 기업의 안정성에 대한 정보도 제공한다. 예를 들어, 안정적인 현금 흐름과 건전한 자본 구조를 갖는 기업은 외부 환경 요인에 흔들리지 않고 지속적인 성장을 달성할 가능성이 높다고 해석할 수 있다. 따라서 재무지표들은 기업의 성장 가능성과 안정성 평가에 중요한 역할을 한다.

마케터가 알아야 하는 재무 지식

많이 알려진 주요 재무지표로는 매출액, 순이익, 자산, 부채, 자기자본 등 다양한 지표들이 있다. 그 외 마케터가 알아야 할 재무지표는 무엇이 있을까? 기획한 마케팅 전략의 투자가치를 증명하기 위해서는 아래 4가지 지표가 꼭 필요하다.

1. 이익(Profit)

> 이익 = 매출(Reveneu) - 비용(Cost)

이익에 대한 개념만 알고 있다면 누구나 도출할 수 있는 공식이다. 매출에서 비용을 제하면 바로 이익이다. 이 쉬운 지표를 가져온 이유는 그만큼 중요하기 때문이다. 간혹 영업부서에서 매출에만 집중하는 경우가 있다. KPI가 무엇으로 잡혔느냐에 따라 달라지겠지만 매출에 집중하다 보면 어느 순간 가격경쟁 또는 프로모션에만 집중하게 되기 쉽다. 하지만 기업의 마케팅이 매출 중심의 마케팅에 집중된 경우 매출은 증가해도 이익이 줄어들 수 있다는 점을 주의해야 한다.

마케팅 안에서도 수많은 종류의 마케팅이 있다. 브랜딩과 고객가치 향상에 비용을 투자하며 프리미엄 가격 정책 구현하여 이익률을 높이는 기업이 있는 반면, 가격 경쟁을 통해 이익률을 낮추며 매출 볼륨만을 키우는 기업도 있다. 물론 월마트처럼 다른 기업들이 도달할 수 없는 수준으로 비용을 줄일 수 있는 운영 시스템을 확보했거나, 이케아처럼 회사의 핵심 전략이 운영 효율성이라면 당연히 가격 경쟁 정책을 택하는 것이 유리하다. 하지만 특별한 사유 없이 이익을 포기한 채 단순 매출을 높이거나 시장 점유율만을 확보하기 위한 마케팅을 진행한다면 적자를 면하기 어려울 것이다.

2. 순현재가치(NPV, net present value)

마케팅을 진행할 때 1~2개월 이내의 단기 마케팅도 있지만 6개월에서 연 단위로 진행하는 중·장기 마케팅도 있다. 기간이 다르고 예산도 다른 각각의 마케팅 캠페인을 어떻게 비교하면 좋을까? 이때 회사에서 궁금해하는 부분은 '얼마만큼의 이익 창출이 되느냐'다. 즉 수익이 어느 정도로 예상되고, 실제로 성과가 어떻게 나오는지 궁금하다는 것이다. 그렇기에 마케팅 캠페인을 제안하거나 캠페인의 결과를 발표할 때는 현재 시점에서 투자 대비 얼마만큼의 수익을 벌어들인다는 것을 명시할 필요가 있다.

> 순 현재가치(NPV) = 편익의 현재가치(PV) - 비용의 현재가치 (Cost)

이때 많이 다루어지는 지표가 바로 '순 현재가치NPV, Net Present Value'다. 위 표에서 나온 수식을 보면 이익과 크게 다르지 않다는 것을 알 수 있다. 다만 여기에서 주의해야 할 점은 시간적인 개념이 들어가 있다는 점이다. 모든 가치를 계산할 때에는 현재 가치로 환산이 되어야 한다. 특히 캠페인의 길이가 길어질수록 시간의 비용은 더 크게 적용된다. 왜 가치를 따질 때 '현재'라는 시간을 강조하는 것일까? 그 이유는 현재의 1,000원이 1년 후의 1,000원과 가치가 다르기 때문이다. 실제로 어린 시절 짜장면 가격을 물어보면 연령별로 대답이 다 다르다. 부장님은 500원, 대리님은 2,500원 그리고 신입사원은 4,000원 이런 식으로 각자 어린 시절을 맞이했던 그 시기별 화폐가치가 다르다는 것이다. 마케팅 캠페인 비용도 마찬가지다. 어제 100원에 가능한 광고가 6개월 후에는 600원으로 단가가 오를 수도 있기 때문이다. 그렇다면 미래의 화폐가치를 현재의 가치로 어떻게 치환할 수 있을까?

화폐가치 계산식

오늘(0년)	1년 후(1년)
1,000원	1,000원×(1+r)
1,000원/(1+r)	1,000원

그 답은 위의 표에 나온 대로 1,000원을 투자했을 때 1년 후 가치를 통해 알 수 있다. 여기서 r은 예상되는 이자율이다. 따라서 현재 1,000원은 1년 후 이자가 더해져 1,000×(1+r)이 될 것이다. 반대로 1년 후의 1,000원은 현재 1,000/(1+r)라는 공식이 성립이 된다. 이와 같은 공식을 활용했을 때 10년 동안 1,000원을 받는 경우 그 돈의 현재가치PV는 다음과 같은 공식으로 표현할 수 있다.

$$PV = 1,000원/(1+r) + 1,000원/(1+r)^2 + 1,000원/(1+r)^3 +... + 1,000원/(1+r)^{10}$$

이제 마케팅의 관점에서 살펴보자. 보통 마케팅은 최초로 투입된 마케팅 비용이 있고, 그 이후에 마케팅을 진행하며 발생하는 추가 비용 및 벌어들이는 현금 수익 등이 있다. 이러한 활동들을 숫자로 나타냈을 때 마케터는 해당 마케팅 활동이 얼마만큼의 이익을 만들어 내는지 숫자로 환산하여 마케팅 투자로의 타당성을 입증할 수 있다.

마케팅 순현재 가치

마케팅 NPV = -C0 + (B1-C1)/(1+r) + (B2-C2)/$(1+r)^2$ +...+(B10-C10)/$(1+r)^{10}$

*Bn: n개월째 나타난 매출
   (ex. B1 = 마케팅 캠페인 1개월째 나타난 매출)
*Cn: n개월째 들어가는 마케팅 비용
   (ex. C1= 마케팅 캠페인 시작 후 1개월 차 들어간 비용)

투자의 타당성이 입증된 마케팅 활동의 NPV는 이익과 동일하게 0보다 큰 숫자가 나와야 한다. 이때 나오는 마케팅 NPV는 어떻게 사용이 되는 걸까? 예를 들어 신제품과 관련된 마케팅 활동을 수행한다고 가정해보자. 1년 동안의 기획 기간을 거쳐 제품을 출시할 경우 5억의 순현재가치가 예상된다. 내부적으로는 이 NPV가 캠페인의 타당성을 입증하는 데 사용되지만 외부적으로는 기업가치를 평가하는 데 사용되기도 한다. 신제품 출시 계획을 공개할 때 투자 분석가들은 이 제품에 대한 투자 성과를 분석한다. 성과 분석 결과 회사의 예상처럼 5억원의 순 현재가치가 창출될 것이라고 평가된다면, 시장에서는 기업의 이익이 증가된다는 뜻이므로 기업가치도 함께 상승한다고 볼 것이다. 기업의 가치가 올라간다는 것은 그 만큼 주가에도 가격이 반영된다. 기업의 이해관계자들은 이와 같이 순현재가치를 통해 주가를 예측하기 때문에 NPV를 통해 마케팅의 필요성을 설명한다면 설득 가능성이 올라갈 것이다.

3. 내부수익률(IRR, Internal Rate of Return)

> ROI = 이익 / 투자금액 x 100

일반적으로 설명하는 투자수익률의 개념은 ROI라는 투자수익률을 뜻한다. 하지만 이 공식에서는 시간과 관련된 문제점이 있다. 바로 돈의 시간 가치가 고려되지 않는다는 점이다. 돈의 미래가치는 현재보다 떨어지고, 마케팅 활동을 하다 보면 시간 차가 나타나기 마련이다. 하지만 3개월이든 10년이든 총 수익과 비용이 같다면 현재의 시세 차익 또는 손실을 제대로 반영하지 못한다고 볼 수 있다.

그렇다면 시간이 반영된 내부수익률은 어떻게 구할 수 있을까? 우선 수익률을 구하기 위한 이자율을 먼저 구해보자. 순현재가치를 만드는 식에서 순현재가치 값을 0으로 만드는 이자율 r이 내부수익률이다.

내부 수익률 계산식

> IRR(내부수익률)
>
> $0 = -C0 + (B1-C1)/(1+r) + (B2-C2)/(1+r)^2 + (B3-C3)/(1+r)^3 + ... + (B10-C10)/(1+r)^{10}$
>
> ex. $0 = 1,000원/(1+r) + 1,000원/(1+r)^2 + 1,000원/(1+r)^3 + ... + 1,000원/(1+r)^{10}$

내부수익률은 순 현재가치와 마찬가지로 시간 가치에 따른 현재가치를 중시한다는 점에서 유용하게 사용할 수 있다. 특히 일방적인 할인율을 선택해 순 현재가치를 산정하지 않고, 순현재가치가 0이 되는 할인율을 역으로 계산함으로써 수익률 차원으로 접근할 수 있다는 장점도 있다. 즉, 재무적 의사결정에 내부수익률을 활용할 때에는 내부수익률 값과 기준 할인율 r의 차이를 비교해 보는 것이다. 이론적으로 내부수익률이 기준 할인율보다 크면 투자 수익이 발생한다는 뜻으로 투자를 진행하고, 기준 할인율보다 작으면 투자를 유보해야 한다.

4. 회수기간(Payback Period)

마지막으로 설명할 마케팅투자수익률 관련 필수 재무지표는 회수기간이다. 회수기간은 현금의 시간 가치를 적용하지 않아 한계가 있지만, 간단하게 구할 수 있기 때문에 의사 결정에 대략적으로 참조하기 위해 사용한다.

(단위: 천 원)

	0년	1차년도	2차년도	3차년도
마케팅비 등 총비용	(1,000)	(2,500)	(2,500)	(2,500)
매출	-	3,000	3,000	3,000
이익(매출-비용)	(1,000)	500	500	500
r	15%			
NPV	123.1			
IRR	23%			
현금흐름 증가분	(1,000)	(500)	-	500
회수기간 → 약 18개월				

회수기간은 투자 비용을 회수하는 데 걸리는 시간으로, 수익과 비용이 같아지기까지 걸리는 기간을 의미한다. 즉, 시작한 이후 이익의 총합이 마이너스에서 플러스로 변하는 시기로, 마케팅 비용이 회수되기까지의 기간을 말한다.

결국 마케팅투자수익률은 한 가지 지표가 아니다. 이익, 순 현재가치와 내부수익률, 회수기간이라는 4가지 평가 지표로 구성된다. 경영상 의사결정을 할 때 반드시 기억해야 할 점은 NPV >0, IRR>r이면 좋고, NPV<0, IRR<r이면 나쁘다는 것이다. 물론 회수기간이 짧으면 좋고, 길면 나쁘다. 이런 재무적 ROMI 지표들을 종합적으로 검토함으로써 전통적 수익률 지표보다 훨씬 더 합리적인 의사 결정을 지원할 수 있다.

마케터의 이성적 나침반, 재무지표

마케팅 전략을 수립하는 데 있어 재무지표는 합리적인 의사결정을 위한 나침반과 같다. 왜냐하면 재무지표는 기업의 재정 건전성과 성과를 측정하는 중요한 지표들을 제공하기 때문이다. 이러한 지표들은 수익성, 효율성, 안정성 등과 같은 핵심 요소들을 평가하고 경영 결정에 도움을 준다. 그리하여 마케터는 재무지표를 활용하여 마케팅 전략 및 실행에 대한 판단과 방향을 설정할 수 있다.

예를 들어, 순이익 증가 여부는 마케팅 효과와 소비자 반응을 평가하는 데 도움이 된다. 순현재가치나 회수기간 등의 지표는 자금 운용 효율성을 파악하여 예산 할당 및 자금 계획에 영향을 줄 수 있다. 이처럼 재무지표를 바탕으로 한 분석은 마케팅 전략의 성과 측정, 예산 관리, 시장 평가 등 다양한 측면에서 중요한 정보를 제공한다. 그리고 마케터는 이러한 데이터와 분석 결과를 종합적으로 고려하여 최적화된 전략과 실행 계획을 수립할 수 있다.

*주의점

그러나 재무지표가 중요하다고 하더라도 마케터는 하나의 지표에 매몰되지 않아야 한다. 시장에는 다양한 요인들이 있기 때문이다. 시장조사, 고객 VOC, 경쟁사 분석 등과 같은 외부 정보와 내부 데이터를 통합하며 상황 변화에 따라 유연하게 대처해야 시장에서 살아남을 수 있다. 마케터에게 재무적인 분석기술은 마케팅 관리 역량을 향상시키는 중요한 도구이다. 다만 소 잡는 칼로 닭을 잡지 않기 위해 재무적인 평가가 '답'이 아닐 수도 있음을 인지해야한다.

TEC- HNIC 03

생각을 실행하는 법칙
: Action

Element 13

마케터의 사고는

Matrix적으로

모든 것은 결국 서로 연결되어 있다.

·

Leonardo da vinci

천재적 예술가, 과학자,

마케터의 고민   Q. 참 좋은데, 이걸 뭐라 어떻게 논리적으로 설명할 수가 없네?

Q. 마케팅 보고서 쓰기 참 힘들다. 결과는 잘 말할 수 있는데 과정을
설명하기가 애매하다.

Q. 시장이 날로 바뀌는데 매번 하는 분석이 과연 의미가 있는가?

마케팅이란 무엇인가?

마케터의 사고방식에 대해 알아보기 전에 기본적으로 '마케팅이란
무엇인가?'라는 원론적인 질문으로부터 시작하고자 한다. 마케팅이
란 사전적으로는 '개인 및 조직의 목표를 달성하는 교환을 창조하기
위하여 아이디어, 재화 및 서비스의 개념 정립, 가격 결정, 촉진 및 유
통경로에 대한 계획 수립 및 이를 수행하는 과정The process of planning
and executing the conception, pricing, promotion, and distribution of ideas, goods, and
services to create exchange that satisfy individual and organizational objectives'이라고
정의되어 있다. 즉, 제품의 생산부터 판매, 나아가 고객과의 관계에
이르기까지 기업 활동의 시작에서 끝까지 모든 과정을 마케팅이라고
볼 수 있다.

이런 마케팅을 하기 위해서 마케터는 먼저 변화하는 시장환경, 기술
적 변화, R&D, 원가, 물류 등 다양한 분야의 최신 정보에 관한 실무적
배경지식을 갖추어야 한다. 최대한 포괄적인 내용적 뒷받침이 있어
야만 시장의 기회를 포착하고 자가로 보유한 사내자원을 활용해 전
략적 계획을 세울 수 있기 때문이다. 하지만 그 계획을 세우기 전에
반드시 이뤄져야 할 단계로 '시장의 경계 구분과 분석'이 있다.

시장 분석과 마케팅 전략의 상관관계

우리는 '시장'이라는 말을 흔하게 사용하지만 사실 시장이라는 개념은 유형의 물건이 아니기에 명확히 자르듯 구분해 분류할 수 있는 개념은 아니다. 그러나 어떤 제품이나 서비스를 판매해 효율을 극대화하기 위해서는 명확한 타깃을 설정하여 구분할 필요가 있고, 그 타깃을 분석하기 위해서는 불가피하게 생활권과 문화처럼 구분지어 분석을 해야만 한다. 그렇기에 기업들은 전략을 다각화하기 전에 매번, 그리고 반드시 시장을 구별, 구분해야만 하는 것이다.

과거의 마케팅은 자사의 브랜드나 상품의 가치에 기반해 가장 적절한 전략을 탐색했다. 하지만 지금은 개별화된 고객의 니즈와 대상 고객을 정의하는 데서 시작해야 한다. 또한, 고객과 얼마나 활발하게 긍정적인 소통을 이어 나가며 관계를 유지·발전시킬 수 있는가가 곧 성공 여부와 직결되는 경향이 있기에 그만큼 마케팅은 보다 복잡한 단계를 거쳐 구축한 세밀한 전략을 바탕으로 수행되어야 한다. 이때 시장을 분석, 구분하는 단계는 일반적으로 아래의 여섯 단계를 거치며 전략과 전술로 도출된다.

1) 시장고객 세분화 분석
2) 세분화한 각 시장고객의 특징 도출
3) 세분화한 시장고객 분석 및 측정
4) 목표 시장고객 선택
5) 목표 시장고객에 적합한 전략 수립
6) 5)의 전략 실행을 위한 세부 전술 수립

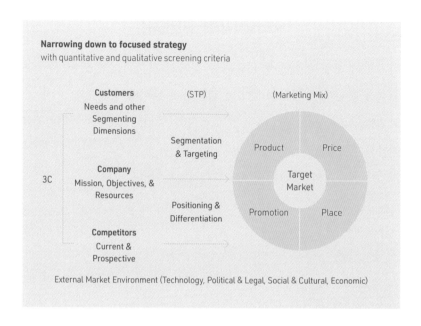

Narrowing down to focused strategy
with quantitative and qualitative screening criteria

좀 더 구체적으로 표현하자면 마케팅 전략 및 전술 수립 과정은 크게 3C, STP, 4P 세 단계를 거쳐 점점 깔대기처럼 좁아지는 형태로 변화된다.

- 1단계: 3C Customer, Company, Competitors 시장 환경 분석과 특징 도출
- 2단계: STP Segmentation, Targeting, Positioning 전략 수립
- 3단계: 4P Promotion, Place, Product, Price 타깃 시장고객을 향한 세부 전술

위 이론과 로직들은 전통적인 마케팅 전략 수립 체계임에도 시대가 변함에 따라 점점 더 중요성과 필요성은 커지고 있다. 그에 따라 필연적으로 마케터의 역할과 역량도 다양해지기에 업무 수행을 위해서는 마케터는 더 많은 지식과 경험이 필요해지는 것이다.

Matrix적 사고는 무엇인가?

마케팅이 구조적 체계를 구축하는 것에서 시작한다면 먼저 시장과 고객을 분류하는 기준과 방법이 명확하게 설정되어야 한다. 이때 가장 대중적이고 많이 사용하는 대표적인 방법이 BCG matrix, GE matrix, Product/Market growth matrix의 세 가지로, 이는 다른 전략 수립 프로세스와도 쉽게 조화를 이룰 수 있다.

1. BCG matrix

'시장성장률Market growth rate'과 '시장점유율Relative market share'의 두 가지 축을 교차하여 사분면을 나누고, 사업이 어떤 위치에 있는지에 따라 현 상황을 파악할 수 있다. 단순해 보이지만, 왜 이 두 가지를 기준축으로 활용했는지 이해할 필요가 있다.

먼저, 시장점유율은 기업의 원가 변화를 나타내는 '경험 곡선Experience curve'과 관련이 있다. 일반적으로 생산량이 증가하면 생산 단위당 비용이 감소한다. 즉, 시장점유율이 높다는 것은 비용 면에서 경쟁사보

다 우위에 있음을 나타내기에 기업에는 매우 중요한 부분이다. 반면 시장성장률은 '제품 수명주기Product life-cycle'와 연관된다. 모든 제품은 도입기-성장기-성숙기-쇠퇴기의 수명주기를 가진다. 제품 전반의 PLC 수준과 단계에 따라 기업의 예산, 인원 등이 다르게 편성되기 때문에 기업은 이 지표를 지속해서 파악, 판단해야 한다. BCG matrix 가 이 두 가지를 대표적인 평가 지표로 활용하는 이유다.

2. GE matrix

'사업 강점'과 '산업 매력도'를 활용한 평가 체계로, 각 축은 높음/중간/낮음의 세 구역으로 분리되어 총 9개의 영역이 도출된다. 9개 중 사업 강점은 회사가 보유한 품질, 기술, 인적자원, 유통망, 브랜드 등 다양한 내적 요소로 평가한다. 반면 산업 매력도는 외부 환경에 초점을 맞추는데, 산업 규모, 성장률, 수익성, 경쟁도 등을 평가 기준으로

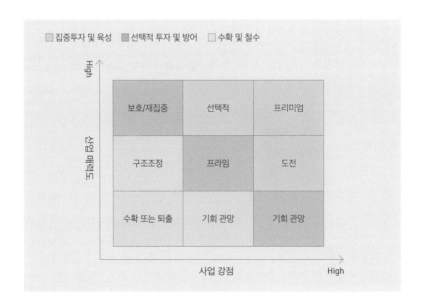

삼는다.

GE matrix의 강점은 BCG matrix보다 포괄적이고 다양한 변수를 활용하며, 더욱 세부적인 결과를 도출할 수 있다는 점이다. 반면 각 변수에 경영자의 주관적 판단이나 잘못된 가중치가 부여되면 객관성을 담보하기 어렵다는 것은 단점으로 꼽힌다. 하지만 요즘처럼 시장 상황이 급변하고 의사결정에 사회적·정치적 고려가 필요한 상황이라면 GE matrix가 좀 더 도움이 될 수 있다. 회사와 산업 분야가 나아가야 할 방향에 대한 전체적인 청사진을 그려볼 수 있기 때문이다.

3. Product/Market growth matrix

제품과 시장을 기존Old과 신규New로 구분한 4개의 영역에 각각 어떤 전략을 구사할 것인지 분석하는 방법이다. 먼저 시장침투 전략Market penetration에서는 소비자에게 새로운 가치를 부여해 구매로 전환하도록 만드는 '새로운 의제 제시Agenda setting'가 선행되어야 한다. 제품개발 전략Product development은 기존 제품의 개선을 통해 새로운 제품을 창출하는 것으로, 소비재 분야에서 주로 활용한다. 최근에는 벽을 허무는 다양한 콜라보레이션을 통해 단일 브랜드 내에 다양한 제품군을 출시하며, 이를 통해 소비자의 니즈를 파악하는 전략으로서 많이 활용되고 있다. 시장개발 전략Market development은 가장 까다롭기는 해도 꾸준히 시도해야 하는 전략이다. 이를 위해 많은 기업은 소비자 데이터를 획득, 분석하기 위해 시장조사, 소비자 평가 등에 큰 비용을 지출하고 있다. 마지막으로 다각화 전략Diversification은 기존의 시장이나 제품의 패러다임에서 벗어나 새로운 시장에서 신제품의 성공을 노리는 것으로, 가장 적극적이고 혁신적인 전략이라고 할 수 있다.

"기업의 미션과 목표는 허구나 추상적인 소설과는 다르다."

최고 경영자는 앞에서 언급한 것처럼 다양한 단계를 거쳐 회사의 미션을 정의해야 한다. 관리자와 실무자는 체계적인 과정을 거쳐 미션 달성을 위한 계획과 전략, 전술, 통제방안을 세워야 하며, 이 과정에서 자신의 경험과 지식을 적극적으로 활용할 필요가 있다. 하지만 이를 위한 마케팅의 첫걸음인 시장의 구분은 간단해 보이지만 사실 쉽지 않은 작업이다. 하지만, 이 한 장의 페이퍼가 결국 R&D, 생산, 판매는 물론 기업의 모든 중요 예산에도 직접적인 영향을 끼치는 중요한 작업임도 잊지 않도록 해야 한다.

Element 14

#창의

창의적인 마케터가

성공하는 시대

전략 없는 창의성은 예술이라 부른다.
전략과 함께 있는 창의성은 광고라 부른다.

•

Jeff I, Richards
Michigan State University Professor

마케터의 고민 Q. 도대체 어떻게 하면 창의적으로, 남과 다른 아이디어를 낼 수 있을까?

Q. 현업에서 창의성을 발휘하는 스킬을 배울 수 있을까?

Q. 도대체 마케팅에서 창의성은 왜, 어디까지 필요한 걸까?

질문 하나, 성공하는 마케터는 창의적인가?

'마케터는 창의적이다.'

사람들이 흔히 가진 마케터에 대한 선입견은 그들이 누구보다 남다르고 색다른 창의적인 사람이라는 것이다. 물론 성공적인 마케팅 사례를 분석하다 보면 창의적인 접근법과 전략에 감탄을 금치 못하는 순간도 있다. 마케터는 최대한 많은 사람들의 시선과 관심을 끌어모을 수 있어야 하기에 창의성이 필수 역량으로 여겨지는 것도 사실이다.

그렇다면 창의성이란 무엇일까? 일반적으로는 '새로운 아이디어나 접근법을 찾아내는 능력'을 의미한다. 이는 유연한 사고와 통찰력을 발휘하여 독창적으로 생각하며, 이를 통해 새로운 것을 발견하거나 기존의 것을 새롭게 조합하는 능력이라 할 수 있다. 그리고 마케팅에서 창의성은 단순한 독창성을 넘어 효과적으로 주목을 받고 고객의 선택을 유도하는 것이 중요하다.

하지만 이때의 창의성은 차별화와 구분해 받아들여야 한다. 차별화는 제품이나 서비스가 시장에서 어떻게 인식되고 수용되는지에 대한 '결과'를 보는 개념이다. 반면 창의성은 이러한 차별화를 만들고 실행하는 '과정'을 가리킨다. 다시 말해, 차별화는 고객에게 자사의 제품 미래 사회의 다양한 문제를 해결하기 위해서는 결국 창의성이 가장 중요한 요소가 될 수 있다. (출처: nc문화재단)

이나 서비스를 제공하고 고객 선호도와 충성도 향상을 목표로 기업이 제품이나 서비스의 경쟁력을 강화하는 것이다. 반면 창의성은 새롭고 독특한 아이디어를 생성하고 이를 구현하는 능력이다. 새로운 마케팅 전략을 수립하거나 기존의 전략을 개선해 마케팅 전략이 시장에 통하게 할 때 비로소 창의성이 중요해진다.

그렇다면 마케터에게 필요한 능력은 창의성일까? 차별성일까? 보통의 마케터는 창의성을 통해 남들과 차별화를 꾀하지만, 창의적인 아이디어가 반드시 성공적인 차별화로 이어지지는 않는다. 남들과 달라야 한다는 생각에 제품을 개선하다가 원가가 상승해 가격 경쟁력이 약화된다면? 혹은 고객이 원하는 방향을 제대로 파악하지 못해 큰 효과를 보지 못한다면 그 경우 성공적인 마케팅이었다고 말할 수 있

성공하는 마케팅을 위해서는 창의적 아이디어가 필수일 것만 같다. (출처: LG그룹 유튜브)

을까? 마케터는 창의적이어야 한다. 하지만 창의적이기만 해서도 안
된다.

마케터의 창의성은 예술사에 남을 의미 있는 작품을 만들어 후대에
전달하기 위해서가 아닌 높은 매출로 이어질 화제성과 전환점을 만
들어내기 위해서이기 때문이다.

마케팅 기획, 창의성 쥐어짜기

만약 당신이 마케터라면 언제 가장 창의적인 아이디어가 떠오르길
바라겠는가? 대부분의 마케터에게 창의성이 가장 필요한 시점은 기
획 단계이다. 그렇다면 떠오르는 모든 생각 가운데 가장 쓸모 있을 만
한 창의성을 어떻게 골라내야 할까?

첫째, 한 가지를 여러 가지 관점에서 바라보고 분석하는 것에 익숙해져라

다양한 관점은 다양한 도구를 활용할 때 가장 쉽게 드러난다. 이때 유용한 방법 중 하나로 '디자인 씽킹Design Thinking'이 있다. 미국의 디자인 컨설팅 회사 아이디오IDEO의 '데이비드 켈리David Kelley'가 고안한 접근법으로, 스탠퍼드의 Hasso Plattner Institute of DesignA.K.A 'd.school'에서 활용하는 창의적 문제 해결 방법으로도 유명하다. 이 접근법은 다섯 단계를 통해 아이디어의 발산과 수렴 과정을 진행하면서 문제를 이해하고 해결책을 도출하는 방식을 시각적으로 보여준다. 그리고 이 과정에서 기존에는 생각지도 못한 관점으로 문제에 접근할 수 있어 창의성을 발휘하는 데에 도움이 된다.

디자인 씽킹으로 아이디어를 도출할 때 SCAMPER, ERRC 전략 등을 추가로 활용하는 것도 좋다. 이런 도구는 제품이나 서비스를 다른 시각으로 바라보고 새로운 마케팅 아이디어나 전략을 떠올리는 데에

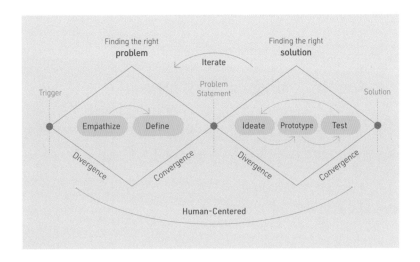

디자인 씽킹의 단계

단계	특징
Empathize	사용자의 입장에서 문제를 이해하고, 사용자의 니즈와 고민을 파악하는 과정. 관찰, 인터뷰, 경험 공유 등 다양한 방법을 사용해 사용자의 이야기를 듣고 느낌.
Define	공감 단계에서 수집한 정보를 바탕으로 실제 문제를 정의하는 단계. 문제를 명확하게 파악하고, 해결해야 하는 핵심 문제가 무엇인지 명확히 정의.
Ideate	문제 해결을 위한 아이디어를 자유롭게 발산하는 단계. 브레인스토밍, SCAMPER, ERRC 등 다양한 기법을 사용하여 창의적인 아이디어를 도출.
Prototype	도출된 아이디어를 구체화하여 실제 모형(프로토타입)을 만드는 단계. 여기서 아이디어의 실행 가능성 검토 등이 이루어짐.
Test	만들어진 프로토타입에 대한 사용자의 의견을 수렴, 검증하는 단계. 사용자의 반응을 확인하고 필요한 수정사항을 파악하여 프로토타입을 개선하거나 아이디어를 재정의하는 등의 활동을 수행함.

도움을 준다. 디자인 씽킹을 도와주는 온라인 도구를 활용하는 것도 효과적이다. Miro, Mural, InVision, Trello 등 다양한 도구에서 제공하는 서식템플릿을 통해 각 단계를 관리, 진행할 수 있다.

SCAMPER

구분	내용
Substitute(대체하기)	기존의 것을 다른 것으로 대체해 보기
Combine(결합하기)	기존의 아이디어나 요소들을 합쳐보기
Adapt(수정하기)	주어진 상황이나 필요에 맞게 기존의 아이디어나 제품을 수정하기
Modify/Magnify/Minify (변경/확대/축소하기)	제품이나 서비스의 특정 부분을 변경하거나 확대, 축소해 보기
Put to Other Uses (다른 용도로 사용하기)	제품이나 서비스를 완전히 다른 방식으로 사용해 보기
Eliminate(제거하기)	제품이나 서비스에서 불필요하거나 비효율적인 부분을 제거하기
Rearrange/Reverse (재배열/반전하기)	제품이나 서비스의 요소들을 재배열하거나, 전체적인 접근 방식을 반전해 보기

둘째, 기업의 상황을 객관적으로 분석하고 전략적 방향을 설정하는 데 도움이 되는 비즈니스 모델이나 툴을 활용해보자

비즈니스 모델과 툴을 활용하면 인사이트를 얻을 수 있으며, 창의적 아이디어를 비즈니스 목표와 연결하는 데 확실한 도움을 받을 수 있다. 예컨대, '앤소프 매트릭스Ansoff Matrix'는 마케팅 전략의 방향성을 결정하는 데에 효과적이다. 그들은 제품과 시장을 각각 기존Existing과 신규New로 구분하는 2×2 매트릭스 위에 전략 방향을 구분해 보여준

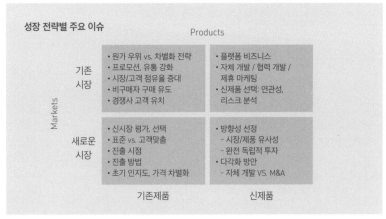

다. 각 상황기존시장-기존 제품 / 기존시장-신제품 / 신시장-기존 제품 / 신시장-신제품마다 접근법이 달라져야 하기 때문이다. 그다음 자사 제품과 타깃 시장의 위치를 파악한 뒤 집중해야 할 마케팅 전략을 결정하고 그 안에서 창의적 아이디어를 도출할 수 있다.

그밖에 마케팅을 기획할 때는 전략적 경쟁우위Strategic Competitive Advantage도 도움이 된다. 경쟁우위의 유형과 경쟁 범위를 도표로 나타냄으로써 비용, 차별화, 집중 전략 중 효과적인 방안이 무엇인지 검토할 수 있기 때문이다. 이런 전략 수집 단계는 창의성을 발휘하기 위한 발산/확산적 사고를 하기 이전에 가장 먼저 선행하여 마케팅의 방향성을 결정하는 데 도움이 된다.

셋째, '소비자의 움직임=트렌드'에 창의적인 마케팅을 위한 모든 답이 있다

마케팅에서는 아이디어가 독특하고 새롭다는 사실 자체보다도 그 아이디어가 소비자의 필요와 욕구를 충족하는지가 더 중요하다. 창의적인 마케팅 전략이지만 그 서비스를 원하는 소비자가 없고, 현재 소비자가 가진 어떤 요구사항이나 문제도 해결할 수 없다면 생각 자체는 가치 있을지 몰라도 마케팅적으로는 아무 쓸모가 없어진다. 고로 소비자를 이해하는 것은 마케팅 기획, 전략 수입, 제품과 서비스 제공의 모든 과정에서 유용한 아이디어를 얻을 수 있는 가장 좋은 행동인 것이다.

명심해야 할 점은 우리가 마케팅을 통해 확보하고자 하는 고객은 새롭게 관심을 가져줄 신규 고객만 있는 것이 아니라는 것이다. 기존의 서비스를 만족스럽게 이용하던 충성도 있는 소비자의 마음도 제대로 이해해야한다. 그래야만 그에 맞는 창의적인 메시지나 캠페인을 개발, 진행하며 차곡차곡 쌓아나가듯 브랜드 충성도 향상과 신규 고객 유치라는 두 마리 토끼를 잡을 수 있을 것이다.

재미있는 점은 신규와 기존 소비자라는 두 마리 토끼를 잡는 일이 결국 트렌드를 파악할 수 있는 가장 좋은 방법 중 하나라는 것이다. 트렌드란 결국 소비자의 움직임이다. 그들이 어디로 움직이고, 어디에 머무르고, 무엇을 사용하는지를 파악해야 무엇을 강조하는 마케팅 전략을 펼칠 것인지를 결정할 수 있다.

다만 트렌드는 소비자 한 명, 한 명이 아닌 전체적인 움직임, 그리고 그 움직임이 얼마나 지속될 수 있을 것인지에 대한 예측까지 고려해야 한다. 제대로 예측해낼 수만 있다면 트렌드 분석 결과를 토대로 소비자의 행동, 기술, 시장 동향까지 정확하게 파악할 수 있다. 그것을 토대로 자사 브랜드의 핵심가치와 정체성이 얼마나 부합되는지를 검토해보고, 고객의 요구에 맞춰가기 위해 어떤 점을 변경해야 하는지 보다 구체적인 대안을 세워 나가면 된다.

일반적인 트렌드 분석 방법은 Google Trends와 같은 도구를 활용하거나 트렌드 보고서를 참고하게 되는데 발간되는 족족 향후 브랜드의 사업 방향을 결정하는 데 매우 중요한 자료로 사용되기에 eMarkete, 한국 소비자원 소비자동향조사, 밀레니얼스코프, 네일스, KB금융그룹 소비트렌드, 이미지컨설팅그룹 스타일랩, 한국스타일트렌드협회 등 꽤 많은 곳이 각 산업 분야에서 참고할 만한 트렌드 보고서를 매해 발간하고 있다. 그러니 참신한 아이디어를 떠올리기 어렵다면 이런 다양한 트렌드 보고서를 꾸준히 읽어보며 다양한 시각에서 소비자의 심리를 공부하며 주의를 환기하는 것이 큰 도움이 될 수 있다.

넷째, 늘 열린 시각으로 창의적 마음가짐을 유지하라

창의성을 발휘하기 위해 창의적인 마음가짐을 가져야 한다는 말이 역설적으로 들릴 수는 있지만 가능한 다양한 현상·사람·문화·관점을 편견 없이 보려는 노력이 중요하다. 다양한 것들을 다양한 관점으로 볼수록 더 새로운 아이디어를 떠올릴 수 있기 때문이다.

그리고 하나 더, 바라보는 것에 그치지 말고 의식적으로 '왜?'라는 질문을 해 보는 자세를 가져보는 것이 좋다. '왜?'라는 질문은 너무 흔하거나 당연하게 여겨져서 '생각할 꺼리'라고 여기지 않았던 모든 것을 새로운 시선으로 바라보아 미처 발견하지 못했던 면을 찾아낼 수 있게 해준다.

물론, 다른 한편으론 이런 생각이 들 수도 있다. '아무도 그렇게 하지 않은 덴 이유가 있는 것 아닐까?' 물론 누구도 사용하지 않았던 방식으로 접근하려다 위험해질 수도 있다는 생각은 매우 자연스러운 것이다. 하지만 실패할 가능성도, 위험할 수 있다는 가능성도 감수해냈을 때 그보다 더 큰 성공을 얻어낼 수 있다는 믿음을 가질 필요가 있다. 이처럼 창의적으로 사고하는 자신만의 시간을 가져본다면 기대 이상의 소득을 얻을 수 있을 것이다.

새로운 것 찾아내기, 차별화하기, 창의적인 것 만들기, 그동안 간과했던 것을 발견하기 등 마케터에게는 항상 다시 보고 다르게 보는 능력이 요구된다. 그렇기에 처음에는 열정적으로 임했을지라도 이내 소진되기도 한다. 그럴 때는 무리해서 컨디션을 끌어올리지 말고 명상을 하거나 자연 속에서 '마음 비움'을 하는 것도 도움이 된다. 그렇게

산책할 때, 자려고 할 때, 멍때릴 때, 뇌의 유레카 영역이 활성화된다. (출처: 차이나는 클래스)

자기에게 맞는 쉼과 배움을 통해 창의성을 유지하다 보면 곧 업무에
서도 자연스럽게 발현되어 마케팅 기획도 한결 수월해졌음을 깨닫게
될 것이다.

데이터가 방대할수록 창의적으로 분석해야 한다

4차 산업혁명이 등장한 이후, 가장 화두였으며 현재도 거의 모든 기
술의 기본이라 여겨지는 '빅데이터' 하지만 무한하리만큼 많은 데이
터는 누가, 어떻게 분석하느냐에 따라 전혀 쓸모없이 양만 많은 자료
가 될 수도, 누구도 발견하지 못한 새로운 시대를 이끌어갈 혁신이 될
수도 있다. 고로 데이터를 분석할 때 가장 필요한 것은 창의성이다.
마케터는 데이터 안에 숨은 이야기와 의미를 찾고 이를 새로운 방식
으로 해석해내야 한다. 기존과는 다른 관점으로 데이터를 바라보고
간과했던 패턴이나 인사이트를 발견할 수 있다면 차별화된 마케팅을
기획하는 데 큰 도움이 되기 때문이다. 그리고 그 때 필요한 능력 역

데이터 분석도 중요하지만 마케터에게는 관점이 더 중요할 수 있다. (출처: 티타임즈TV 유튜브)

시 창의성이다. 창의성이 발휘될 때 마케터는 데이터 간의 연관성을 보다 긴밀히 파악할 수 있으며 데이터를 시각화하고 미래 시장을 예측할 방법을 찾아낼 수 있다. 예를 들어 데이터 시각화 단계에서 기존의 그래프나 차트보다 쉽게 표현할 방식을 모색하다 보면 기존에 발견하지 못했던 데이터의 패턴을 파악해 더 효과적으로 전달할 수 있다.

이런 창의성의 중요성은 예측 모델링에서 더욱 두드러진다. 여러 데이터를 조합하고 기존에는 찾지 못한 패턴을 발견하는 데 창의성은 필수적이며, 이를 바탕으로 다양한 예측 모델을 개발할 수 있기 때문이다. 예측 정확도를 높이려면 여러 데이터를 결합해야 한다. 그리고 창의성은 어떤 데이터를 결합할지 판단하는 데 중요한 역할을 한다. 기존과는 다른 패턴을 발견하고 독창적인 마케팅 인사이트를 얻을 수 있기 때문에 늘 다양한 결합에 생각을 열어둘 수 있어야 한다. 더불어 새로운 알고리즘신경망, 랜덤 포레스트, 그래디언트 부스팅 등을 배우고 적용해보며 더욱 복잡한 패턴을 발견, 이해할 수 있게 된다면 그것이 창의성 있는 결과물로 드러날 수 있다.

데이터를 분석할 때는 다양한 방법을 사용할 줄 알아야 한다. 그리고 다양한 관점을 얻으려면 여러 통계 방법과 머신러닝 기법을 활용해 해석해야 한다. 또한, 정보를 읽을 때는 고객의 관점에서 이들의 행동과 경향을 이해하며 해석하는 것이 중요하다. 그래야 단순한 데이터가 아니라 '살아 있는' 마케팅 자료로 재창조해낼 수 있다. 반면 데이터의 편향이나 잘못된 해석은 결과 왜곡으로 이어질 수 있다는 것을 항상 염두에 두어야 한다.

그렇다면 실제 마케팅 데이터 분석에 활용되는 툴은 무엇이 있을까? 대표적으로는 구글 애널리틱스Google Analytics이 있다. 이 툴은 각종 웹

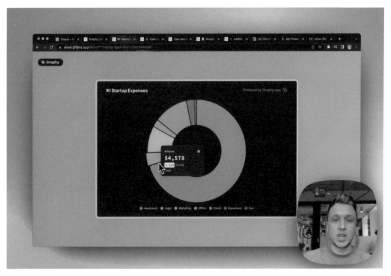

최근에는 데이터만 있으면 대화만으로도 AI가 그래프와 추세를 보여줄 수 있다. (출처: 유튜브 Graphy)

사이트의 방문율과 사용자 행동 분석을 통해 새로운 인사이트를 얻을 수 있다. 또한 파이썬Python과 Power BI 역시 빈번하게 사용되면서 마이크로소프트가 다양한 소스에서 데이터를 수집하고 변환할 수 있도록 돕는다.

#유통

잘 팔고 싶다면,

잘 팔리는 곳부터 찾아야

유통이야말로 경영의 암흑 대륙이다.

•

Peter Drucker

사회생태학자(Social ecologist)

마케터의 고민 Q. 제품은 참 좋은데... 왜 안팔리지?

Q. 괜히 중간상 낀 거 아니야?

Q. 어디에 입점하는 게 제일 좋을까?

예로부터 장터가 열리던 지역과 장소를 찾아가보면 '이런 곳이야 말로 장사하는 곳이구나.' 라는 생각이 절로 들만큼 접근성이 좋고 유동인구가 많은 지역임을 단번에 알 수 있다. 이는 비단 옛 이야기뿐만이 아니다. 지금도 장사가 잘되는 자리의 임대료가 더 비싸고, 이전에 동일한 업종이 영업되던 곳이라면 '권리금'이라는 명목으로 자리값을 지불하는 게 통상적이다. 이렇게 '잘 팔리는 좋은 자리'가 따로 있다는 건 오래전부터 모두 알고 있던 사실이다.

달라진 것이 있다면 오프라인뿐만 아니라 온라인 시장도 같이 신경을 써야한다는 점이다. 특히 유통채널을 제대로 정비하지 못하면 제품의 경쟁력이 충분함에도 성공하지 못할 수 있다. 유통채널 선정은 고객에게 제품이나 서비스를 제공하는 경로를 선택하는 중요한 단계

유통의 흐름을 파악하는 종합적인 사고는 필수적이다. (출처: 월간 리크루트)

다. 기업은 이 경로를 통해 고객과 상호작용하며, 제품이나 서비스를 홍보한다. 그렇기에 올바른 유통채널을 선택하면 같은 마케팅 전략으로도 더 큰 홍보 효과를 누릴 수 있으며, 이는 곧 매출 상승으로 이어질 가능성이 높다.

급변하는 유통환경! 그러나 본질은 바뀌지 않는다

유통채널은 소비자의 수요와 환경에 따라 계속해서 변화해 왔다. 인터넷과 모바일 기술의 발전, 코로나19 등의 이슈는 소비자의 구매패턴을 바꾸는 결과를 불러왔다. 과거에 집에서 물건을 사려면 TV로 홈쇼핑을 보고 노출된 전화번호로 연락해야만 했지만 오늘날에는 홈쇼핑 내 TV보다 모바일 시장이 차지하는 비중이 훨씬 커졌다. 나아가 홈쇼핑의 형태를 빌린 '라이브 커머스'와 같은 모바일 전용 서비스도 큰 인기를 끌고 있다. 스마트폰 보급률 증가라는 환경이 소비자와 유통채널 영향을 미친 것이나.

전통적인 유통채널 구분

	생필품	구멍가게, 편의점, 슈퍼마켓, 대형 할인점, 회원제 도매 클럽, 기업형 슈퍼마켓
점포 소매상	생필품 + 전문품	하이퍼마켓, 재래시장, 백화점
	전문품	전문점
	선매품	팩터리 아웃렛
무점포 소매상	생필품 + 전문품	방문 판매, 통신 판매점, 홈쇼핑, 인터넷 쇼핑몰

각 유통채널의 변화 양상

도매상 : 제품을 대량으로 구매하여 소매상에게 판매하는 유통업체
과거에는 유통채널의 중심 역할을 했지만, 제조업체나 소매업체가 직접 유통을 담당하는 경향이 많아진 오늘날에는 그 역할이 줄어들고 있다.

백화점 : 고가의 고급 상품을 판매하는 대형 유통업체
과거에는 소비자의 쇼핑 선호도가 높아 많은 사람이 몰리는 공간이었지만 이제는 인터넷 쇼핑몰과 경쟁하면서 매출이 줄어드는 추세다. 이에 서비스와 브랜드 이미지를 강화하며 변화에 대응하고 고객 충성도를 높이려 노력하고 있다.

대형마트 : 식품과 생활용품을 저렴한 가격에 판매하는 대형 유통업체
일상에서 필요한 물품을 저렴한 가격에 구매할 수 있어 구매 선호도가 높았지만, 현재는 인터넷 쇼핑몰과 경쟁하며 매출이 감소하는 추세다. 이에 신선식품, 자체브랜드[PB] 상품을 출시하며 차별화를 추구하고 있다.

기업형 슈퍼마켓 : 식품과 생활용품을 중저가로 판매하는 중소형 유통업체
과거에는 지역별로 기업형 슈퍼마켓이 다양하게 존재했으나, 현재는 대형 유통업체들이 인수·제휴해 규모를 확대하고 있다. 지역적 특성과 소비자의 니즈에 부합하는 상품과 서비스를 제공하는 데 초점을 맞춘다.

인터넷쇼핑몰 : 온라인으로 상품을 판매하는 유통업체
주로 PC 기반으로 활용되었으나, 오늘날에는 스마트폰으로 활용하는 소비자가 다수를 이룬다. 상품의 종류와 가격, 배송 서비스가 다양한 인터넷 쇼핑몰은 코로나19의 영향으로 비대면 소비가 활성화됨에 따라 최근까지도 꾸준히 성장 중이다.

홈쇼핑 : TV나 인터넷 방송으로 상품을 판매하는 유통업체
과거에는 TV로 노출되는 것이 일반적이었지만, 오늘날은 인터넷 환경을 통해 주로 소비가 이루어진다. 전문가의 설명과 시연으로 제품을 생생하게 접할 수 있다는 장점이 있으며, 할인 혜택 등으로 소비자의 구매욕을 자극한다.

어린 시절 많이 이용하던 슈퍼마켓이 대형마트의 등장으로 폐업하거나 기업형 슈퍼마켓으로 바뀌고, 나중에는 편의점이 들어서는 것을 본 경험이 있을 것이다. 사람들은 더 싸게, 더 가깝고 편리하게, 더 다양한 물품을 구매할 수 있다면 유통채널을 쉽게 바꾼다. 그만큼 유통채널은 주변 공간, 시대를 막론하고 모든 환경적 변화에 영향을 크게 받는다. 패권 다툼이 끊이지 않는 업종이라 할 수 있다. 그런 이유에서 마케터는 시장에서 자사의 제품이나 서비스를 어떤 유통채널에서 판매할지 신중하게 선택해야 한다.
유통채널을 선택 시 필요한 것은 환경의 변화를 세심하게 살피는 통찰력이다. 내·외부 환경이 변해도 가장 높은 판매치를 달성할 수 있는 유통채널을 확보해야하기 때문이다.

성공적인 유통채널 선택 메뉴얼

Step 1. 제품/ 서비스가 가진 본래의 성격에 주목하라

먼저 자사 제품의 가치를 가장 잘 전달할 방법이 무엇인지 생각해야 한다. 대다수의 소비자들은 몇 가지 공통적 특징이 있다. 예를 들어 가격에 대한 특성이 있어 고가의 제품이라면 소비자들은 직접 상품을 보고 판단하려는 경향이 있어, 오프라인 매장 구매를 선호한다. 반면 중저가 상품은 온라인 쇼핑몰 등 접근성이 좋거나 가격이 저렴한 디지털 채널을 활용을 선호한다. 다만 최근에는 온라인 시장의 성장으로 인해 명품 등 고가의 제품도 온라인으로 구매하는 경향이 보이기에 이런 점은 지속적인 시장조사를 통해 늘 follow-up해야 한다.

이와 더불어 생산 현황과 시장 상황 등 제품·서비스를 둘러싼 주변 환경도 골고루 점검할 필요가 있다. 특히 중소업체의 경우 규모와 자금 조달력, 인지도, 제품 종류 등이 제한적이기에 유통채널 선택을 외부에 위탁하는 경우가 많다. 이 경우 유통채널별 특성이 다르기 때문에 제품군의 일반적 특성과 자사 제품만의 차별점을 다각도로 고려해 최적의 채널을 선택하는 것이 중요하다.

자사 제품에 가장 적합한 유통채널을 찾았다면 이제 경쟁사 제품들의 현황을 살펴봐야 한다. 경쟁사가 주로 이용하는 유통채널은 무엇이며 채널별 성과는 어떤지 확인함으로써 각 채널에서 해당 제품군이 어떤 반응을 얻는지 알 수 있다. 만약 해당 제품군의 성장 잠재력이 크다고 판단한다면 내부의 가용자원과 지원 사업을 적극적으로 활용해 자체 유통망을 구축할 수 있다. 하지만 유통망을 구축하고 노하우를 쌓기까지는 많은 시간과 비용이 드는 만큼 전문 벤더나 중간상을 활용하는 것이 더 효과적일 수 있다.

Step 2. 그 유통체인의 주요 고객은 어떤 사람들인가?

제품과 시장 상황을 파악한 뒤에는 고객을 분석해야 한다. 나이, 성별, 거주지역 등 대상 고객의 특성에 따라 적합한 유통채널이 다르기 때문이다. 예를 들어 한 가정 내에서 같은 제품을 산다고 하더라도 아버지는 대형마트에서, 어머니는 H&B 오프라인 매장에서, 자녀는 오픈마켓 모바일 앱으로 구매하는 등의 양상을 보일 수 있다.

그 다음으로 필요한 과정이 고객 니즈 분석이다. 제품의 주력 소비층이 가장 쉽고 편리하게 해당 제품에 접근할 수 있는 상황과 환경을 고려하는 것이다. 가격 민감도를 고려할 경우 대표적인 지표로는 가성비와 가심비가 있다. 또한, 해당 제품을 주로 구매하는 시간대를 분석해 고객의 소비패턴이나 접근성이 높은 유통채널을 선정하는 것도 한 가지 방법이다.

Step 3. 어떤 경쟁 업체가 입점해 있으며 어떤 중간상을 통해야 하는가?

자사 제품이나 서비스를 시장에 출시한다는 것은 경쟁 체제에 돌입한다는 것을 의미한다. 경쟁 시장에 들어섰을 때 가장 판매에 큰 영향을 미치는 것은 비슷한 품목, 기능, 특성을 가진 경쟁 업체의 제품이다. 고로 출시를 결정했다면 경쟁 업체의 입점에 대해 조사해야 한다. 경쟁사의 제품과 유통채널을 제대로 파악하면 불필요한 경쟁을 줄일 수 있으며, 경쟁사와는 차별화된 새로운 유통채널을 도입할 수 있기 때문이다. 즉 한결 쉽게 우위를 확보할 수도 있다는 뜻이다. 나아가 경쟁사의 유통채널 분석은 시장 점유율, 고객층, 판매량 등을 예측하는 데 도움이 된다.

간단하면서도 유용한 경쟁사 파악 방법 3가지

1. 직접 구매해 판매처 파악하기

단순한 방법이지만 실제로 구매하며 고객의 관점에서 경쟁사의 제품이 어떤 채널을 통해 가장 잘 노출되는지, 중간 이탈 요인은 무엇인지 파악할 수 있다.

2. 경쟁사의 웹사이트나 소셜 미디어, 광고 조사하기

경쟁사의 신규고객 유치, 대상 고객 선정 경로를 파악하는 방법으로 기업에서 간과한 유통채널이나 타깃은 없는지 점검할 수 있다.

3. 주기적 업체 리서치 보고서, 마케팅 분석 보고서 등 객관적 자료 참조하기

경쟁사의 유통채널을 쉽게 파악하기 어렵거나 객관적인 자료를 참고하고 싶을 때 도움을 받을 수 있다.

중간상 활용 조건

'중간상'은 생산업체와 소비자 사이에서 활동하는 조직이나 개인을 의미한다. 즉, 생산업체와 소비자를 제외한 모든 회사와 사람으로, 백화점·편의점·온라인 쇼핑몰 등도 여기에 포함된다.

유통채널을 선정할 때 중간상을 고려하는 이유는 간단하다. 전문성이 있기 때문이다. 다소 비용을 내더라도 직접 판매하는 것보다 더 다양한 판매처에서 더 오랫동안 고객을 만날 수 있다면 굳이 중간상을 배제할 이유가 없다. 특히 제조사의 영업 역량이 부족하고 제품판매 과정이 단순하다면 중간상을 활용해 관리에 투입되는 부담은 줄이고 그

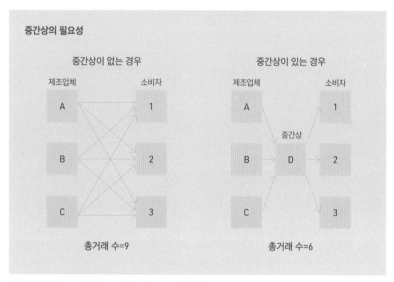

중간상을 이용함으로써 기업과 소비자는 경제적 이익을 취할 수 있다.

만큼 자사 제품 자체의 핵심역량 성장에 좀 더 집중하는 게 현명하다. 하지만 중간상을 단순히 중간 단계의 책임자 정도로만 이해하고 위임하는 것은 위험하다. 중간상을 활용한다는 것은 그만큼 유통 프로세스가 증가한다는 것을 의미한다. 고로 운영 측면에서 감당할 만한 비용인지, 신뢰를 쌓아가며 일해 나갈 수 있을지, 잠재된 위험을 없는지 등을 파악하며 잘 맞는 중간상을 찾는 게 중요하다.

중간상 활용 시 고려사항

- 주문 규모: 최소 주문량
- 주문 빈도: 요구하는 마진과 기타 거래조건
- 자사의 통제 관리 가능성
- 매출 규모, 재무 건전성

- 판매방식
- 업계 내 레퍼런스(ex. 건전성, 거래처, 오너리스크 등)

Step 4. 비용적인 측면에서 유통경로의 경제성과 통제 수준을 파악하라

유통채널을 선택할 때는 비용 측면도 고려해야 한다. 기업의 목적은 이윤을 창출하는 것인 만큼 유통채널 선정에 앞서 총 소요비용과 투입 인력 등을 포괄적으로 고려해 손익을 따져 보고 유의미한 가치가 있는지 판단해야 한다.

① 유통경로의 경제성

세상에 존재하는 다양한 유통채널을 모두 이용할 수 있다면 더할 나위 없이 좋겠지만, 자사 플랫폼 외의 유통채널에 입점하는 것은 비용이 든다. 따라서 자사의 예상 매출액을 파악하고 경제성을 고려해 유통 방식을 선택해야 한다. 이때 고정비와 변동비의 비중을 따지는 것이 중요하며, 자사의 자원과 역량으로 해당 채널에 입점할 수 있는지, 입점 이후 판매를 지속할 운영 능력이 있는지 따져 볼 필요가 있다.

- 제조사가 직거래하거나 직접 소매유통을 하는 경우
  → 고정비가 큰 반면 변동비가 적다.
- 외부 벤더나 중간상을 활용할 경우
  → 고정비가 미미하지만 벤더나 중간상에게 마진을 지급해야 한다.

매출액이 큰 대형 제조사는 직거래, 자체 유통망 구축, 외부 프랜차이즈·대리점과의 전속계약 등의 방식을 취하는 것이 효과적이다. 반면 매출액이 작은 중소업체라면 벤더나 중간상을 활용하는 것이 운영

부담을 줄이는 데에 도움이 된다. 최근 농축수산업 분야에서는 자체적으로 소비자 직거래 방식을 도입해 '산지 직송'과 같은 문구로 소비자의 이목을 끄는 전략을 사용하기도 한다. 이는 신선식품 특성상 직거래가 시간과 비용 측면에서 더 경제적이기 때문에 취할 수 있는 전략이다. 또한 웰빙을 위한 건강 먹거리에 대한 소비자의 선호도와 투자 의지가 그만큼 높아졌다는 시장분석 결과를 바탕으로 시도된 전략이기도 하다.

② 유통경로의 통제 수준

유통채널의 증가는 마케팅 해야 하는 채널이 늘어난다는 뜻이기도 하다. 입점하는 채널의 마케터는 자사의 제품 홍보에 얼마나 관여하는지, 입점 브랜드의 자율성이 어느 정도인지도 따져봐야 한다. 자사의 마케팅 전략을 강하게 추진하거나 특별한 고객 서비스가 필요한 상황이라면 직거래나 독자적인 유통망을 구축하는 것이 더 효과적일 수 있기 때문이다. 만약 유통채널별로 섬세한 마케팅 진행이 어렵다면 중간상이나 벤더를 활용하되, 전략 지역이나 고객을 위한 직영점·전속대리점 등을 운영하는 것도 좋은 방법이다.

고객이 헤어 나올 수 없게 만드는 유통채널 믹스 전략

마스크 팩 하나를 살 때도 소비자는 편의점, 대형마트, 온라인 쇼핑몰 등 다양한 유통채널을 선택할 수 있다. 같은 제품이라도 채널마다 가격도 달라 어떤 곳을 이용할지 고민하기도 한다. 다양해진 유통채널

사이에서 소비자가 여러 곳의 가격과 상품을 한번에 비교할 수 있는 서비스도 등장했다. 기업 입장에서는 여러 유통채널을 병행하면 자연히 비용도 증가하는데, 왜 유통채널을 다각화하는 것일까?

그 이유는 최대한 많은, 다양한 고객에게 브랜드를 노출시키기 위해서다. 많은 사람들에게 알리고 싶다면 그만큼 자주 눈에 띄는 것이 가장 효과적이기 때문이다. 더 많은 고객에게 마케팅을 진행할 수 있도록 최대한 다양한 경로를 확보하려는 것이다. 또한 복수의 유통 채널을 이용함으로써 특정 유통채널의 이슈에 흔들리지 않고 안정적인 수익을 유지하기 위한 리스크 헷지Risk Hedge 전략이기도 하다.

하지만 기업은 무기한적으로 많은 유통 채널을 끌고 가진 않는다. 늘어나는 유통 채널만큼 비용과 관리 업무 부담이 늘어나기에 적정 수준을 유지하고자 주기적인 점포관리를 한다. 따라서 기업이 어떤 채널을 주력으로 삼아야 할지 우선순위를 정하는 것도 결국 '언젠가 빼

신세계그룹은 온오프라인 통합을 내세운 '신세계유니버스클럽'을 전면에 앞세우고 있다. (출처: 동아일보)

거나 줄여야 한다.'라는 것을 늘 염두해 두고 있기 때문이라고 할 수 있다.

고객이 헤어 나올 수 없는 유통채널 거미줄(적절한 통합 마케팅 전략)

채널 특성에 따라 기성의 마케팅 방식도 달라지는 것을 볼 수 있다. 보편적으로 온라인 쇼핑몰은 정기구독 할인, 신규고객 쿠폰 발행 등의 가격 프로모션을 진행하며, 오프라인 매장에서는 포토존을 형성해 방문 인증 이벤트를 진행하는 경험 마케팅이 가장 흔하게 볼 수 있는 방식이다. 기업은 각 채널의 특성에 맞는 마케팅 전략을 사용해 매출 증진을 위해 노력한다. 하지만 이때 '메시지의 일관성'이 유지되는지 주의를 기울일 필요가 있다. 기업이 전달하고자 하는 바가 소비자에게 일관되게 축적되는지 살펴야 한다는 의미다.

일례로 '아모레퍼시픽'은 다양한 유통채널에서 제품을 판매한다. 대중적 인지도가 높은 브랜드임에도 오프라인 매장에서는 고객이 제품을 직접 체험하도록 하며, 자사몰을 비롯해 여러 온라인 쇼핑몰에도 입점해 있다. 이와 더불어 각 유통채널에 적합한 제품 라인업과 마케팅 전략을 수립해 브랜드 이미지에 맞는 프로모션과 이벤트를 기획, 제공해 제품 구매를 촉진한다. 뷰티 매장에서는 고객 개인의 피부 색조와 타입에 맞는 제품을 추천하는가 하면 온라인에서는 다양한 프로모션을 진행해 고객의 이탈을 방지한다. 이러한 다각적인 맞춤형 전략을 통해 브랜드 고유의 콘셉트는 유지하되 매출 관련 리스크는 분산시킴으로써 안정적으로 수익을 창출하는 유통환경을 구축한 것이다.

디깅 소비

'소비도 나를 표현하는 수단일 뿐!'

소비자들은 대중적이고 유행하는 제품보다 자신의 취향에 맞고 자신만의 가치관을 뚜렷하게 표현할 수 있는 곳에 아낌없이 투자하고 싶어 한다. 특히 MZ세대라면 더 뚜렷한 자신만의 개성과 취향을 주장하며 특정 품목이나 영역을 파고들 듯 소비, 향유하는 경향이 더욱 짙어진다. 가격도, 양도 영향을 끼치지 않는 심리적 만족을 위한 소비에 열광하는 것, 바로 디깅 소비다. 디깅 소비란 'dig'라는 단어에서 파생된 말로, 소비자들의 뚜렷한 취향과 니즈를 반영한 소비 트렌드를 뜻한다. 이러한 디깅은 미디어 콘텐츠, 연예인, 인플루언서, 제품, 경험 등 몰입의 대상이 다양할 뿐만 아니라 단순히 취향을 소비하는 것을 넘어 자아실현과 성취감을 경험하는 것으로 이어지고 있다.

'덕질'을 즐기는 사람들, 디깅러

지금은 '디깅'이라고 부르지만 이전에는 '덕후'라는 말이 더 많이 쓰였다. '덕후'는 일본말 '오타쿠'가 한국식 발음으로 바뀌면서 '오덕후'가 되고 또 줄어 '덕후'가 된 것인데 집 안에만 틀어박혀서 취미 생활에만 몰두하는, 사회성이 부족한 사람들을 지칭하는 다소 부정적인 단어에 가까웠다. 하지만 어느 순간부터 오히려 특정 분야에 전문가만큼의 지식을 갖고 있고, 자신이 좋아하는 일에 몰두할 수 있는 좋은 의미로 탈바꿈했다. 그러더니 이제는 '디깅'이라는 신조어가 만들어질 만큼 트렌디한 단어가 된 것이다.

덕질은 분야를 가리지 않는다. 《트렌드 코리아 2023》에 의하면 디깅러는 컨셉형, 관계형, 수집형 디깅러로 크게 세 가지로 분류한다.

첫 번째, '컨셉형 디깅'의 경우 공부할 때에 자신을 소설 속 전교 1등 인물이라는 컨셉을 부여하여 학습 집중력을 높이는 모습을 보인다. 두 번째, '관계형 디깅'의 경우 타인과 소통하며 대상에 '함께' 몰입하는 유형으로, 특정 연예인을 좋아하는 사람들끼리 모여 공연을 관람하고 굿즈를 나누는 것을 예로 들 수 있다. 그리고 마지막, '수집형 디깅'의 경우 자신의 취향에 맞는 수집품이나 경험을 모으고 SNS를 통해 공유하며 만족, 과시를 추구한다. 특정 영화나 뮤지컬을 여러 번 관람하고 감상을 기록, 공유하는 'N차 관람러'가 여기에 속한다.

과거 오타쿠와 현재의 디깅러를 나누는 분명한 기준은 '현실'이었다. 오타쿠는 현실을 외면한 채 대상에 몰입하는 반면, 디깅러는 현실을 열심히 살아가는 동시에 덕질을 즐기고, 나아가 덕질을 통해 또 다른 성장과 행복을 추구한다. 적절한 디깅을 통해 삶을 긍정적인 방향으로 변화시키는 전환점을 마련하는 것, 이것이 '디깅 모멘텀' 트렌드의 핵심이다.

1. 컨셉형 디깅: '카카오프렌즈 세계로 들어와!'

이 유형은 자신이 몰입하고 있는 이미지를 본인의 컨셉으로 잡거나 컨셉이 확실한 콘텐츠에 열광한다. 가장 대표적인 예시로 카카오프렌즈 스토어를 들 수 있는데, 카카오프렌즈 스토어는 AR기술을 적용한 포토 부스를 통해 사용자가 자신이 좋아하는 캐릭터를 선택해서 프렌즈와 사진을 찍을 수 있고, 함께 춤을 추는 영상을 기록하는 등 캐릭터에 더욱 몰입할 수 있는 서비스를 제공하고 있다. 또한 1~2개월마다 컨셉을 바꾸면서 컨셉에 맞춘 체험 프로그램도 진행한다.

카카오프렌즈 스토어 포토 부스에서 카카오 캐릭터와 함께 사진을 찍고 있다. (출처: 애니펜 홈페이지)

2. 관계형 디깅: 취미를 함께 디깅하는 클래스101

관계형 디깅이란 특정 분야의 디깅러들이 모여 깊게 소통하면서 몰입하고, 공감대를 형성하는 것이다. 관계형 디깅의 예시로 아이돌 팬덤 문화나 클래스101을 들 수 있다. 요즘 취향, 취미에 대한 관심이 증가하면서 자신의 취향과 취미를 찾고자 하는 사람들도 늘어나고 있는데 이러한 사람들을 위해 클래스101에서는 다양한 분야에 대한

디깅문화가 보편화되며 새로운 플랫폼을 통해 취미를 찾고자하는 사람들이 늘고 있다. (출처: 위픽레터)

수업을 제공하면서 이용자들이 다양한 경험을 할 수 있도록 하고, 관심 있는 분야에 대해 더 깊게 배울 수 있도록 하는 서비스를 제공한다. 이는 단순 교육 플랫폼이 아닌 같은 취향을 공유하는 사람들이 소통하며 함께 즐기는 환경이라고 볼 수 있다.

3. 수집형 디깅: '애는 아니지만 모으고 싶은 스티커' 띠부띠부씰

작년에 포켓몬빵이 재출시되면서 품절 대란이 일어나 사람들은 빵을 사기 위해 편의점에서 줄을 서고, '스티커를 샀더니 빵이 서비스로 왔다'라는 말이 있을 정도로 빵과 띠부띠부씰이 주객전도가 되기도 했다. 하지만 수집형 디깅러들이 단지 자신이 좋아하는 캐릭터 스티커를 수집하기만 하는 것은 아니다. 수집하는 것을 넘어 언박싱하는 영상을 찍거나 자신의 수집품들을 소개하는 영상을 찍어 SNS에 전시하는 형태로 콘텐츠를 생산하기도 한다.

(출처: 삼양식품)

보장된 판매율, '디깅러를 공략하라.'

많은 기업들이 '디깅러'에 주목하는 이유는 그들이 보여주는 고정적 소비의 보장성 때문이다. 어떤 물건을 판매하려는 입장에서 가장 염려스럽고, 가장 예측하기 어려운 것은 판매율이다. 판매율에 대한 고민은 '무엇을 내놓아야 가장 잘 팔릴까?'라는 목표치를 산정하는 데도 중요하지만 '이 정도 이상은 반드시 팔려야 한다'라는 손익분기점을 정하는 데도 매우 중요하기 때문이다. 그 지점을 정확하게 맞출 수 있어야 최소한의 손실을 보고 판매전략을 세울 수 있다. 그리고 바로 그런 점 때문에 디깅러는 매우 중요한 타깃이 된다.

'검증된 소비자', '보장된 판매량'을 보여주는 그들은 자신이 좋아하고, 관심을 가지고 파고드는 것에 관한 제품, 서비스, 행사에는 반드시 관심을 갖고 구매하려고 한다. 아이돌 팬을 떠올려보자. 팬들은 똑같은 제품이라도 같은 앨범을 소장용, 감상용 등 갖은 이유를 붙여서라도 여러 장 구매한다. 그러니 어느 정도 팬층을 보유한 스타라면 그저 앨범을 발매하기만 해도 판매율이 보장된다. 그것이 제작, 마케팅 모든 분야에 전략을 세우는 데 좋은 안내서가 되는 것이다.

실제로 우리 주변엔 이렇게 디깅러를 공략하는 전략을 꽤 많은 곳에서 볼 수 있다. N차 관람객 수요를 예측하고 여는 응원 상영회와 영화 개봉에 앞서 원작 만화가 개봉 후 많이 팔릴 것을 예상해 미리 판매 부수를 준비하는 원작 출판사의 행보도 판매에 대한 확신이 있기에 가능한 일일 것이다. 최근 큰 인기를 끈 <슬램덩크>의 새로운 애니메이션 개봉으로 오래전 발매된 원작 만화의 출판, 판매고가 급증한 일이 있었다. 애니메이션에 등장하는 나이키 운동화 때문에 나이키의 농구용품 판매율까지 같이 늘어났으니 그 영향력이 어디까지인지 다시금 느낄 수 있는 일이었다.

소비자들의 취향은 점점 세분화되고 다양해지고 있다. 수많은 선택지를 가질 수 있고, 자신이 선택한 것에 아낌없이 투자할 준비가 되어 있는 소비자를 공략하기란 때에 따라 아주 쉬울 수도, 아주 어려울 수도 있다. 단, 전략을 세울 때 명심해야 할 것은 일반적이고 대중적인 방향으로 접근하기보다는 특정 타깃 소비자의 수요에 집중하여 소비자들이 자신에게 더 적합한 제품이라고 느낄 수 있게끔 만드는 것이다. 타깃 선정 시, 다수의 평균적인 군집을 선정하기보다는 소비자군을 세밀하게 나누어 그들의 취향과 니즈를 분석하고 이에 적극적으로 부응해야 할 것이다. 소비자들이 관심을 가질 만한 경험을 제공하여 브랜드에 대한 관심과 호감도를 증가시키고 이에 디깅하도록 유도할 수 있어야 한다. 그리고 유도된 이후에도 계속해서 소비자들이 브랜드에 충성할 수 있도록 콘텐츠를 제공하거나 다양한 경험과 제품을 제공할 때, 그들은 충성도 높은 고객이 될 것이다.

Element 16

#공간

공간을 지배하라!

공간 디자인 마케팅

Good design is good business.

·

Thomas J. Watson
전, IBM CEO

마케터의 고민 Q. 공간 디자인 마케팅은 그냥 인테리어 아냐?

Q. 마케팅 담당자로서 공간을 어떻게 봐야 할까?

Q. 마케팅 전략을 공간에 어떻게 하면 잘 녹여낼 수 있을까?

오감을 자극하여 공간을 경험으로 만들다

사람들은 저마다 다른 정도로 시각, 청각, 후각, 미각, 촉각의 다섯 가지 감각을 활용해 세상을 보고, 듣고, 느낀다. 누군가는 예민한 후각을 갖고 있어서 좋은 냄새를 풍기는 곳에 갔을 때 행복감을 느끼기도 하고, 누군가는 자신이 좋아하는 그림이나 음악이 나오는 곳에 자주 가길 원하기도 한다. 그리고 그곳에서 느낀 감각을 기억해 두었다가 이후 비슷한 느낌을 가질 때마다 그때 자신이 좋아했던 공간에서 느꼈던 경험으로 떠올린다. 오감 중 한 가지만 인상을 줄 수 있어도 누군가에게 기억될 수 있지만 다섯 가지 모두를 자극하고 기억시킬 수 있다면? 그만큼 그 공간을 인상적으로 느끼고 다시 떠올리게 될 가능성도 높아지지 않을까?

디자인 마케팅은 바로 그렇게 깊은 인상을 남길 만한 공간을 만들어내고 그 공간에 자신이 마케팅할 브랜드나 제품의 가치를 담아 전달하는 역할을 한다. 브랜드의 전략과 목표를 충분히 표현해내며 시장에서 경쟁력을 가질 만큼 깊은 인상을 소비자에게 심어주기 위한 공간이라 할 수 있다.

1안. 어려운 용어와 선을 구성된 도면을 보며 '이런 느낌의 공간입니다.'라고 설명하는 것

2안. 소비자가 그 공간에 들어와 있는 것처럼 공간 재현 영상을 함께 보며 설명하는 것

3안. VR기기 등을 이용해 실제 공간을 체험하듯 가상의 공간을 보고, 돌아다녀 보는 것

당신이라면 세 가지 안 중 어느 쪽을 더 오래 기억하며 더 좋은 인상을 가지겠는가?

경험 경제라고 할 정도로 소비자들의 경험이 제품 구매의 중요한 요소로 떠오르면서, 브랜드의 이미지를 소비자에게 전달하는 도구로서 공간 마케팅은 더욱 중요해졌다. 공간 속에서 소비자는 브랜드와 연결된 경험을 하게 되고, 다양한 감각을 통한 경험으로 해당 브랜드에 대한 깊은 인상을 가져갈 수 있다. 특히, 증강현실AR 기술을 활용한 매장 내 경험은 소비자에게 신선함을 주며, 공간 마케팅의 효과를 극대화할 수 있게 되었다.

아모레 성수는 매장을 넘어 광고 채널이자 마케팅 수단이다. (출처: 월간 디자인)

마케터는 공간 디자인 마케팅으로 체험적 가치를 제공하고, 공간 속에서 시각, 소리, 향기 등 다양한 감각을 활용하여 소비자와 소통하며 브랜드 메시지를 효과적으로 전달할 수 있다. 그리고 이러한 공간 디자인 마케팅이 소셜 미디어로 확산된다면 추가적인 마케팅 효과도 기대할 수 있다. 그러니 다양한 마케팅 수단을 다 해본 마케터라면 공간 디자인 마케팅에 대해 새롭게 고민해 보는 것도 좋을 것이다.

공간 디자인 마케팅과 VM

마케터가 공간 디자인 마케팅을 접하면 처음엔 낯선 용어로 어색할 수 있다. 새로운 용어를 접하게 되면서 이것이 마케팅의 영역인지, 인테리어의 영역인지 고민도 될 것이다.

그렇다면 공간 디자인 마케팅에서 접하게 되는 VM이란 무엇일까? 소매 환경에서 상품의 시각적 표현과 배치에 대해 VMD 또는 VM이라고 지칭한다. VM은 Visual시각적 기술과 Merchandising상품계획이 합쳐진 개념으로서 브랜드의 이미지, 매장과 상품의 가치를 상승시키고 구매의욕을 높이거나 지속적인 고객 유지를 할 수 있게 해준다. 이를 공간 디자인 마케팅에 적용하면 VM뿐 아니라, 더 넓은 범위의 공간 디자인 전반에까지 포함된다. 전시장, 이벤트 공간, 팝업 스토어 등 다양한 공간 디자인과 공간의 구성, 장치, 소품, 색상, 소리, 향기 등 다양한 요소로 브랜드 경험까지 구축하게 되기 때문이다. 공간 디자인 마케팅은 VM을 포함한 더 큰 개념이기 때문에 VM부터 이해하는 것이 도움이 될 것이다.

VM의 구성요소

약어	개념	의미
V.P	Visual Presentation(연출)	- 판매하고 싶은 상품, 알리고 싶은 상품 등을 디스플레이 - 매장의 얼굴
P.P	Point of sale Presentation(연출 및 진열)	- 벽면 또는 기둥 상단 부위로 상품의 그룹을 대변하는 위치
I.P	Item Presentation(진열)	- 상품을 직접 만지고 고르는 위치

공간 디자인 마케팅 프로세스

본 챕터에서는 VM을 중심으로 공간 디자인 마케팅 프로세스를 설명하고자 한다. 성공적인 매장을 만들기 위해서는 상품을 분류하고, 진열 기획을 하고, 매장 구성을 하고, 진열을 연출하는 세 단계를 거치게 된다.

공간 디자인 마케팅의 중요성이 날로 높아지고 있다. (출처: 농심, 코카콜라)

공간 디자인 프로세스

단계	의미	고려해야 할 점
Grouping	판매할 상품을 분류한다.	어떤 상품군으로 분류하면 고객의 이해를 도울 수 있는가? 어떤 상품군으로 분류해야 판매에 효과적일까?
Space Planning	분류된 상품을 배치한다	분류된 상품들을 어떻게 배치해서 팔 것인가? 어떤 상품끼리 나란히 배치해야 효과적인가?
Facing	배치한 상품을 구체적으로 제안한다.	상품을 어떻게 매력적으로 눈에 띄게 할 것인가? 상품을 어떻게 쉽게 알리고 사도록 만들 것인가?

Step 1. Grouping

Grouping 단계에서는 상품 분류를 하게 된다.

판매 상품의 특성, 상품 사용 목적, 사용 방법에 따라 분류할 수 있다. 상품 분류 시 자사의 상품의 특성을 파악하여 어떤 것이 좀 더 효과적일지 고민해야 한다. 구매하기 쉬운 매장은 찾기 쉬우며, 보기 쉽고, 비교하거나 결정하기 쉽다. 이런 부분들을 고민해서 자사의 상품을 분류하고, 품목을 결정해야 한다.

Step 2. Space Planning

Space Planning 단계는 매장을 구성하고, 통로를 확보하며, 동선을 기획하는 단계이다.

매장 구성은 출입구를 정하는 것부터 시작한다. 출입구는 접근 교통수단과 방향을 고려해서 결정해야 한다. 예를 들어, 지하철 입구가 인근에 있다면 그와 가까운 곳에 출입구를 만들어야 할 것이다. 소형 매장의 경우 출입구가 여러 개인 것보다 하나인 것이 관리와 운영 측면에서 좋다. 매장이 커서 입구가 여러 개일 경우에는, 통상적으로 매장 정면을 바라본 상태에서 오른쪽이 출구, 왼쪽이 입구가 된다.

출입구를 정했다면, 통로를 확보하게 된다. 보통 남성의 어깨가 450mm이고, 여성의 어깨가 400mm여서 치수통로는 750mm를 확보해야 한다. 백화점의 경우 1,800mm 정도 확보하는 편이다. 주 통로의 경우 1,500~2,100mm 선이며, 부 통로는 900mm 정도를 고려해야 한다.

(단위: mm)

	주통로	부통로
소형점	1,500~2,100	900
대형점(식품 포함)	3,300	1,500~2,100
대형점(식품 제외)	2,700	900~1,500
백화점	2,700~3,300	1,500·2,100

통로를 확보했다면 동선을 구성해야 한다. 동선을 구성할 때는 고객이 가능한 구석구석 볼 수 있게 하되, 판매원이나 관리 동선은 짧게 되도록 고민해야 한다. 이때 "Zoning*"도 함께 고민할 필요가 있다.

---

* Zoning: 매장 내부나 전시 공간을 여러 구역으로 나누는 과정으로 대표적인 Zoning 전략으로 피보나치 나선 활용, 핫스팟 분석, 계열별 존 구성, 체험 존 구성, 높이별 배치 전략 등이 있다.

시몬스라는 브랜드를 매개로 로컬 브랜드와 커뮤니케이션을 하기도 한다. (출처: 시몬스코리아 인스타그램)

Zoning 구성의 예시

	매장 입구	매장 내부
가격	저렴	점점 높은 가격
구매계획성	비계획성	점점 계획성 상품
빈도	구매빈도 높은 상품	점점 구매빈도 낮은 상품

이렇게 구역을 나누는 것은 제품이나 서비스를 효과적으로 전시하고, 원하는 방식으로 고객의 행동을 유도하는데 도움을 준다. 그래서 보통 Zoning은 분기별 1회 이상 실시하는 것이 좋다. 가장 기본적인 원칙은 매장 입구에서 내부로 갈수록 가격, 구매계획성, 빈도에 차이가 있도록 구분한다. 물론 보다 큰 매장에서는 좀 더 복잡한 Zoning 전략이 요구된다.

Zoning 전략

전략	설명	예시
피보나치 나선 활용	매장 내에서 방문자의 경로를 자연스러운 나선 형태로 만듦	고급 부티크에서 상품을 나선 형태로 배치하여 전체 매장 둘러보기 유도
핫스팟 분석	고객의 움직임을 추적하여 핫스팟을 파악하고 그곳에 주요 상품 배치	대형 서점의 핫스팟에 베스트셀러나 특별 행사 상품 배치
계열별 존 구성	유사한 상품 또는 관련된 상품들을 같은 구역에 배치	가전제품 매장에서 주방 관련 제품과 홈 엔터테인먼트 제품 구역별 배치
체험 존 구성	고객이 상품을 직접 체험할 수 있는 공간 제공	화장품 매장에서의 메이크업 체험 존 마련
높이별 배치 전략	고객의 시선 높이에 따라 상품 배치	슈퍼마켓에서 어린이용 상품을 아이의 눈높이, 성인 상품은 성인의 눈높이에 배치함

Step 3. Facing

Facing 단계에서는 구체적인 진열 기획을 하게 된다. 이 과정을 통해 브랜드의 특성에 맞는 상품진열로 매장 내부를 계획성 있게 구성해서, 상품기획의 의도를 소비자에게 정확하게 전달하고, 구매로 연결되도록 할 수 있다. 만약 매장이 작다면, 팔리는 양에 비례한 진열량을 매장 구성 초기부터 도입하여 매일의 오더량을 축소할 수 있도록 구성하는 것이 좋다. 진열 기획에서 활용할 수 있는 전략은 삼각 구성법, 반복 구성법, 좌우대칭 구성법 등이 있다.

하지만 이것만으로 성공적인 매장이 되기에는 부족하다. 조명, 색상, 텍스쳐, 상품구성, 음악, 향기, 서비스 등이 두 영향을 미치기 때문이다. 성공적인 매장을 위해 매장 내부 VM 요소를 추가적으로 점검한다면, 아래 요소들을 점검해볼 필요가 있다.

진열기획 전략

전략	특징
삼각 구성법	중요한 아이템을 위쪽에 배치하고, 그 주변을 기저로 이루는 삼각형 모양으로 상품을 배열. 시선의 이동을 촉진하여 다양한 상품을 노출시킬 수 있음.
반복 구성법	동일한 상품이나 시리즈를 반복적으로 배열하여 일관성을 부여. 고객에게 해당 상품의 강조나 특징을 인식시키는 데 효과적임.
좌우대칭 구성법	중심을 기준으로 좌우가 동일하게 배열되는 형태. 균형감을 주어 안정적인 느낌을 줄 수 있으나, 너무 지나치게 사용할 경우 지루하게 느껴질 수 있음.
좌우비대칭 구성법	중심을 기준으로 좌우가 다르게 배열되는 형태. 다양성과 동적인 느낌을 주며, 특정 상품에 대한 강조나 포인트를 부여하는 데 효과적임.
방사형 구성법	한 중심점에서 방사형으로 상품이나 요소가 퍼져나가는 형태. 중심점을 강조하며, 다양한 상품이나 요소를 균형있게 노출시킬 수 있음.
점블 구성법	여러 상품이나 요소를 불규칙하게 점처럼 배열. 무작위성과 자연스러움을 강조하며, 특정 패턴이나 규칙 없이 다양한 상품을 자유롭게 배치하는 데 사용됨.

매일유업 '어메이징 오트' 팝업 스토어에서는 오감으로 오트의 매력을 경험할 수 있다. (출처: 비즈니스 워치)

매장 내부 VM 추가적 점검 요소

VM 요소	세부 내용
레이아웃(Layout)	전체 매장의 플로어 플랜이며, 고객이 매장을 어떻게 돌아다닐 것인지, 어떤 순서로 상품을 볼 것인지를 결정하는 요소
진열(Display)	상품을 어떻게 전시할 것인지를 결정함(윈도우 디스플레이, 엔드캡 디스플레이, 테이블 탑 디스플레이 등)
조명(Lighting)	상품을 강조하거나, 특정 분위기를 만들기 위해 사용되는 조명.
색상(Color)	상품의 색상 또는 매장 내부의 색상. 고객의 감정과 구매 의사에 영향을 미침. 적절한 색상 조합은 매장의 통일감과 특색을 부여함
텍스처(Texture)	상품 전시대나 바닥, 벽 등의 재질. 고객에게 다양한 감각적 경험을 제공하며 매장의 특징을 강조함
그래픽&사인 (Graphics&Signage)	정보 전달, 브랜드 메시지 전달, 프로모션 홍보 등에 사용됨. 고객이 원하는 상품을 쉽게 찾을 수 있도록 도와줌.
기구&소품 (Props&Fixtures)	상품을 전시하기 위한 여러 가지 기구나 장식적인 소품. 상품을 강조하거나, 특정 테마나 스토리를 전달하는 데 도움을 줌.
상품 구성(Product Assortment)	상품의 다양성, 어떤 상품을 어느 위치에 배치할 것인지 등의 전략
소리&음악 (Sound&Music)	매장 내부의 음악. 고객의 구매 경험을 향상시키며, 브랜드의 이미지와 분위기를 강화하는 데 도움을 줌
향기(Scent)	매장에 특정한 향을 뿌려 고객의 감각을 자극하며, 기억에 남는 구매 경험을 제공할 수 있음

포스트 코로나, 그리고 공간 디자인 마케팅

코로나19 이후 공간 디자인에도 많은 변화가 생겼다. 가장 큰 변화는 안전과 사회적 거리두기를 좀 더 강조하게 되었다는 것이다. 바이러스가 쉽게 생존하지 않는 표면소재를 사용하고, 개방적으로 공간을 구성하는 경우가 많아졌다. 추가적으로 고성능의 공기청정기나 환기 시스템을 설치하기도 한다. 그 외에도 접촉을 최소화하려고 다양한

LG디스플레이와의 협업한 SM의 플래그십스토어 광야@서울. (출처: heyPOP)

아이디어를 고민해서 도입하기도 했다. 자동문 등은 물론이고 비접촉 결제방식이 다수 도입되었다. 안전하다는 이미지를 주기 위해 소비자 간 안전한 거리를 확보할 수 있도록 레이아웃을 변경하기도 했다. 여기에 더해, 필요한 경우 대기 공간을 확보하여 사람들이 몰리지 않도록 매장 환경을 바꾸기도 한다.

이뿐만이 아니다. 코로나와 같은 상황에 유연하게 대처할 수 있도록 동일한 공간을 다목적 공간으로 사용할 수 있도록 디자인하는 것이 중요해졌다. 이를 위해 공간의 구성을 쉽게 변경할 수 있도록 이동식 파티션을 도입하는 곳도 많아졌다. 또한 ESG 경영에 대한 관심이 높아지면서 지속가능한 소재를 쓰고, 재활용 가능한 제품 및 패키지의 사용을 촉진하는 등의 변화도 함께 진행되었다.

이처럼 공간 디자인은 사람들의 삶에 대한 생각을 엿보고, 그 생각으로부터 공간 속에서 무엇을 가장 원하는 지 이해해야 만들어낼 수 있는 것이다. 그만큼 소비자의 감성에 예민하게 반응하며 구매를 유도하는 마케팅의 역할까지 하기에 소비자 행동에 대한 이해나 마케팅 전략과의 연계가 필수적이다.

특히, 최근의 팬데믹 상황은 전 세계의 리테일 환경에 변화를 가져왔고, 이는 공간 디자인 마케팅의 중요성을 한층 더 부각시켰다. 기업들은 이제 소비자의 안전과 편안함을 최우선으로 고려하면서, 동시에 브랜드의 가치와 메시지를 효과적으로 전달하는 공간을 디자인해야 한다. 앞으로도 지속적으로 변화하는 시장과 소비자의 니즈에 대응하기 위해서는 유연하고 창의적인 공간 디자인 전략이 필요하다. 기업들과 디자이너들은 이를 잘 활용하여 소비자와의 감정적 연결을 더욱 강화하고, 브랜드의 성장을 이끌어낼 수 있을 것이다.

Element 17

콘텐츠 마케팅이

필수인 시대

사람들은 광고에 질렸다.
그들이 원하는 것은 좋은 콘텐츠다.

·

Gary Vaynerchuk
기업가, 인플루언서, 작가

마케터의 고민 Q. 콘텐츠라는 개념은 너무 범용적이다. 그래서 내가 뭘 어디부터 시작해
야 하는 건가?

Q. 엄청난 성공은 아니더라도 평타라도 치려면 뭘 알아야 할지

Q. 전체 흐름을 이해하면 나도 무언가 새로운 것을 만들 수 있을 것 같은데

'콘텐츠content'란 무엇인가? 사전적으로는 각종 매체가 인터넷, 컴퓨터 통신 등을 통해 디지털화한 방식으로 청중이나 최종 소비자에게 제공되는 정보 or 창작물, 저작물을 총칭하는 매우 광범위한 개념이다. 최근에는 유튜브를 중심으로 크리에이터라는 자신만의 콘텐츠를 만드는 것을 직업으로 삼아 수익까지 얻어내는 새로운 직업군까지 생겨났으니 지금의 시대에 '콘텐츠'라는 단어가 얼마나 중요한지에 대해 잘 알 수 있는 변화라 할 수 있을 것이다.

그리고 특히 콘텐츠가 가장 활발히, 많은 양이 업로드되는 플랫폼은 단언코 유튜브이다. 유튜브에 올라오는 다양한 영상 기반 콘텐츠는

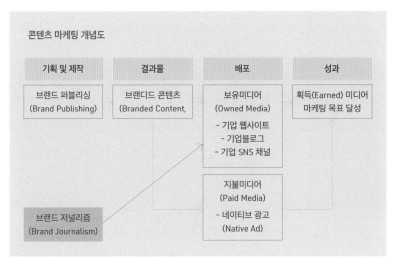

(출처: 문장호 교수 <브랜디드 콘덴츠 중심의 마케팅>, 2014. 한국광고학회 창립 25주년 기획세미나

연령, 계층을 막론하고 거의 모든 사람의 일상에서 떼려야 뗄 수 없는 요소가 되었다. 워낙 많은 사람들이 사용하게 되면서 문화·트렌드·사회적 변화까지도 각종 영상 콘텐츠로 제작되고 있다. 그러니 정부, 기업, 단체에서도 경영전략부터 마케팅까지도 영상 콘텐츠를 제외하면 이제 그 어떤 것도 논할 수 없는 시대가 되었다. 이는 영상 콘텐츠만으로도 사회 전반 거의 모든 것을 파악할 수 있다는 의미이기도 하다.

떠올려보면 같은 유튜브 어플을 사용하는데 나의 추천 영상 리스트에 올라와 있는 영상과 친구의 추천 영상 리스트에 올라온 영상이 매우 다르다는 것을 금세 알 수 있을 것이다. 사용자가 주로 어떤 영상, 콘텐츠에 관심을 보이는지 분석하며 유튜브가 자체적으로 올려주는 영상이기에 가능한 일이다. 이는 곧 한 사람이 관심을 가지고 있는 분야, 욕구나 선호도를 알고자 할 때 그 사람이 어떤 콘텐츠를 잘 보는지만 알 수 있다면 금세 모든 걸 파악할 수 있다는 뜻이다.

한 연구에 따르면 앱의 랜딩 페이지에 동영상을 삽입하면 페이지 전환율을 80% 이상 높일 수 있다고 한다. SEO Search Engine Optimization, 검색엔진 최적화 측면에서도 동영상은 주목할 만한 효과가 있는데, 구글의 경우 동영상을 포함한 웹사이트를 더 높은 순위의 검색결과로 노출한다. 그러니 그 영향력을 만만히 볼 수 없다는 것을 아는 기업들이 영상 콘텐츠를 만드는 데 사력을 다하고, 또 전폭적인 지원과 대대적인 물량 공세를 펼쳐서라도 영상 콘텐츠 순위를 높이고 더 많은 사람들이 영상을 보도록 만들려 하는 것이다. 그렇다면 우리는 영상을 마케팅 포인트로 활용하기 위해서는 무엇을 염두해야 할까.

'1분이면 충분하지' 숏폼 전성시대

현재 시점, 영상 콘텐츠의 핵심 트렌드는 '숏폼'이다. 1분 이하의 짧은 영상을 의미하는 숏폼은 장시간의 집중에 어려움을 겪는 현대인에게 최적화된 콘텐츠다. 콘텐츠의 시간 단축은 과거부터 예견되었던 현상이다. 노벨 경제학상을 수상한 허버트 사이먼은 이미 1971년에 "정보가 넘침으로써 풍족해진 정보는 다른 결핍을 의미한다."라고 말한 바 있다. 그가 말한 정보 과잉시대가 도래했으니 현대인은 너무 풍족해진 정보를 모두 자세히 볼 시간과 마음이 없으니 결국 남아 가장 많은 선택을 받게 된 것이 숏폼이라 할 수 있다.

하지만 짧게 만든다고 모두 성공적인 숏폼 콘텐츠가 되는 것은 아니다. 제한된 시간에 소비자에게 인상적이고 강렬한 이미지를 남기려면 숏폼이 가진 특유의 감성과 생태계를 이해하는 것이 중요하다. 밈 Meme으로 발전할 가능성, 인기 콘텐츠의 패러디, 음악 등 다른 콘텐츠와의 결합 등 다양한 요소를 고려해야 하는 만큼 짧게 만들어야 하기에 오히려 더 만들기 어려운 영상이기도 하다. 하지만 이런 조건을 모두 충족해 완성도 높은 숏폼을 만들어낸다면 최근 1억 뷰를 넘게 기록한 CU의 1분짜리 웹드라마 '편의점 고인물'처럼 큰 이슈와 함께 대표적 숏폼 콘텐츠가 될 수도 있다.

CU편의점의 숏폼 드라마 '편의점 고인물'과 '편의점 뚝딱이'는 '2023 유튜브웍스 어워즈'에서 그랑프리를 포함해 3관왕을 차지하기도 했다
(출처 : BGF리테일)

'온라인에서 오프라인으로' 경계를 넘나들수록 커지는 콘텐츠의 힘

최근에는 시청자의 오감 만족을 위해 디지털 환경의 영상 제공을 넘어 오프라인 '체험'과 결합한 영상 콘텐츠가 활발하게 생산되고 있다. 이는 구매나 동의를 통해 자기 가치관을 표현하는 경향이 있는 MZ세대의 특성이 반영된 결과라 할 수 있다. 성수동이나 복합몰과 같이 젊은 연령대에 인기 있는 장소에서 쉽게 볼 수 있는 '팝업스토어Pop-up store'가 대표적인 예다. 이전에도 팝업스토어는 있었지만, 주로 신제품을 선보이거나 브랜드의 콘셉트를 잡기 위해 대표적 아이템 몇 가지를 전시, 판매해보는 것을 목적으로 삼는 경우가 많았다. 하지만 최근에는 매장 내에서 매력적인 콘텐츠를 적극적으로 노출하고 이를 고객이 촬영, 가공하여 SNS에 공유하는 것을 매장의 가장 큰 목적이 되었으니 고객이 영상을 찍을 수 있는 부스를 조성하고 촬영을 위한 장비나 소품까지 대여하는 매장까지 등장하기도 한다. 걸그룹 뉴진스 데뷔 당시 더현대 서울에서 진행한 'Ador' 팝업스토어, 삼성전자가 신제품 스마트폰을 선보이는 갤럭시 팝업스토어 등이 대표적이다.

최근 가장 힙한 곳으로 알려진 성수동에는 뉴진스에서부터 신라면, 포르쉐까지 다양한 팝업스토어가 열리며 고객들과 접점을 늘려가고 있다. (출처: 어도어. 포르쉐코리아)

콘텐츠 소비자가 아닌 생산자가 되고 싶어 하는 세대

이른바 '온라인 인싸력'을 자랑할 수 있는 사용자 맞춤 제작 콘텐츠도 빠르게 성장하고 있다. 인스타그램 스토리나 트위터 등 소셜미디어에서 자주 볼 수 있는 'MBTI 라벨 스티커', 뉴진스를 대표하는 캐릭터 'TOKKI 커스텀', 쉽고 빠르게 나만의 영상을 만드는 '캡컷Capcut' 등이 대표적이다. 기업이나 전문가, 인플루언서가 만든 영상을 그저 감상하는 데에 그치지 않고 사용자가 직접 콘텐츠 제작에 참여하는 시대이다.

이들은 자기가 만든 콘텐츠를 소셜미디어에 손쉽게 공유하고 다른 사람들의 반응과 피드백을 즐긴다. 이러한 일련의 과정은 여러 사람이 참여하는 온라인 게임과도 비슷하다. 주어진 임무를 달성하면 끝나는 것이 아니라 여러 사람과 가상의 공동체를 구성하고 계속해서 함께 성장하며 새로운 것가치을 만들어 나가기 때문이다.

원작 IP 기반 콘텐츠의 전성시대

최근 인기 있는 드라마, 영화, 예능 프로그램들은 원작을 기반으로 하는 경우가 많다. 그중 가장 많은 비중을 차지하는 원작 콘텐츠 장르는 웹툰이다. 웹툰 시장은 네이버, 카카오와 같은 대형 플랫폼 기업들이 선도하고 있는 만큼 앞으로도 성장 가능성이 더 클 것으로 전망된다. 또한 반대로 성공한 드라마나 영화를 웹툰으로 재생산하는 사례도 증가하고 있다.

이처럼 원작 IP를 바탕으로 재생산된 콘텐츠 시장이 커지는 이유는

강풀의 웹툰을 원작으로 한 디즈니+의 무빙은 약500억 원을 투자하였음에도 약 2개월 만에 제작비 이상의 성과를 낸 것으로 알려지면서 디즈니+의 최대 흥행 작품에 등극했다. (출처: 월트디즈니컴퍼니코리아)

단순하다. 이미 접근성이 훨씬 좋은 플랫폼을 통해 원작을 재미있게 즐긴 팬덤이 공고하게 형성되어 있기에 재생산 콘텐츠의 흥행이 어느 정도 보장되어 제작 투자 및 진행 논의가 훨씬 수월하게 진행될 수 있기 때문이다. 결국 원작이 기반이 된 콘텐츠를 만드는 일도, 콘텐츠의 인기를 타고 다시 웹툰이 만들어지는 일도 하나의 흥행성이 보장된 콘텐츠의 가치를 다방면으로 확대시켜 수익성을 극대화하려는 의도에 의한 것이라 할 수 있다.

구텐츠(舊+contents)의 화려한 부활

구텐츠舊+contents는 한때 큰 인기를 누렸지만 시간이 흐르면서 점차 잊혀 더는 생명력이 없다고 여겨졌던 과거의 콘텐츠를 의미한다. 이런 구텐츠는 최근 유행을 반영한 아이디어의 접목과 편집을 거쳐 다양한 미디어 채널에서 새 생명을 얻고 있다. 유튜브, 틱톡 같은 다양한 온라인 미디어 채널이 관심을 끌면서 점점 시청자의 외면을 받기 시작했던 기성 방송국이 도리어 과거의 콘텐츠를 재활용하기 시작했다. 그리고 이러한 변화는 방송사뿐 아니라 수많은 개인방송 크리에이터까지 구텐츠의 새로운 가치를 창출하기 위해 노력하는 상황까지 벌어지고 있다.

구텐츠의 매력은 서로 다른 두 세대의 동시 공략이 가능하다는 데에 있다. 과거 해당 콘텐츠에 열광했던 기성세대에게는 향수를 불러일으키며, 처음 접하는 MZ세대에게는 요즘 콘텐츠에서는 찾아보기 어려운 '아날로그적 감성'을 충족시킨다. '수작秀作'이라거나 '신선한 자극'과 같은 요소만으로는 구텐츠의 유행을 설명하기 어렵다. 쉴 새 없이 변화하는 정신없고 팍팍한 현실에서 '향수를 자극하는 익숙한 콘텐츠를 향한 욕구'와 같은 심리적 영향도 간과할 수 없기 때문이다.

40년도 더 지난 MBC 드라마 전원일기는 여전히 방송가에서 활용되는 컨텐츠이다. (출처: tvN)

콘텐츠의 홍수 속에 슬기로운 마케터로 살아남는 법

오늘날은 '정보의 과부하'와 '낮은 문해력'의 시대다. 전 세대에 통용되는 일상의 언어보다는 유래를 알 수 없는 신조어와 줄임말이, 종이 위에 한 자 한 자 꾹꾹 눌러쓴 글씨보다는 자극적인 화면과 영상이 우리의 생활을 장악하고 있다. 그 결과 글을 구성하는 문단이나 문장은 물론 단어의 의미를 이해하고 적절하게 사용하는 것을 어려워하는 사람이 많아졌다. 이러한 시대에 영상 콘텐츠의 폭발적인 성장은 당연한 현상이지만, 이러한 현상이 사회학적으로 바른 방향이라 보기엔 논쟁거리가 많은 것도 사실이다. 하지만 마케팅적인 면에서 보면 사람들의 관심이 이미지와 영상으로 몰리는 상황에서 구태여 이목을 끌 수 없고, 점점 관심으로부터 멀어지는 언어만을 고집할 수는 없는 것은 당연하다. 이미지와 영상을 제외하면 사실상 현재 시점에서 성공적인 마케팅은 불가능하다고 봐도 과언이 아닐 정도기 때문이다. 소비자들은 밀물처럼 쏟아지는 수많은 정보 속에서 끊임없이 '이 콘텐츠에 내가 시간을 힐애할 가치가 있을까?'라는 질문을 던진다. 그리고 우리, 마케터들은 '슬기로운 결과물'로 그 질문에 답해야 한다.

성공하는 콘텐츠 기획안 시트

1. 목적(why) :
콘텐츠를 기획하고 제작하는 주요한 목적을 작성해야 한다. 현재 상황이 어떠한지에 대해 자세하게 명시해 놓는다면 기획 시 방향성 수립에 큰 도움이 된다.

1.1 목적	콘텐츠를 만드는 가장 핵심적인 이유 작성하기
1.2 KPI	성과 확인을 위한 주요 핵심 지표 설정하기

2. 타깃(who) :
기획한 콘텐츠에 주로 노출되는 타깃을 간략하게 설정하고, 타깃에 대한 설정 근거와 타깃 인사이트 등을 작성한다.

2.1 타깃 설정	메인 타깃	• 주로 소구하고자 하는 타깃을 작성한다. • 타깃은 자세하게 작성할수록 메세지가 뾰족하게 나올 수 있다.
	서브 타깃	• 타깃 A가 실제로 우리에게 유효한 타깃이 아닐 경우를 대비해, 차선책으로 선정한 타깃을 작성한다. • 타깃은 자세하게 작성할수록 메시지가 뾰족하게 나올 수 있다.
2.2 타깃 설정 이유		• 타깃을 설정한 구체적인 근거를 작성한다. • 데이터를 통해 증명하면 더욱 좋지만, 데이터를 통해 증명이 어려울 경우 커뮤니티 댓글, 블로그 포스팅 등의 정성적인 고객의 목소리를 캡처해 오는 것도 좋은 방법이다.

3. 타깃의 특성에 따른 USP 우선순위 (Unique Selling Point) :
설정한 타깃을 바탕으로 제품/서비스의 USP를 우선순위별로 배치한다. 이미 실패했거나, 문제가 될 여지가 있는 메세지는 don't에 표시한다.

3.1 Do	우선순위별로 3개 이상 작성한다.
3.2 Do not	우선순위별로 3개 이상 작성한다.

4. 활용 가능한 소재 :

실제로 콘텐츠를 기획할 때 생각하는 지점들에 대한 프레임워크를 작성해 놨으니, 위 내용을 토대로 콘텐츠를 구체화한다고 생각하고 최대한 많이 작성하면 된다. 모든 내용을 작성할 필요 없이 각자에게 필요한 내용만 선별 또는 추가해도 된다.

4.1. 고객과 우리의 제품/서비스에 대한 생각 차이는 무엇인가?	• 우리 제품과 서비스의 매력 중, 고객과 우리의 생각 차이가 있다면 무엇인가? • 그 생각 차이를 어떻게 극복할 수 있을 것인가?
4.2. 고객의 문제/니즈 → 우리가 어떻게 해결해 줄 것인가?	• 고객이 가지고 있는 문제는 무엇일까? 고객의 니즈는 무엇일까? • 그것을 우리가 어떤 방식으로 해결해 줄 수 있을까? (구체적으로 작성)
4.3. 우리 제품이 다른 제품에 비해 가지고 있는 매력은 무엇인가?	• 다른 제품에 비해 우리가 확실하게 차별화할 수 있는 매력은 무엇인가? • 그 매력을 고객들에게 어떻게 보여줄 것인가?
4.4. 우리 제품/서비스를 사용한 고객들의 만족도는 어떤가?	• 우리 제품/서비스를 경험한 사람들은 우리 제품을 어떻게 말하고 있는가?
4.5. 우리 제품/서비스를 사용할 경우 고객의 삶은 어떻게 달라지는가?	• 우리 제품/서비스를 사용할 경우 고객은 어떤 긍정적인 변화를 경험하는가? • 그 긍정적인 변화를 어떻게 고객들에게 효과적으로 알릴 수 있을까?
4.6. 우리 제품/서비스를 어떻게 '한눈에' 보여줄 수 있을까?	• 우리 제품이나 서비스를 어떻게 시각직으로 힌 눈에 보여줄 수 있을까?

5. 소재 선정 :

이 중 실제로 바로 제작 가능한 소재/제작 중요도가 높은 소재별로 소재 제작의 우선순위를 잡는다.
1. 소재가 어느 정도 우리의 USP를 잘 설명할 수 있는가? (느낌적으로)
2. 제목이나 서브 타이틀 등 텍스트가 잘 뽑히는가?
3. 누군가에게 쉽게 이야기할 수 있는가?를 중심으로 고려하면 쉽게 접근할 수 있다.

5.1 1순위 제작 소재
5.2 2순위 제작 소재
5.3 3순위 제작 소재

6. Creative List :

실제 소재 제작에 필요한 카피/이미지 레퍼런스 등을 기록한다.

6.1 키비쥬얼 제작	A안: 핵심 키워드/카피 문구/이미지 레퍼런스 기록 등
	B안: 핵심 키워드/카피 문구/이미지 레퍼런스 기록 등
	C안: 핵심 키워드/카피 문구/이미지 레퍼런스 기록 등
6.2 변형 비쥬얼 제작(카드뉴스, 슬라이드, 바이럴 등)	A안: 핵심 키워드/구성 방향 및 내용/이미지 레퍼런스 기록 등
	B안: 핵심 키워드/구성 방향 및 내용/이미지 레퍼런스 기록 등
	C안: 핵심 키워드/구성 방향 및 내용/이미지 레퍼런스 기록 등
6.3 영상 콘텐츠 제작 (기본, 숏폼 등)	A안: 핵심 키워드/영상 스토리보드/영상 레퍼런스
	B안: 핵심 키워드/영상 스토리보드/영상 레퍼런스
	C안: 핵심 키워드/영상 스토리보드/영상 레퍼런스

7. 집행 계획 수립 :

소재 집행에 대한 실질적인 액션 내용을 작성한다. 작성 시에는 각 task를 완료하기 위해 해야 할 일, 다음 예상 가능한 to-do를 함께 작성하며, 최대한 자세하게 작성해야 업무 누락이 발생되지 않는다.

7.1. 발행 매체	발행하는 매체에 대해 작성
7.2 콘텐츠 포맷	콘텐츠 포맷은 어떻게 진행할 것인지 작성
7.3 사용 예산	필요한 예산/사용 예정 예산을 작성
7.4 성과 측정 방식	성과를 어떻게 확인하고 측정하고 공유할 것인지 작성

이제는 숏폼의 시대야

'콘텐츠 마케팅의 대세' 숏폼 콘텐츠

비디오 숏폼 콘텐츠가 큰 인기를 끌고 있는 추세이다. 아마도 모든 사람들이 유튜브 쇼트, 인스타그램 릴스, 틱톡과 같은 다양한 숏폼 플랫폼을 통해 짧은 형식의 콘텐츠를 접했을 가능성이 높다. 이제는 심지어 10분 정도의 동영상도 길게 느껴질 정도로 우리는 숏폼 콘텐츠에 익숙해지고 있다.

숏폼 콘텐츠에 대한 관심이 높아지는 만큼, 콘텐츠 마케팅 분야에서도 숏폼 콘텐츠에 활용을 고민하고 있다. 실제로 효과도 좋은 것으로 보이기 때문이다. 지난해 한 외국 CRM업체의 조사 결과에 따르면 숏폼 비디오 활용이 가장 높은 투자 수익률을 보였다고 한다. 또한 응답자의 절반 이상이 숏폼 비디오를 활용한 마케팅 투자비를 늘릴 계획이라고 말하기도 했다.

네이버 등 검색사이트에서도 숏폼을 활용한 마케팅 서비스 연계에 적극적이다 (출처: 나스미디어)

CU, 의미 있는 캠페인을 숏폼 플랫폼으로

3.1절을 기념하여 CU가 '다시 읽는 독립선언서' 캠페인을 개최한 사례가 있다. 이 캠페인은 숏폼 콘텐츠를 활용해 공익 목적을 달성한 사례로, CU는 3.1 독립선언서의 일부를 사용하여 인스타그램 필터를 개발했다. 참여자들은 이 필터 중 하나를 선택하고, 선택한 필터로 릴스 영상을 촬영한 후 개인 계정에 업로드하는 방식으로 캠페인이 진행되었다. 참여자들은 '#다시 읽는 독립선언서' 해시태그와 함께 콘텐츠를 업로드하면 참여를 완료할 수 있었다.

이 캠페인은 MZ세대를 중심으로 숏폼 콘텐츠의 영향력을 활용하여 참여를 유도하는 좋은 예시이자 숏폼 콘텐츠를 통해 민감한 사회 문제에 대한 관심을 환기시키고 더 많은 사람들을 참여시키는 효과적인 방법을 보여주는 좋은 결과이다. CU는 뿐만 아니라 업계 최초로 유튜브 숏츠 시트콤 '편의점 고인물' 시리즈를 만들기도 했다. 9년 차 편의점 알바생 하루가 편의점에서 일하며 겪는 에피소드를 코믹하게 풀어낸 짧은 드라마로, 공개 39일 만에 누적 1억 회를 돌파한 기록을

다시 읽는 독립선언서 필터로 촬영해 올리면 된다. (출처: CU)

세워 고정 팬을 빠르게 확보할 수 있었다. 팬이 늘어나니 채널 구독자 수는 자연스레 같이 늘어났고 자연스럽고 광범위하게 편의점 CU에 대한 친숙한 이미지 메이킹을 하면서 채널을 통해 다른 서비스, 제품 홍보도 훨씬 손쉽게 할 수 있게 된 것이다.

숏폼 콘텐츠로 대세 제품 만들기 - 쿠팡 로켓프레시 쇼츠

쿠팡은 로켓프레시 홍보를 위해 유튜브 쇼츠를 적극적으로 활용하고 있다. '내일 뭐 먹지? 로켓프레시 레시피'는 로켓프레시를 통해 배송되는 제품을 통해 만든 음식 레시피를 쇼츠로 촬영하여 업로드한다. '붕세권이 아니라고요?', '지금 사는 세계가 삼겹살데이길레' 등 흥미로운 제목으로 이목을 끌고, 나만의 홈카페 디저트 만들기, 발렌타인데이 초콜렛 만들기 등의 짧지만 강렬한 스토리텔링을 통해 해당 제품에 대한 구매 욕구를 촉진하고 있다. 이외에도 쿠팡 상품 홍보를 위한 쇼츠도 제작하고 있다. '어쩐지 너 #밥맛 없다했어! #신혼 땐 그렇게 좋았는데. 어쩜 그렇게 변해? #쿠팡' 영상처럼 밥솥을 홍보하기 위한 '밥' 관련 쇼츠 제작 등이 좋은 예이다.

쿠팡은 유튜브 쇼츠를 적극적으로 활용하는 회사다. (출처: 쿠팡)

세븐일레븐은 팬슈머들과 함께 소통하며 브랜드 CM송은 숏폼을 통해 재생산되고 있다(출처: 세븐일레븐)

숏폼으로 MZ 사로잡기

처음 숏폼 콘텐츠가 등장해 시선을 끈 가장 큰 이유는 과감성이었다. 광고는 '스킵하는 것', 'TV 프로그램이나 유튜브 영상 앞에 나오는 부수적인 요소'라는 편견을 깼다는 점도 신선했다. 그리고 이후 숏폼 콘텐츠는 판매자와 소비자라는 딱딱하고 굳어진 경계를 깨고, SNS 내의 콘텐츠를 통하여 자유분방하게 넘나드는 소통의 장이 되어주었다. 빨리 감기 할 필요도, 건너뛸 구간도 없이 빠르게 진행되는 숏폼 콘텐츠는 그 특성상 시청자들이 영상을 선택해서 보는 경우보다 우연히 마주하게 되는 경우가 많다. 어떤 영상 앞에 붙어 '스킵해야 하는 콘텐츠'가 아닌 '시청하게 되는 콘텐츠'로의 노력이 더해지며 숏폼 콘텐츠 마케팅의 경쟁력을 더하고 있다. 이외에도 챌린지, 이벤트 등 참여가 가능하다는 점, 영상 내용에 있어 우리가 생각하는 기존 광고보다 해당 브랜드나 제품에 대한 부담을 덜었다는 점 등이 마케팅 수단으로의 숏폼 콘텐츠의 성공 요인이라는 분석이다.

Element 18

진심이 담긴

진정성 마케팅

당신의 브랜드는 당신이 말하는 것이 아니라
다른 사람들이 당신에 대해 얘기하는 것입니다.

•

Jeff Bezos
Amazon 창립자, CEO

마케터의 고민   Q. 진정성 마케팅이라는 말 자체가 진정성이 없는 것 아닌가?

Q. 소비자를 속이지 않고도 진정성만으로도 마케팅에 성공할 수 있을까?

Q. 진정성마케팅은 어떻게 계획하고 실행해야 하는가?

대중은 왜 진정성을 원하게 되었나?

연말이나 시즌마다 돌아오는 마케팅 중 '참가자 전원을 대상으로 추첨을 통해 사은품을 제공합니다.' 같은 이벤트가 있다. 하지만 그런 이벤트의 대부분은 '추첨' 자체가 소수 인원이기에 다수의 참가자들은 상품을 받지 못한다. 그렇다면 그 이벤트는 사람들을 속인 걸까? 또 다른 예를 들어보자. 한 상품을 판매하는 업체가 기본에 판매하던 제품에 가상의 스토리와 새로운 콘텐츠를 만들어 대대적인 마케팅을 하며 원래 제품이 한층 특별한 것처럼 보이게 했다면 그건 같은 제품인데 사람들을 속여 판매한 것이 될까?

같은 홍보문구, 마케팅을 보고도 사람마다 받아들이는 생각은 각기 다르다. 어떤 이는 '재미있는 발상이네, 이전엔 관심 없던 상품이었지만 한번쯤 사보고 싶어.'라고 생각할 수도 있고 어떤 이는 '어차피 속은 똑같은 상품인데 허위 광고로 환상만 심어주는 광고다.'라고 속인다는 생각을 할 수 있다. 하지만 전자의 경우 자신이 '아무리 소수라도 추첨될 수만 있다면 공짜로 상품을 받을 수 있다.'며 참가하는 대중심리를 활용한 것일 뿐이며 실제 추첨자에게 상품을 주지 않거나, 추첨을 하지 않은 것이 아니라면 속였다고 볼 수 없다. 후자의 경우에도 기존에 있던 제품 자체가 바뀐 것은 아니지만 새로운 콘텐츠와 결합했을 때 더 큰 관심을 갖는 최근 소비자들의 선호도를 활용한 마케팅 기법일 뿐, 애초에 허위 사실을 홍보한 것이 아니기에 거짓이라 말할 수는 없다.

하지만 어떤 마케팅이든 늘 '허위', '환상', '소비자를 속이는 수단'이라는 의심 어린 인식으로부터 자유롭지 않다. 새로운 것을 만들어 창작하기보다 만들어진 것의 가치를 바꾸는 일이다 보니 자연스럽게 사람들의 생각에 따라 정도의 차이는 있지만 기본적으로 마케팅이라는 것을 많이, 자주 인식할수록 사람들은 즐거움보다는 피로감을 더 느끼며 어떠한 의도나 목적도 없는 '진짜' 정보를 찾기 시작하는 경향이 드러난다. 바로 그런 사람들의 또 다른 바램, 그게 최근 마케팅의 새로운 키워드로 주목받기 시작한 진정성Authenticity이다.

진정성 마케팅의 원리

맥킨지McKinsey의 보고서 <The consumer decision journey>에 따르면 다수의 소비자는 지인의 추천이나 인터넷의 사용자 후기와 같은 직접 경험을 통해 구매 의사를 결정한다고 한다. 반면 마케팅이나 브랜딩의 영향력은 1/3 수준에 그치는 경향을 보였다. 이는 소셜미디어의 발전에 따라 소비자 간의 정보 교환이 쉬워졌고, 기업이 일방적으로 제공하는 정보보다 다른 소비자에게서 취득한 정보를 더 신뢰하기 때문으로 해석된다.

이에 따라 과거와 같이 소비자를 끌어당기는 방식보다는 이들이 자발적이고 적극적으로 움직이도록 하는 풀Pull 마케팅 전략이 핵심으로 부상하고 있다. 현대사회에서 복잡하고 피상적인 관계에 지친 사람들은 진심에 대한 결핍감을 더 깊이 느끼며 갈망하기 시작한다. 진심이야말로 사람을 끌어당기는 힘이 있기 때문이다.

진정성 마케팅이 필요한 이유

1. 미닝아웃(Meaning out) - 가치와 이념을 향한 소비자의 관심 증가

신념을 뜻하는 '미닝meaning'과 가려져 있던 것을 드러낸다는 '커밍아웃coming out'의 합성어로, 오늘날 소비의 한 축으로 자리매김하고 있

미닝아웃 브랜드의 대표격인 파타고니아는 지속적으로 업사이클링을 제시하며 브랜드 일관성 및 인지도를 높이고 있다. (출처: 파타고니아)

다. 미닝아웃은 과거에는 쉽게 드러내지 않았던 정치적·사회적 신념에 따라 제품 소비를 결정하는 행위를 의미한다. 오늘날 소비자들은 제품이나 브랜드가 공유하는 가치와 이념에 주목한다. 기업의 사회적 책임, 환경에 미치는 영향 등이 흔쾌히 돈을 낼지 결정하는 마지막 요인이 되는 것이다. 그렇기에 진정성 마케팅을 활용해 가치와 이념을 알리고 소비자의 관심과 충성심을 얻는 것이 기업에게는 매우 중요한 가치가 되었다.

2. 팬슈머(Fansumer) - 소비자와의 강한 연결 구축의 중요성

팬fan과 소비자consumer의 합성어로, 투자 및 제조 과정에 직접 참여해 상품이나 브랜드를 키워내는 소비자를 일컫는다. 팬슈머는 기업에 있어 매우 중요한 개발자이자 소비자인데, 기업이 소비자를 찾아가는 것처럼 소비자 역시 기업이나 브랜드와 긴밀하게 소통하며 상호 작용하기를 기대하기 때문이다. 또한, 소비자는 생산 과정에 참여함으로써 자신이 상품의 출시 과정에 관여했다는 경험과 뿌듯함, 즐거움을 느끼며 소비하기를 원한다. 소비라는 수동적 행위를 넘어 기업의 변화를 끌어내는 능동적인 소비 현상은 계속해서 진화하고 있다. 이제 팬슈머는 시장의 '보이는 손' 역할을 하며, 기업이 반드시 갖춰야 하는 하나의 경쟁력이 되었다.

3. 잘파세대(Zalpha generation)

잘파세대는 1990년대 중반에서 2000년대 초반에 태어난 Z세대와 2010년대 초반 이후에 태어난 알파세대Alpha generation를 합친 신조어다. 이들은 스마트폰의 대중화로 디지털 기기에 익숙한 환경에서 성장했기에 온라인 환경을 활용하는 데에 능숙하다는 특징이 있다. 더불어 오늘날 소비 트렌드를 선도하는 세대이자 큰손이라고 할 수 있으며, 미래 소비의 최고 권력자이기도 하다. 이들은 온라인 환경을 통해 소비의 50% 이상을 영위하며, 공유경제·착한기업 등을 적극적으로 지지한다. 또한, 공유에 익숙한 성향이 있는 이들은 소셜미디어 등을 통해 자신의 모든 경험과 정보를 공유한다. 즉, 지금은 기업의 긍정적인 측면은 물론 부정적인 모습도 숨기기 어려운 시대다. 그렇기에 진정성이 없는 기업은 잘파세대에 어필하며 매력적으로 느껴질 수 없게 되었다.

진정성을 보여주라니. 첨단 디지털 기술로 뭐든 명확하게 답을 얻을 수 있는 시대에 던지는 해답치고는 '진정성'이라는 질문이 어렵게 느껴질 수 있다. 하지만 진정성 마케팅은 사실 굉장히 단순한 마케팅 기법이다. 일반 대중이 수긍할 수 있는 부분에 대한 생산자의 신념과 방향을 명확하게 설정하고 이를 실천하며, 소비자가 이것을 받아들이기만 하면 된다. 이 과정에서 기업의 기대수익은 다소 낮아질 수 있지만 충분히 투자하고 시도할 만한 가치가 있다. 단기적으로 계량할 수 없는 브랜드 인지도, 고객 충성도에 긍정적인 영향을 미치며, 중장기적인 매출 증가를 기대할 수 있기 때문이다.

진정성 마케팅을 위한 다섯 가지 전술

하지만 처음엔 너무나 신선하고 특별한 도전과 선한 영향력이었던 이 진정성 마케팅 역시 널리 알려지면서 현재는 단순히 진심을 강조하는 전략이나 광고만으로는 성공하기 어려운 현실이다. 이에 '제임스 H. 길보어'와 '조지프 파인 2세'는 저서『진정성의 힘Authenticity, What Consumers Really Want』에서 진정성 마케팅에 관한 아래와 같은 다섯 가지 전술을 소개했다.

전술 1. 자연적 진정성

자연적 진정성은 소비자들이 자연nature, 천연raw 재료나 요소에서 진정성을 느낀다는 데에 착안하였다. 아베다Aveda 샴푸, 록키마운틴 비누Rocky Mountain Soap처럼 유기농이나 천연 물질로 만든 제품이 꾸준한 각광을 받는 이유는 자연 그대로의 것을 지키는 일이 숭고한 일이라는 소비자들의 인식에서 시작된다. 이와 유사하게 '업사이클링'이라 부르는 고급 레스토랑이나 카페 건축에서 폐건물을 개조하거나 노출 콘크리트와 빈티지 철제 가구를 인테리어에 적용하는 것도 넓은 의미의 자연적 진정성이라고 할 수 있다.

전술 2. 독창적 진정성

독창적 진정성은 복제나 모방이 아닌, '최초'로 만들어진 것의 특별함, 최초로 개발한 발명 혹은 개발자라 가진 열정이 가진 진정성 있는 가치를 인정하는 사람들에게 각광받는다. 가장 대표적인 예로 애플의 아이폰처럼 기술적 측면에서 많이 적용되는 개념이었으나 최근에는 과거의 독창성을 되살려 기업과 제품의 원조성을 내세우기도 한다. 오래된 상표나 제품의 재발견Rediscovery, 재활성화Revitalization, 복고Retro 등이 대표적인 예다.

전술 3. 특별한 진정성

특별한 진정성은 독특함과 의외성에서 발현된다. "남자한테 참 좋은데… 말할 수도 없고 뭐라 표현할 방법이 없네."라는 문구로 회자되는 천호식품의 광고는 오랜 시간이 지났음에도 많은 사람이 기억하고 있다. 유명 모델을 내세우거나 세련미를 더해 돋보이게 만들기보다는 뇌리에 각인되는 문구로 이미지를 구축하는 것이다. 이런 진정성을 갖고자 하는 많은 기업이 어설픈 친절을 내세우거나 상품, 서비스의 가치를 모호하게 드러내기보다는 차라리 극단적이고 원색적인 이미지를 만들어내어 '다른 회사와는 다르다.'라는 인식을 심어줌으로써 독자적인 진정성을 보여주려 한다.

전술 4. 연관성의 진정성

연관성의 진정성은 시간, 장소, 인물 등과 연관성을 드러냄으로써 그것들이 내포한 인식, 감정적 자산을 브랜드와 제품에 차용하는 것을 의미한다. 하지만 '진실성'이 전제되지 않고 억지로 연관을 짓거나 기존의 인식과 다른 형태를 연상하게 만든다면 비웃음을 사는 데에 그칠 뿐이다. 대표적인 예로 키엘Kiehl's은 1851년 미국 뉴욕의 동네 약국에서 시작한 브랜드의 전통적 가치를 유지한다는 것을 내세우기 위해 매장 전 직원이 약국 가운을 입고 근무한다. 단순한 콘셉트가 아니라 사실에 기반한 이야기와 정서적 유산이 있기에 소비자도 인정하고 받아들일 수 있는 것이다.

전술 5. 영향력 있는 진정성

영향력 있는 진정성은 기업의 사회적 책임과 대의, 공익적 목적, 환경

키엘의 직원들은 약사처럼 하얀 가운을 입고 고객을 맞이한다. 화장품 용기 및 디자인도 수수하다. 이는 약사였던 창업자의 정체성을 드러내며 마케팅이 아닌 고민해결에 대한 진정성을 나타내는 그들만의 방식이다. (출처: 키엘)

보호 등과 관련된 마케팅 활동을 의미한다. 회사의 이익을 다소 포기하더라도 사회 구성원의 역할을 다른 기업에 비해 더 많이 하는 것이다. 자신의 돈이 사회에 긍정적인 영향으로 환원될 수 있다면 기꺼이 그만큼의 진정성에 대한 가치를 지불하는 '가치 소비'는 이미 대표적인 소비의 한 축이 되어 있다.

> "진정성은 상품의 내적 특성만으로는 설명할 수 없으며,
> 상품과 서비스를 둘러싼 생산자, 소비자, 비평가 등
> 다양한 참여자들과의 관계 속에서 이해되어야 한다."
> – 리처드 피터슨, <진정성을 찾아서(Peterson, Richard A.(2005), "In Search of
> Authenticity," Journal of Management Studies, 42) (5), 1083-1098>

이 말은 특정 브랜드나 상품의 진정성은 기업이 아니라 소비자가 결

정할 분야라는 의미로 해석할 수 있다. 진정성은 점점 똑똑해지는 소비자에게 대응할 수 있는 최고의 무기가 될 수 있다. 그러니 결국 그 무기를 어떻게 사용하는가가 현재 마케터의 능력과 몫이라 할 수 있다. 그러니 현재의 마케터는 진정성을 최우선 순위에 놓고 고민해야 한다.

과거에는 다양한 기법이나 브랜드 이미지, 유명 연예인 등을 활용한 푸시Push 마케팅이 가능했지만, 오늘날 시장은 지나치게 세분화되어 제품이나 서비스의 차별점이 두드러지지 않으며, 소비자는 기업의 마케팅에 쉽게 만족하지 못한다. 이러한 상황에서 소비자는 '진실성'을 더욱 큰 가치로 여기며, 이를 소비함으로써 다른 소비자와 자신을 차별화할 수 있음을 인식하고 있다. 이제 기업의 일방적인 마케팅은 한계에 봉착할 수밖에 없다. 그렇기에 이제는 기업도 소비자의 변화를 파악하고 단기적 성과를 지향하는 마케팅 전략보다는 장기적 관점에서 진정성을 드러낼 수 있는 요소를 개발해야 한다. 이러한 과정을 통해 소비자는 기업의 의도에 공감하고 자발적으로 추천에 나설 것이며, 기업은 상품과 서비스에 대한 장기적 경쟁력과 고객 신뢰를 확보하는 성과를 기대할 수 있다.

진정성 마케팅을 이해하기 위해 알면 도움 되는 마케팅 이론들

1. 소비자 행동 이론

진정성 마케팅은 소비자 행동 이론의 몇 가지 측면과 관련이 있습니다. 소비자 행동 이론은 소비자들이 제품이나 서비스를 선택하고 구매하는 과정을 이해하기 위한 이론적 접근 방식을 제공합니다. 진정성 마케팅은 소비자들이 기업이나 브랜드의 진정한 가치와 미션에 공감하며, 소비자의 가치와 이념과 일치한다는 인상을 받을 때 소비자의 구매 의사 결정에 영향을 미칠 수 있습니다.

2. 소셜미디어 이론

소셜미디어의 발전은 진정성 마케팅의 중요성을 더욱 강조하게 했습니다. 소셜미디어 이론은 소셜미디어의 사용과 영향을 이해하기 위한 이론적 접근 방식을 제공합니다. 진정성 마케팅은 소셜미디어를 효과적으로 활용하여 소비자들에게 진실성과 신뢰성을 전달하고 긍정적인 반응과 공유를 유도하는 전략을 구축하는 데 도움을 받습니다.

3. 소비자 신뢰 이론

진정성 마케팅은 소비자의 신뢰를 구축하기 위해 중요한 역할을 합니다. 소비자 신뢰 이론은 소비자들이 기업이나 브랜드에 대해 신뢰를 가지고 소비자 행동을 결정하는 과정을 설명하는 이론적 접근 방식을 제공합니다. 고로 소비사들에게 기업이 진실한 가치와 미션을 지키고 소비자의 이익을 고려한다는 인상을 전달하여 소비자의 신뢰를 구축하는 데 기여할 수 있습니다.

4. 브랜드 관리 이론

브랜드 관리 이론은 브랜드의 가치와 이미지를 구축하고 유지하는 방법을 이해하기 위한 이론적 접근 방식을 제공합니다. 진정성 마케팅은 브랜드 관리 이론의 몇 가지 개념과 연관됩니다. 진정성 마케팅은 기업이나 브랜드의 진실한 가치와 미션을 강조하여 브랜드의 이미지를 형성하고 소비자들에게 긍정적인 인상을 심어줄 수 있습니다.

Element 19

결국 스토리가 깃든

마케팅이 이긴다

마케팅은 단순히 제품을 판매하는 것이 아니라,
감동적인 이야기를 전달하는 것입니다.

•

Seth Godin
야후 퍼미션 마케팅 부사장

마케터의 고민　Q. 왜 마케터들은 스토리를 활용한 마케팅을 해야 하는 것일까?

　　　　　　　Q. 스토리를 활용하여 성공한 마케팅 사례는 어떤 것들이 있을까?

　　　　　　　Q. 곧 다가올 미래에 사람들은 상품의 어떤 USP에 끌리게 될까?

'기하급수 6D' 환경에서의 상품

최근 기술의 급격한 발전은 제품의 기능적 차이를 좁히는 데 큰 영향을 끼쳤다. 이에 『BOLD』의 저자 스티븐 코틀러는 '기하급수의 6D'를 통해 이러한 획일화 현상을 설명하였다.

'기하급수의 6D'는 기술의 발전 과정에서 연쇄적으로 일어나는 반응을 의미하는 말로써 디지털화Digitalization, 잠복기Deception, 파괴

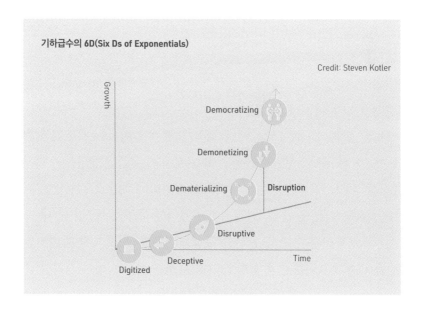

적 혁신Disruption, 무료화Demonetization, 소멸화Dematerialization, 대중화 Democratization로 이어지는 6번의 단계가 순차적으로 일어난다. 요컨대 상품Output은 디지털화, 잠복기, 파괴적 혁신, 무료화, 소멸화를 거쳐 대중화가 이루어지는데, 특히 '대중화' 단계에 주목해야 한다. 대중화 단계에 이르러서야 누구나 금액을 지불하고 이용할 수 있을 정도로 해당 상품의 가격이 낮아지기 때문이다. 결국 모든 기술의 발전이 획일화와 대중화로 나아간다고 볼 수 있다.

이는 주변 사례에 대입해보면 더 쉽게 이해할 수 있다. 예를 들어 보통 신제품이 출시되면 늦어도 한 달 안에 유사 상품이 우후죽순처럼 쏟아져 나오는데 나온 순서와 상관없이 시간이 지나면 결국 저렴한 금액에 비해 성능이 뛰어나 합리적인 소비가 가능한 이른바 '가성비' 제품이 시장을 장악한다. 그리고 이런 단계가 반복되고 기술이 발전할수록 나날이 더 좋은 기술이 반영된 제품이 시장에 남게되고 계속해서 제품의 기능적 차이는 줄어들게 된다.

변해가는 소비자의 니즈

처음엔 잘 먹고, 잘 자고, 안전한 환경 속에서 살아가는 기본적인 욕구를, 그 욕구가 충족된 다음에는 그 윗 단계의 욕구를 갈망하는 것은 인간의 가장 기본적인 욕구 체계라고 심리학자 매슬로우는 말했다. 그는 '욕구 이론'을 통해 '인간은 일차원적인 욕구가 해소되면 더 고차원적인 욕구를 추구한다.'라고 주장을 정리했다. 그 이론에 따르면 요즘 세대가 자아실현과 성장을 가장 원하는 이유는 이미 생리적 욕

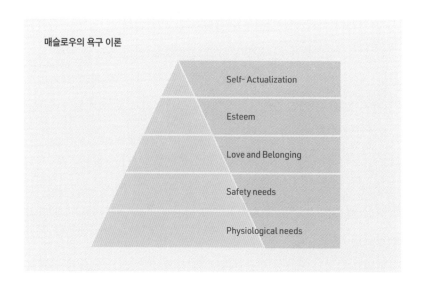

매슬로우의 욕구 이론

- Self- Actualization
- Esteem
- Love and Belonging
- Safety needs
- Physiological needs

구와 안전을 향한 욕구가 충족된 환경에서 살아왔기 때문이라 이해할 수 있다.

그렇다면 이러한 상황에서 상품의 USP^{Unique Selling Proposition}를 어떻게 설정해야 하는가? 상품의 기술적 획일화와 개성의 추구라는 상반된 현상이 나타나는 사회적 분위기 속에서 마케터가 직면하는 문제는 상품성을 어떻게 높일 것인가? 하는 것이다. 그리고 그에 대한 해답은 '스토리'에 있다.

'어떤 스토리를 갖고 있는가?'에 따라 전혀 다른 가치를 갖게 된 대표적인 회화작품인 '레오나르도 다빈치'의 <모나리자>의 이야기가 있다. 현재 프랑스 루브르박물관이 소장한 세계적인 작품 중 가장 유명한 작품이 된 모나리자는 사실 박물관에 처음 오기 전까지만 해도 유명한 작품이 아니었다. 그런데 전시 도중 도난을 당하는 일이 여러 차례 발생하였고 도난 사건이 발생할수록 사람들에게 '훔치면서까지 갖고 싶은 미소'라는 이야기가 널리 퍼질수록 작품가격은 계속 올라 갔다. 모나리자의 그 높은 가치를 인정하는 사람들이 과연 모나리자가 가진 회화 자체로서 가치에 그렇게 높은 가격을 매기는 것일까? 물론 그 자체의 가치도 높겠지만 더 가치있는 것은 작품이 그려진 순간부터 현재까지 이어져 온 수많은 이야기와 작가 레오나르도 다빈치가 가진 천재 작가의 명성이다.

이처럼 제품과 브랜드에 어떤 스토리를 어떻게 녹여내는지에 따라 차별화된 마케팅의 성패가 갈린다. 오바라 가즈히로는 『프로세스 이코노미』, 로버트 맥키는 『스토리노믹스』에서 스토리를 통해 마케팅의 차별성을 추구해야 한다고 강조했다. 그렇다면 스토리를 활용한 마케팅은 무엇이 있으며, 어떻게 풀어내야 성공에 가까워질 수 있을까? 마케팅에 유용하게 적용할 수 있는 스토리는 크게 세 가지 방법으로 만들 수 있다. 바로 긍정적 관계 형성, 고객 참여 활성화, 협업컬래버레이션이다.

첫째, 긍정적 관계 형성의 효과는 엔터테인먼트 산업에서 쉽게 찾아볼 수 있다. 대표적인 예로 방탄소년단BTS이 있다. 방탄소년단은 그룹명에 걸맞게 아미Army라 불리는 팬클럽을 거느리고 있다. 아미는 과거 아이돌 팬클럽처럼 일방적으로 가수를 따라다니며 소리를 지르는 데 그치지 않는다. 그들은 크라우드 펀딩이라는 방식을 통해 자금을 모아 타임스퀘어 같은 세계적인 장소에 방탄소년단을 홍보하고, 코로나19로 콘서트가 취소되자 환불받은 돈을 기부하는 등 사회적으로 선한 영향력을 끼치는 일에 적극적으로 나선다. 그 결과 방탄소년단은 아미로 인해 더 세계적인 유명세를 떨치며 서로 긍정적인 관계

4월 20만명 서울 공연 포기...아미들 환불 대신 기부 이어져 박수

[방탄소년단이 4월 서울공연 포기를 하자 많은 아미들이 티켓 환불 대신 기부를 선택하기도 했다. 사진=방탄소

방탄소년단 팬클럽 아미들의 환불액 기부 기사(출처: 게임톡)

를 유지하는 관계로 이어져올 수 있었다. 과거 스타와 팬클럽 사이에 수요-공급자와 같은 상반된 관계성과 대중의 부정적인 시선을 깨고 자신들만의 긍정적인 관계를 통해 서로 좋은 이미지를 구축하는 데 도움을 주고 있는 것이다.

둘째, 고객 참여 활성화를 통해 스토리를 형성하는 방법은 오늘날 두드러진 소비 형태인 '프로슈머Prosumer' 문화와도 연결된다. 프로슈머란 고객이 제품의 출시 과정에 직접 관여해 회사와 함께 스토리를 만들어 가는 것이다. 대표적인 사례로는 2019년 팔도 비빔면 탄생 35주년 기념으로 출시되었던 '괄도 네넴띤'이 있다. '네넴띤?' 전혀 다른 이름처럼 보여 신제품인가? 싶기도 하지만 사실 기존 팔도 비빔면 포장지에 인쇄된 '비빔면'이라는 글자가 '괄도 네넴띤'으로 보인다는 소

괄도 네넴띤 밈 관련 이미지

비자의 의견에서 착안된 아이디어였다. 이 재미있는 발상은 SNS를 중심으로 큰 화제성을 자연스럽게 불러왔고 이 제품을 사서 먹는 게 '밈'처럼 확산되기 시작했다. 이에 이 이야기를 그대로 마케팅에 활용해 '괄도 네넴띤' 한정 판매 이벤트 상품이 출시되었고 출시되자마자 사전 준비한 7만 5천 개가 23시간 만에 완판되는 기염을 토했다. 이는 소비자가 단지 소비의 주체를 떠나 한 기업, 제품의 마케팅 방향과 구체적인 출시 아이디어에까지 영향을 끼친 아주 성공적인 사례라 할 수 있다.

셋째, 기업과 기업, 제품과 제품의 협업컬래버레이션 자체가 마케팅 요소로 활용되는 경우도 많다. 일례로 '곰표'라는 대표적인 밀가루를 생산하는 '대한제분'은 2018년 여름, 의류 브랜드 '포엑스알4XR'과 협업해 반팔 티셔츠를 출시했다. '밀가루와 옷?' 얼핏 들으면 전혀 상관관계가 없을 것 같은 이 컬래버레이션은 모두의 의아함을 뒤로 하고 다섯 가지 디자인 티셔츠를 선보였고, 단 며칠 만에 완판을 기록하며 패션 업계에 큰 반향을 일으켰다.

그런데 이 남다른 조합의 시작은 '4XR의 곰표 브랜드 무단 도용'이라는 다소 무거운 일화로부터 시작되었다는 사실을 대부분의 사람은 알지 못했다. 처음 대한제분은 4XR의 무단 도용을 안 후 고소가 아닌 공식 협업을 제안하는 의외의 행보를 보였다. 그리고 이후 브랜드가 가진 레트로 감성을 오히려 부각시켜 감성 마케팅을 방향으로 잡아 곰표 맥주, 막걸리 등 다양한 타 업종과의 협업을 본격적으로 이어나가기 시작했다.

결과는 어땠을까? 2017년 8,100억 원대였던 대한제분의 매출액은 2021년 1조 113억 원으로 대폭 상승했고 곰표는 밀가루 제조사라는 낡고 오래된 이미지를 탈피해 오래되었지만 멋있고 재미있는 브랜드라는 새로운 이미지를 입을 수 있었다.

스토리는 생각의 전환에서부터 일어난다

그렇다면 우리는 마케팅에 있어 이용할 수 있는 세 가지 스토리텔링 방식을 통해 어떤 교훈을 얻을 수 있을까? 바로 가장 좋은 스토리는 기존에 가졌던 고정 관념이나 전형적인 생각을 전환시킬 때 일어난다는 것이다. 기존의 브랜드가 가지고 있던 이미지 혹은 브랜드에 대한 소비자의 고정관념에 머무르지 않고, 끊임없이 소비자의 반응을 세세히 살펴보며 새로운 아이디어를 찾아내 실제 판매 전략에 반영하려는 도전의식이 있을 때 소비자들의 주목을 받고 성공적으로 판

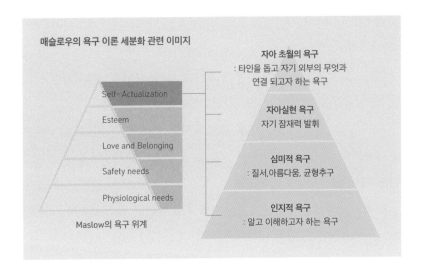

매까지 이어지게 할 수 있다.

때론 좋아하는 연예인의 팬클럽으로서 모인 사람들과 선한 영향력을 행사하는 것으로 직접적으로 얻는 재화가 없음에도 충분한 가치가 있다고 생각하며, 제품을 구매해 사용하는 것에 만족하지 않고 자신만의 방식으로 이용, 새로운 가치를 창출하는가 하면 '밈' 같은 문화를 만들어내기까지 하는 요즘 소비자들을 예전의 마케팅 방식으로 상대할 수 있을까? 그들은 좀 더 주체적이며, 창의적이고, 적극적으로 스토리를 만들어내며 자신의 자아를 표출할 또 다른 방식을 찾고 있는 것인지도 모른다.

그렇다면 스토리를 활용한 마케팅은 앞으로 어떻게 진행되어야 할까? 그 힌트는 '매슬로우의 욕구 이론'에서 찾을 수 있다. 매슬로우의 자아실현 단계의 최상단에는 '자아 초월의 욕구'가 자리하는데, 이는 타인을 돕고 자기 외부의 무엇과 연결되고자 하는 욕구라 할 수 있다. 이는 사회적 성공을 통해 명성을 얻은 사람들에게 주로 보이는 모습

중 하나로 유명한 스포츠 선수가 후학 양성과 인재 발굴에 힘쓰는 것, 인지도가 높은 스타가 환경보호 캠페인에 참여하는 것 등 자아실현 너머에 대한 욕구를 엿볼 수 있는 좋은 예시이다.

그 너머에 있는 자아 초월의 욕구는 '영향력을 발휘하려는 욕구'이다. 스토리를 만들어내고 다른 사람들에게 영향력을 줄 수 있는 방법을 구상하는 모든 것은 자아실현보다 더 높은 단계의 욕구를 반영하는 것이다. 이런 소비문화가 일부에서 대다수로 확대되는 동안 기업들은 소비자의 욕구에 맞춰 'ESG 경영'과 같은 사회적 기여와 관심을 불러일으키는 방식에 많은 투자를 이어가게 되었다. 그리고 새로운 경영 트렌드까지 만들어내는 스토리에 대한 사람들의 관심은 앞으로도 꾸준히 혁신적인 마케팅을 만들어내며 이전에 본 적 없는 새로움을 선사할 것으로 보인다.

세계관 마케팅

'개성에서 세계로' 마케팅의 영역을 확장하다

브랜드는 자신만의 콘셉트를 명확히 갖고 개성을 표현하는 것이 중요하다. '이 브랜드는 어떤 브랜드인가?', '이 브랜드를 선택했을 때 얻을 수 있는 것은 무엇인가?', 나아가서는 '어떤 것을 추구하는 브랜드인가?'를 밝혀야 한다. 이에 우리가 아는 대부분의 기업은 브랜드 로고, 제품 디자인, 광고 콘셉트, 마스코트 캐릭터를 창작해 알리는 데 많은 노력을 기울인다. 하지만 해가 갈수록 늘어나는 경쟁 업체들 사이에서 더 다양한 선택지와 서비스를 원하는 까다로운 소비자의 입맛을 맞추기란 갈수록 어려워졌다. 이에 기업들이 내놓은 해결책은 세계관을 만드는 것이었다.

제품에서 캐릭터로의 변화

빙그레의 세계관은 '빙그레 제국'이다. 이 세계에는 빙그레라는 기업 자체를 의인화한 제국의 왕자 캐릭터 '빙그레우스 더마시스'가 존재한다. 그는 자신의 SNS 계정을 통해 자신이 살고 있는 세계의 다른 캐릭터들을 소개한다.

빙그레의 대표적 빙과 제품 중 하나인 '투게더'를 모티브로 한 '투게더리고리경'이나 메로나를 모티브로 한 '옹떼 메로나 부르쟝' 등 다양한 제품을 의인화한 캐릭터들이 등장하는데, 이들은 제품의 단순한 의인화를 넘어 각각의 설정을 가지고 있다. 투게더는 빙그레에서 출

빙그레 제국의 등장인물들은 각 제품의 특성을 반영하고 있다. (출처 : 인스타그램)

시한 첫 아이스크림이라는 특징답게 '빙그레 제국'을 가장 오래 보필한 비서라는 설정을 가지고 있으며, 메로나는 미국에서 높은 판매량을 보이며 인기를 얻었다는 특징을 살려 세계관 속에서 북미 순회 공연을 떠나기도 한다. 빙그레는 자사의 제품을 바탕으로 의인화된 캐릭터를 만들고, 각각의 특징을 살려 캐릭터에게 재치 있는 지위와 성격 그리고 스토리를 부여한 것이다.

'이제 막 옴뗴 메로나 부르장이 북미 순회 공연(메로나 제품의 높은 미국 판매량)을 마치고 돌아왔습니다.'

'쥬시쿨 소방관이 오늘도 불 난 곳을 끄러 출동했습니다!(매운 음식에 가장 많이 마시는 쥬시쿨)'

'제품 마케팅에서 콘텐츠 마케팅으로' 실제 세계관 마케팅의 효과

'빙그레 왕립학교 능력고사를 개최합니다!'

- 빙그레 제품 관련 퀴즈 대회

'이번 왕립학교에 입학한 신입생을 소개합니다!'

- 빙그레 신제품 홍보

빙그레는 만들어낸 캐릭터들을 바탕으로 빙그레 제국 세계관에 스토리를 부여한다. 캐릭터들은 서로 왕위 계승전을 펼치기도 하고, 학교에 가며, 슈퍼를 개점하기도 한다. 그렇게 이야기를 진전시키면서 추후 제품 출시나 이벤트에 맞춰 콘텐츠를 활용하는 것이다. 세계관을 통해 콘텐츠를 제작하고, 이벤트를 기획하는 것은 이벤트에 개연성을 부여하며 소비자의 흥미를 유발한다. 이처럼 세계관 마케팅은 단순한 제품 마케팅에 그치지 않고 다양한 콘텐츠 마케팅으로 발전된다.

소비자들의 세계는 이미 확장되어 있다

소비자는 세계 어느 곳에서 파는 어떤 것이라도 일주일 내에 받을 수 있는 세상에 살고 있다. 고객이 접근 가능한 시장의 범위는 판매자들의 예상치 이상으로 넓어져 있다는 뜻이다. 그렇다면 경쟁업체에게 마켓 쉐어를 빼앗기지 않는데 만족할 것인가? 아니면 끊임없이 새로운 소비자 유입을 유도하며 확장해나갈 것인가? 하는 선택지가 판매자에게 남겨졌다. 제품 하나에 담아낼 수 있는 가치와 정보가 한정적이라면 더 넓은 세계관을 구축해 새롭게 다가서 보는 건 어떨까? 단순한 콘셉트만으로는 더 이상 소비자의 선택을 받기 어려운 시기에 세계관 마케팅은 하나의 솔루션이 될 수 있을 것이다.

TEC-
HNIC
04

패러다임의 전환의 법칙

: Renovation

Element 20

소비자선택이론은

무너지고 있다

소비자가 원하는 것을 알아내라,
그런 다음 그것을 만드는 데
필요한 시간보다 빨리 제공하라.

·

Charles Revson
Revlon 창업자

마케터의 고민　Q. 솔직히 나는 우리 회사 제품 중에 왜 잘 팔리는지 이유를 전혀 모르는 제품이 있다.

Q. 이제는 그냥 얻어걸려라, 라는 마음으로 마케팅한 지 오래이다.

Q. 마케팅 이제는 돈으로 하는 건 아닌 것 같다.

"인간은 주관에 휘둘려 충동적이며, 집단적으로 똑같이 행동해 자기 과신過信과 편향에 빠집니다. 때로는 자신이 보는 대로, 때로 남들이 하는 대로 따라 결정하는 존재이다." 라고 주장한 노벨경제학상 수상자 대니얼 카너먼Daniel Kahneman 프린스턴대 명예교수의 말이 너무나도 잘 어울리는 시대이다.

그간 바이블처럼 여겨진 여러 경제학적 이론들이 현실에서 더 이상 적용이 되지 않기 때문이다. 소비에 관한 가장 기본적인 경제학적 관념은 '수요'와 '공급'이다. 그래서 많은 학자가 수요와 공급을 연구하고 실증하지만, 이 두 개념 간의 관계, 즉 '수요와 공급의 법칙'의 한계는 지금까지 풀리지 않는 난제이기도 하다. 그 이유 중 하나는 '수요'가 어떻게 만들어지는지 정의하기 어렵기 때문이다. 수요는 항상 변화하며, 왜 그렇게 변화하는지 논리적으로 설명하기 쉽지 않다.

이에 관해 경제학에서는 합리적인 개인을 가정하기에 소비자 역시 합리적으로 선택하며 한정된 예산으로 효용을 극대화한다는 전제를 깔고 설명하기는 한다. 하지만 날이 갈수록 실제 소비자들은 경제학으로 설명할 수 없는, 즉 비합리적인 소비자의 면모를 더 드러내고 있다. 그렇기에 마케터는 계속해서 변화하는 소비와 여기에 연관된 심리에 관한 모든 것을 파악하고 있어야 하며, 어떤 변수에도 능동적이고 적절하게 정의하고 대응할 수 있어야 한다.

1. 가성비도 가심비도 아닌 가실비 소비

<경제주체의 이성적 행동 이론Rational Behavior Theory/Vilfredo Pareto>
경제 주체들이 합리적으로 판단하고 행동하여
자신의 이익을 극대화한다고 보는 이론

'싼 게 비지떡'이라는 말은 이제 옛말이다. 장기적인 경제침체를 겪고 있는 소비자가 가격 대비 성능 비율을 일컫는 '가성비'를 중시하는 소비를 하기 시작하면서 같은 가격이라면 성능, 품질, 양을 보고 구매를 결정하는 소비 행태에 맞춘 생산이 이뤄지고 있기 때문이다. 더불어 소비 트렌드의 다른 한 축은 객관적, 물리적으로 타당하지는 않을 수 있지만, 내 마음心이 만족하면 구매한다는 '가심비'가 높아야 잘 팔리는 특이한 소비 형태까지 더해졌다.

하지만 최근에는 이 두 트렌드를 조합한 새로운 소비 행태가 두드러지게 나타나고 있다. 가격이 비싸더라도 일상에서 실제로 자주 사용하고 충분한 효용 가치를 느끼는 제품이라면 구매하는 '가실비'가 바로 그것이다. 기존의 가성비, 가심비 중심 소비가 '저렴한 가격'이나 '심리적 만족감'이라는 단순한 측면에 집중했다면, 가실비는 두 가지를 더해 더욱 구체적이고 미래지향적인 소비를 추구한다.

대표적인 예로 최근 매출 성장폭이 큰 고가의 헤어스타일링 기기를 들 수 있다. 전문가의 스타일링 서비스를 집에서 직접 구현할 수 있거니와 실제로 사용도 자주 할 수 있기 때문에 투자한 금액 이상의 충분한 가실비가 있다고 생각하기 때문이다. 이러한 추세에 따라 가실비를 높이기 위한 목적으로 기업들은 새로운 기술을 접목하거나 혁신적인 디자인을 구현하기보다는 사용 편리성을 개선하는 데에 R&D 역량을 집중하고 있는 추세다.

2. 엑스틴(X-teen) 중심의 시장 변화

<상대소득가설Relative Income Hypothesis/Duesenberry>
사람들의 소비, 지출은 그들의 절대 소득수준이 아니라
그들의 상대적인 위치에 의해 결정된다는 이론

엑스틴은 X세대와 10대를 뜻하는 틴teen의 합성어로, 현재 30대 중반 ~40대 초반까지 연령대에 속한다. 그들은 기성세대보다 자유롭고 개인주의적 성향이 있어 10대 자녀도 편하게 일상과 문화를 공유한다. 또한 과거 대한민국의 대중문화가 폭발적으로 성장한 시기에 X세대라 불리며 문화적으로 아이돌의 등장, 팬덤 문화 형상, 팬클럽 조성 등 이전에는 전혀 본 적 없는 현상을 만들어낸 주체였다.

90년대 초반, 서태지라는 당대 대중문화의 아이콘을 비롯해 HOT, 젝스키스, SES, 핑클 등 1세대 아이돌을 거치며 문화 소비 취향이 다양해졌다. 사람들 사이에서 자기만의 취향을 갖는 것이 새로운 문화로 자리매김하면서 개성을 존중하고 그에 따른 소비 행태도 대중화되기에 이르렀는데 지금은 너무나 당연하고 흔한 그 변화가 일어난 것이 바로 그때였다.

그리고 위와 같은 소비를 경험해본 X세대는 현재 직업을 갖고 자녀를

덕질의 최초 세대이자 탄탄한 소비력을 갖춘 엑스틴은 사회의 중간관리자로서 소비와 지출의 실무를 맡고 있는 듯하다. (출처: SBS Biz)

양육하는 이른바 부모 세대가 되었고, 이제 경제는 물론 문화적으로도 가장 '핫한' 엑스틴으로 거듭났다. 그들은 아날로그와 디지털 시대를 모두 경험하였으며 한국사에서 가장 호황이던 경제 부흥과 IMF라는 경제적 위기까지 다양한 사회와 경제적 변화와 문화적 과도기를 몸소 겪은 세대다. 그래서 자신들의 '부모 세대보다 많이 벌고 자녀 세대보다 많이 쓰는' 특징을 보인다. 현재는 높은 사회적 지위와 영향력, 충분한 경제적 기반을 갖추고 있는 명실상부한 디지털 시장의 핵심 소비자다. 그들에게 온라인 쇼핑은 일상이며 가족과 자녀를 위해서라면 지출을 아끼지 않는다. 가족 계정을 만들어 자녀가 사고자 하는 것을 대신 결제해주는 것도 일반적이다. 이러한 사회적 흐름에 발맞추어 중장년층을 대상으로 하는 라이브 커머스 역시 꾸준히 성장하고 있다. 당근마켓과 같은 중고거래 중심의 리커머스Re-commerce 시장 역시 지역 커뮤니티에서 가장 활발하게 활동하는 주류 역시 엑스틴이다.

3. 유대감과 연대 기반의 소비

<정서적 연결 이론 Emotional Connection Theory>
브랜드와 소비자의 감정적 연결과 공감 정도에 따라
충성도와 구매 의도가 형성된다는 이론

엑스틴의 특징적인 소비 행태 중 하나는 Z세대와 생활 방식을 공유한다는 점이다. 자유롭고 개인적 소통을 중시하는 엑스틴은 자녀 세대와 트렌드를 공유하는 것에 거리낌이 없고 이 둘은 상호 간에 큰 영향을 주고받는다. 물론 엑스틴 그들끼리의 공유와 공감은 말할 것도 없이 또한 끈끈하다. 이러한 특징들만 보아도 그들이 유대감과 연대를 얼마나 중요시하는지 알 수 있다. 물론 MZ세대에도 속하는 이야기이다.

대표적으로 최근 엑스틴 세대를 중심으로 선풍적인 인기를 끌고 있는 유튜브 채널 '피식대학'의 '05학번 이즈 백&히어'가 있다.
대학생 때 이른바 '잘 나갔던' 주인공들이 신도시에 거주하는 중년이 되었다는 설정으로, 이 세대의 말투나 행동, 특징을 섬세하게 재현한다. 이는 '현실고증'이라는 단어로 대표되며, 엑스틴과 이들보다 조금 어린 Y세대에도 큰 공감을 얻고 있다. 이처럼 특별한 것이 아니더라도 이들만이 이해할 수 있는 공감과 유대감, 연대감 등이 엑스틴의 문화나 소비에는 매우 중요한 요인이 된다.

엑스틴을 이어 새로운 세대는 지속해서 나타나고 결속 중이다. (출처: 유튜브 피식대학)

4. 펀슈머, 로코노미 등의 성장

<미닝아웃Meaning Out>

제품이나 서비스를 소비함으로써 자신의 신념이나 가치를
표현하는 행위. 소비자들은 소비를 통해 자신의 정체성을
표현하거나 구축하는 경향이 있다는 의미의 신조어

거주 지역이나 동네 기반으로 희소성이 있는 상품과 서비스를 향한
관심이 높아지면서 '로코노미로컬+이코노미'가 새로운 소비 키워드로 각
광받고 있다. 특정 지역의 독특한 특성을 담은 상품이나 서비스의 인
기를 '로컬 힙Local hip'이라고 부르며, 각종 소셜미디어의 해시태그에
는 #로코노미, #로컬힙이라는 단어가 연일 등장한다.

이 맥락에서 연결되는 하나의 트렌드가 바로 할매니얼할머니+밀레니얼
이다. 이른바 뉴트로 신드롬을 넘어 고령층의 전유물로 여겨지던 것
을 젊은 세대가 즐기는 소비 행태를 의미하는 말이다. 대표적인 예가

바로 '약과'다. 요즘 MZ세대에게 약과는 명절에만 먹는 할머니의 간식이 아니라 가장 트렌디한 디저트로 거듭나고 있다. 전국 각지의 '약과 디저트 맛집'을 찾아다니며, 소셜미디어에는 약과 구매를 자랑하는 인증사진이 넘쳐난다. 약과를 구매하기 위해 매장 문을 열기도 전에 줄을 서는 오픈런 현상이 발생하는가 하면 최근에는 '약케팅약과+티케팅'이라는 신조어까지 등장할 정도다.

이러한 소비의 공통점은 '새로움'과 '특별함' 그리고 이를 소비함으로써 나름의 의미를 부여하고 이를 타인에게 알리는 데 있다. 기존 세대에게는 그저 추억과 향수를 상징하는 요소일지라도 MZ세대에게는 한 번도 경험하지 못한 새로운 물건으로 다가올 수 있다. 이는 MZ세대의 소비 패턴 중 하나인 '펀슈머Fun+Consumer'와도 맥을 같이 하며, 새롭고 재미있는 요소를 거부감 없이 수용하고 적극적으로 소비하는 로코노미로 성장하는 기반이 된다.

2019년 군산에서 처음 진행된 도시재생 프로젝트인 '로컬라이즈 군산'은 도시재생, 청년자립, 지역소멸 등 다양한 문제해결을 위해 지금도 지속성장 중이다. (출처: 로컬라이즈 군산 인스타그램)

어디로 튈지 모르는 소비자 심리, 누가 어떻게 잡느냐가 관건이다

요즘 디저트&식음료 업계에서 가장 화두 중 하나는 '베이글 다음 타자는 누구인가?'라고 한다. 지금까지도 이어지고 있는 '런* 베이글'과 '코*리 베이글' 등 오픈런 1시간을 불사하게 하는 엄청난 베이글 인기가 또 어떤 디저트 유행으로 바뀔지 모두 주목하고 있다. 10년 전까지만 해도 디저트 카페 하면 치즈 또는 초콜렛 케이크 정도의 부수적인 음식문화라고만 생각했던 문화는 이제 누가 가장 트렌디하고 독창적인 디저트를 선보이고, 유행시키느냐에 따라 국내 식음료 시장의 전체 판도가 달라질 수 있을 만큼 바뀌었다.

가실비처럼 아무리 비싸도 내 만족을 위해 아낌없이 투자하고, 동 세대와의 유대감을 형성하며 하나의 놀이처럼 모든 소비를 하는 요즘 세대들의 행보가 바로 마케팅이 바라보고 나아가야 할 방향성을 제시해줄 것이라 생각된다.

소비문화는 지금도 빠르게 변화하고 있으며, 더 세밀하게 개인화할 것이다. 점점 소비 성향은 양극화되고, '선택적 고급화'가 일상에 자리잡을 것임을 예상할 수도 있다. 매일 사용하는 볼펜, 슬리퍼, 칫솔 등 일상적인 제품들도 '가실비'가 있다고 판단되면 명품 못지않게 고급화 되어가고 있기 때문이다.

결론적으로, 이제 시장은 공급자 중심으로 돌아가지 않는다. 주도권은 소비자에게 있다. 기업은 소비자의 행동을 예측하기가 점점 어려워지고 있으며, 소비자를 사로잡지 못하면 도태될 수밖에 없는 상황에 놓여 있다. 즉, 이제 모든 기업은 다양한 소비자 행동 이론은 물론 다양하게 나타나는 신조어를 통해 소비자를 자세히 분석하고, 이를 기반으로 더 유용하고 양질의 제품을 만들어 내야 할 것이다.

고객 니즈 발굴 및 아이디어 정리 법

STEP 1. 콘셉트 개발하기

	Needs List		해결 Idea
1	건강한 달걀을 원한다.		• 친환경 농산물을 먹여 키운 닭이 나은 계란
2	맛있는 달걀		• 단백질이 풍부하게 들어 있는 계란
			• 동물복지 자연방사란
3	비싸도 안심하고 먹을 수 있는 달걀		• 청정지역에서 생산
			• 친환경 무항생제 계란
4	깨끗한 달걀		- 무살충제, 무항생제, 무산란촉진제
			• 한정판매 / 제한수량: 하루 생산량이
5	저렴한 달걀		적어 특별한 고객분들께 전달
			• 고객들이 직접 확인하고 체험할 수 있어 신뢰
6	빠른 배송		할 수 있는 계란
			- SNS / 고객현장체험, 활동

	우선해결니즈	▷	Benefit
1	건강한 달걀(계란)을 먹고 싶다		건강한 달걀(계란)을 먹을 수 있다
2	안심할 수 있는 계란을 먹고 싶다		안심할 수 있는 계란을 먹을 수 있다

Concept Statement

건강하고 안심 할 수 있는 계란을 먹고 싶은 고객에게
청정지역에서, 자연방사로 고소애와 친환경 농산물 천연 배합 사료와 청정계곡의 맑은 물을 먹고
자란 건강한 닭이 나은 자연방사 유정란을 SNS와 고객현장방문 및 체험을 통하여 직접 눈으로 확
인 하여 믿을수 있는 신선한 프리미엄 계란을 특별한 고객분들에게 한정 판매하는

강원도 청정 영월, 청정사료 먹고 자란 건강한 닭이 낳은 프리미엄 계란

STEP 2. ABV, TPO 작성해보기

ABV		
Attribute(속성)	Benefit (혜택)	Value(가치)
벌레먹은 닭이 낳은 계란, 무항생제, 무살충제, 무산란촉진제, 방사형, 쾌적한 환경, 빠른 배송, 안전한 배송, 청정계란, 개별포장,	맛있는 요리, 건강한 음식, 깨끗한 재료, 신선한 재료, 뛰어난 품질, 탄력있는 계란	프리미엄 계란, 계란시장의 1%만 생산되는 방사형 계란,

TPO		
Attribute(속성)	Benefit (혜택)	Value(가치)
간식 식사때 김밥용 환자식 건강을 우선시하는 주부 각종 기관 및 단체 행사시	집에서 프리미엄 카페 고급레스토랑 직원구내식당 병원 환자 식단 각종 모임, 행사장	요리할 때 여행갈때 간식용으로 김밥 쌀 때 증정품/답례품/기념품/선물

STEP 3. 차별화 셀링 포인트 도출하기

충족시키고자 하는 고객의 니즈 (고객이 바라고 있는 가치)
건강하고, 깨끗하고, 안전하고, 맛좋은, 가격싸고 건강한 달걀을 원한다.
맛있는 달걀
비싸도 안심하고 먹을 수 있는 달걀
깨끗한 달걀
저렴한 달걀
빠른 배송
프리미엄 계란을 원함
구독서비스를 원하는 고객
믿을수 있는 식품

경쟁사와 자사가 둘 다 제공하는 가치	건강하고, 깨끗하고, 안전하고
경쟁사만이 제공하는 가치	값싸고 구독판매서비스 인증보유(haccp, 동물복지인증, 무항생제 인증)
자사만이 제공하는 가치	프리미엄계란을 원한다 (방사유정란, 영양, 기능…) – 밀웜(단백질 등 영양성분) – 국내최초 자연의 섭리에 맞는 벌레먹인 닭이 낳은 계란 벌레(밀웜)를 먹이고 키우는 닭이 낳은 계란은 국내시장에 없음.

STEP 4. USP 도출하기

차별화 셀링 포인트 (Value Proposition)
밀웜을 먹고 자란 닭이 낳은 밀웜계란은 건강하고 맛이 좋음. 그러나 가격이 고가여서 상위 1%를 겨냥한 프리미엄 계란

스몰 럭셔리에 지갑을 여는 사람들

'아끼는 것도 즐겁게, 아낀 만큼 비싸게' 스몰 럭셔리란?

'나를 위한 선물'이라는 말 들어본 적 있지 않은가? 1천만 원이 넘는 명품 가방을 살 수는 없지만 20만 원 안팎의 평소라면 쉽게 살 수 없을 작은 사치를 부리는 기쁨을 뜻하는 '스몰 럭셔리small luxury'가 이제 새로운 소비 트렌드로 자리 잡고 있다. 하루에 몰아 쓰든 나눠서 쓰든 상관없이 이 정도는 내가 모으지 않고 나를 위해 기꺼이 소비하겠다는 MZ세대 중심의 눈에 띄는 소비 트렌드이다.

'아는 사람만 아는 진정한 럭셔리, 니치(틈새, nicchia)를 파고든다.'

흔히 사치를 한다고 하면 명품 쇼핑을 먼저 떠올리겠지만 하나에 수백만 원 이상 하는 물건은 '스몰'이 될 수 없다. 게다가 아무리 비싸고 좋은 것도 흔해지면 싫어하니 '가격'보다 '희소성'에 끌리는 MZ의 스몰 럭셔리는 브랜드 시장의 전면이 아니라 틈새를 파고들고 있다. 그 대표적인 예가 바로 '니치 향수'이다. '니치 향수'의 '니치'는 원래 '틈새'를 의미하는 이탈리아어 'nicchia'에서 유래한 말인데 극소수의 성향을 위해서만 만드는 프리미엄 향수 브랜드를 일컫는다. '딥디크 Diptyque', '바이레도BYREDO', '크리드Creed Boutique' 등 대표적인 니치 향수는 친숙하고 대중적인 향을 베이스로 하는 일반 향수와 달리 낯설면서 독특한 개성을 느낄 수 있게 제조된다. 쉽게 접근할 수 없고 자신만의 가치와 취향, 개성을 마음껏 드러낼 수 있는 뷰티 브랜드라는 점에서 그야말로 스몰 럭셔리를 추구하는 이들의 취향에 딱 맞는 제

'스몰 럭셔리' 선물 카테고리를 신설한 카카오톡 (출처: 카카오톡 선물하기 페이지)

품이라 할 수 있다.

이러한 변화에 발맞춰 카카오는 카카오톡 선물하기 페이지에 '스몰 럭셔리' 카테고리를 따로 신설해 좀 더 쉽게, 많은 소비자들이 이용할 수 있도록 했다. 또한 중저가 뷰티 시장을 중점적으로 공략하던 '올리브 영' 역시 변화한 트렌드를 따라 프리미엄 화장품 전문관 '럭스 에디트'을 런칭하면서 럭셔리 뷰티 판매를 강화하고 있다.

'마시는 것도 먹는 것도 남다르게' 고급스런 위스키 한 잔에 프리미엄 과일

식품을 중심으로 한 생활 밀착형 소비에서도 '스몰 럭셔리'는 등장한다. 일례로 지난해 국내 위스키 소비량은 전년 대비 46% 상승이라는, 전 세계에서 가장 빠른 증가세를 보였다. 소주, 맥주, 막걸리 등 가장 손쉽고 흔하게 접할 수 있는 술이 아닌, 한 번을 먹더라도 남들과 다른, 좀 더 고급스럽고 희소성 있는 주류를 선호하는 사람들이 그만큼 늘어났다는 것이다. 그중에서도 위스키는 자신에게 맞는 특색 있는

스몰럭셔리 유행에 힘입어 높은 매출 성장률을 보이고 있는 위스키 산업(출처: 쿠키뉴스)

주류를 선호하는 많은 사람들의 선택을 받고 있다. 이런 수요를 파악한 대형마트는 이미 와인, 위스키 등을 전면에 내세운 매장 리뉴얼에 나섰으며, 편의점 업계에서도 주류 전담 조직 신설 및 개편, 주류 특화 편의점 등 사업을 다양하게 확대해 나갈 방침이다. 좋은 술에 어울릴 이색 품종 프리미엄 과일도 인기 있는 스몰 럭셔리 상품 중 하나로 꼽힌다. 레드키위, 킹스베리, 만년설 딸기 등 새로운 품종의 프리미엄 과일은 꾸준히 등장하고 있는데 기존 전통 과일에 비해 상당히 높은 가격대를 형성하고 있음에도 불구하고 높은 매출 증가율을 보이고 있으며, 일부 품목의 경우 완판 행진을 이어갈 정도로 인기가 높다.

스몰 럭셔리 '합리적 자기만족일까, 아니면 허세일까?'

과하지도 만만하지도 않으며 사치라 하긴 적은 금액이지만 일상적이라 말하기엔 평범하지 않은 것, 그런 선택으로 삶을 채워나가는 요즘 젊은 세대들의 스몰 럭셔리 트렌드를 우리는 어떤 변화로 평가해야 할까? 단지 자신이 감당할 수 있는 선 안에서 사치를 부리고 과시하길 좋아하는 허세라고 치부해야 할까? 아니면 나름의 합리적인 소비를 통해 가장 큰 삶의 만족감을 얻을 줄 아는 현명한 방식이라 칭찬해야 할까?

Element 21

디지털 소비자

디코딩(decoding)과 마케팅

디지털 시대에는 모든 소비자가 채널이다,
가장 좋은 마케팅 전략은 고객 만족이다,

·

Dave Frankland
Insider Intelligence Principal Analyst

Q. 디지털 시대, 마케팅에는 어떻게 해야 잘하는 걸까?

Q. 소비자의 행동을 어떻게 이해하고 분석해야 할까?

Q. 소비자의 행동을 이해할 때 무엇을 주의해야 할까?

소비자 행동을 예언하라

디코딩decoding은 부호화된 데이터를 해독하거나 암호를 푸는 것을 말한다. 기업의 마케팅 활동은 일종의 디코딩이다. 소비자를 해독하고 이를 통해 솔루션을 찾아내는 활동이기 때문이다.

소위 말하는 '소비자 행동'이란 소비자가 제품이나 서비스를 탐색하는 것부터 선택, 구매, 사용, 평가, 처분에 이르는 모든 과정이다. 그 과정은 오로지 소비자의 개인 의지에 의해 결정된다, 그러니 모든 기업의 기획, 영업, 마케터들은 늘 소비자의 의지가 어디로 향하는지 알고자 한다.

마케터는 그 소비자의 의도를 소비자 자신조차 깨닫기 전에 미리 알아차리고 준비해야 하는 사람들이다. 마케팅의 본질은 고객의 욕구를 이해하고, 그들에게 가장 적합한 제품이나 서비스를 제공하는 것이기 때문이다. 특히 최근처럼 맞춤형 제품이나 독창적인 소수만을 위한 서비스가 각광받는 시대에는 더욱 마케팅의 효율성을 높일 수 있는 소비자 행동의 이해와 분석이 필수적이라 할 수 있다.

디지털 시대로의 전환이 빨라지면서 이런 소비자 행동을 이해하는 과정의 중요성은 더욱 강조되고 있다. 온라인 쇼핑의 증가, 모바일 기기의 확산, 기술 발전 등 디지털 트렌드의 변화가 빠르게 이루어지는 만큼 소비자 행동은 시시각각 달라지는 반면 직접 대면해 소비자의 변화를 눈치챌 수 있는 시간은 점점 줄어드니 나머지 간극은 결국 더 철저한 조사와 통계, 그에 따른 치밀한 마케팅 전략으로 채워 나가야 하는 것이다.

디지털 소비자 디코딩과 마케팅 1
디지털 시대 : 소비자의 선택은 어떻게 변화했을까?

변화 1. 실시간성

소비자는 이제 특정 재화에 관한 정보를 즉각적으로 얻기를 원한다. 오늘날 소비자들은 제품을 구매하기에 앞서 미리 가격과 특성, 다른 소비자의 평가를 궁금해하며 원하는 정보를 바로 찾아보는 모습을 보인다. 이미 온라인 쇼핑 사이트, 소셜미디어 등을 통해 제품 정보, 후기, 가격 비교 등 다양한 데이터를 실시간으로 확인할 수 있게 되었기 때문이다.

이런 실시간성으로 성공을 거둔 대표적인 서비스가 "배달의 민족"이다. "배달의 민족"은 고객이 간편하게 원하는 음식을 선택하고 주문

유로모니터는 매년 글로벌 소비자 트렌드 리포트를 발표한다. (출처: 유로모니터)

할 수 있는 서비스로, 주문부터 조리, 배달까지 모든 과정을 실시간으로 확인할 수 있다. 예전처럼 배달이 올 때까지 막연히 기다리지 않아도 된다는 것이다.

변화 2. 다채널성

다채널성이란 하나의 제품이나 서비스를 소비할 때 온라인, 오프라인, 모바일 등 다양한 채널을 이용한다는 것을 의미한다. 예를 들어 운동화를 사려는 소비자는 인터넷으로 먼저 정보를 찾아보고 오프라인 매장에서 사이즈와 착화감을 파악한다. 그리고 모바일 앱으로 최저가로 판매하는 쇼핑몰을 찾아 최종 구매하는 식이다.

"SSG.com"은 소비자의 이런 다채널성을 이용한 전략을 적극적으로 활용하고 있다. 온라인 쇼핑몰에서 주문한 뒤 오프라인 매장에서 물건을 찾는 '스마트픽' 서비스를 도입한 것이 대표적인 예다. 소비자가 온라인으로 간편하게 제품 정보를 찾아본 뒤 구매한 물건을 오프라인 매장에서 찾을 수 있어 큰 인기를 끌었다.

변화 3. 투명성

소비자는 사려는 물건에 대해 최대한 많은 정보를 알고 싶어 한다. 과자 하나를 살 때도 맛은 물론 제조사와 시설, 제조 과정, 친환경성 등을 고려해 구매 여부를 결정할 정도로 신중한 소비자도 날이 갈수록 늘어나고 있다. 과거에는 판매자가 제공하는 정보를 수동적으로 받아들이는 데에 그쳤지만, 오늘날 소비자는 인터넷을 통해 다양한 정보를 적극적, 능동적으로 수집한다. 이처럼 '투명성'을 중시하는 소비 경향을 무시하고 정확한 정보를 제공하지 않는다면 자칫하다 브랜드 이미지가 크게 실추될 수도 있다. 특히 요즘은 원자재뿐 아니라 동물 실험 여부, 내구성, 근로자의 노동 조건 등 사회 윤리적 측면도 많이 고려하는 만큼 투명성을 간과해서는 안 된다.

디지털 시대 - 마케터는 어떻게 변화해야 하는가?

디지털 시대의 이러한 소비자 행동 변화로 마케터는 아래와 같은 사항을 반드시 염두에 두고 업무를 수행해야 한다.

첫째, 소비자가 이용하는 디지털 플랫폼과 채널을 잘 이해하고 그에 맞는 마케팅 전략을 수립해야 한다. 예컨대 쇼핑몰 앱을 주로 이용하는 소비자에게는 인앱 광고나 프로모션이, 소셜미디어를 활발하게 사용하는 소비자에게는 인플루언서 마케팅과 공식 계정을 통한 광고가 주효할 것이다.

"쿠팡"은 자사 앱에서 고객 맞춤형 추천 서비스를 다양하게 제공하고 있지만, 소셜미디어와 유튜브를 통해 앱 접속과 구매를 유도하는 마케팅도 적극적으로 추진하고 있다. 이처럼 다양한 디지털 플랫폼과 채널의 특성을 명확히 파악하고 적절하게 마케팅을 하는 능력이 앞으로는 더욱 중요해질 것이다.

둘째, 소비자의 행동 데이터를 수집하고 분석, 활용할 필요가 있다. 소비자의 속성과 소비 패턴, 선호도 등 폭넓은 데이터를 다각도로 분석하고 이를 기반으로 마케팅 전략을 수립해야 한다.

이러한 전략을 잘 활용하는 기업이 "아마존"이다. "아마존"은 소비자가 어떤 제품을 살펴보고 구입했는지에 관한 데이터를 바탕으로 유사한 제품이나 관심을 가질만한 제품을 추천한다. 소비자가 구매할 제품을 예측해 신속한 배송이 가능하도록 가까운 센터로 옮겨두는

코카콜라는 AI 및 디지털 마케팅 전략 변화를 적극 시도하고 있다. (출처: 코카콜라)

등의 대응도 병행한다.

셋째, 소비자에게 차별화된 경험을 제공해야 한다. AR, VR, AI 등 신기술을 적극적으로 활용하여 신선하고 재미있는 경험을 부여하는 것도 한 가지 방법이다.

"이케아"는 가상현실 속의 방에 가구를 직접 배치해 보고 어울리는지 확인할 수 있는 앱을 제작해 소비자에게 제공하고 있다. 이처럼 경쟁사와는 차별화된 새로운 경험을 제공하면 브랜드를 향한 관심과 인지도를 높이는 데에 효과적이다.

마지막으로 개별 소비자의 활동 패턴을 통해 선호도와 관심사를 파악하고 맞춤 제안을 하는 것이 중요하다. 스웨덴의 음악 스트리밍 서비스인 "스포티파이Spotify"는 사용자의 음악 취향을 기반으로 플레이리스트를 생성, 추천함으로써 큰 성공을 거둘 수 있었다. 이런 개인화Personalization 전략은 고객 만족도와 브랜드 충성도를 높이는 효과가 있다. 하지만 이를 위해 과도한 정보를 수집한다면 소비자는 개인 정보 노출에 거부감과 불편함을 느낄 수 있기에 수용 가능한 수준의 정보 수집과 개인화가 중요할 것이다.

디지털 소비자 디코딩과 마케팅 2
소비자 행동을 보고 읽어내라

방법 1. 데이터 분석

가장 기본적인 방법으로 온라인 쇼핑몰의 구매 이력, 웹사이트 방문 패턴, 검색어 등의 데이터를 통해 소비자가 선호하는 제품과 필요로 하는 기능 등을 파악할 수 있다. 이처럼 다양한 데이터를 분석하면 특정 제품이 어떤 소비자에게 적절한지 파악하고 최적의 마케팅 전략을 수립하는 데에 도움이 된다.

방법 2. 소셜미디어 모니터링

인스타그램, 트위터, 유튜브와 같은 플랫폼에서는 소비자들이 브랜드나 제품에 보이는 반응에 대한 통계 정보를 제공한다. 이를 통해 소비자의 의견, 정서, 트렌드를 파악하고 마케팅 전략에 반영할 수 있

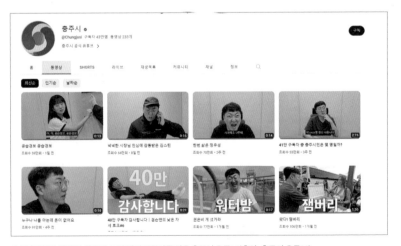

소셜미디어의 밈을 잘 활용해 43만 명의 구독자를 얻은 충주시 유튜브(출처: 충주시 유튜브)

다. 또한, 특정 제품에 대한 소비자의 사용 패턴과 불만 사항 등을 확인할 수 있다.

하지만 소셜미디어 사용자가 전체 고객 집단을 대표하지는 않기에 결과 해석에 유의할 필요가 있다. 온라인에 공유된 일부 사용자의 경험이 그렇지 않은 다수의 경험과 같다고 단정해서는 안 된다는 의미다. 더불어 소비자는 긍정적인 경험보다 부정적인 경험을 더 많이 공유하는 경향이 있기에 일부 고객의 불만 사항이 전체 고객의 경험을 대표하지 못함도 반드시 기억해야 하는 부분이다.

방법 3. 고객 피드백 분석

여러 리뷰 사이트를 통해 특정 제품에 대한 다양한 소비자의 평가를 확인하고 이를 제품 개선과 마케팅 전략에 반영할 수 있다. 하지만 피드백이 모호하거나 막연하다면 그러한 피드백이 도출된 구체적인 이유를 분명하게 파악해야 한다. 전후 관계를 간과하거나 문맥을 읽지 못한다면 고객의 감정을 오인해 잘못된 결론에 이를 수 있다. 고객은 문제에 대한 감정이나 현상은 상대적으로 구체적으로 기술하지만, 그 원인은 정확하게 지적하지 않는 경우가 많다. 그러므로 분명한 원인을 파악하는 것이 중요하다.

방법 4. 시장조사

시장조사는 소비자의 생생한 의견을 듣고 경쟁 제품과의 비교분석이 가능하다는 특징이 있다. 대표적인 것이 설문 조사인데, 소비자가 중요하게 생각하는 부분이나 선호하는 경쟁 제품이 무엇인지 알 수 있다. 시장조사는 타깃 고객층을 명확하게 설정할 수 있으며 소비자가 원하는 요소를 반영한 최적의 전략을 수립하는 데에 큰 도움이 된다. 이 때 다양한 도구웹사이트 분석 도구, 소셜미디어 분석 도구, CRM 툴, Heatmap, A/B 테스트 등을 활용하면 더욱 효과적인 소비자 행동 분석이 가능하다.

시장조사에 활용 가능한 도구

구분	내용	도구
웹사이트 분석 도구	웹사이트 방문자의 행동을 추적하고 분석하는 데 사용	Google Analytics, Google Search Console, Moz Free SEO Tools, 네이버 애널리틱스, 다음 검색등록 등
소셜미디어 분석 도구	소셜미디어 사용자의 행동, 선호, 트렌드를 파악하는 데 사용	Facebook Insights, Twitter Analytics, Hootsuite, Brand24, Sprout Social, Buzzsumo, Social Mention, 코스모스 (SMTalk), 디그맵, 트렌드모니터, 카카오 비즈보드
CRM 툴	고객 데이터를 수집, 분석, 관리하는 데 사용	Salesforce, Hubspot, Zoho CRM, Microsoft Dynamics 365
Heatmap	웹사이트 사용자의 행동을 시각적으로 파악할 수 있게 하는 도구	Hotjar, Crazy Egg, Mouseflow
A/B 테스트	서로 다른 두 가지 요소를 하나의 대상 그룹에 보여주고, 어떤 것이 더 효과적인지 파악하는 방법	Optimizely, Google Optimize, Mailchimp, VWO

* 굵은 글씨로 표시한 도구는 일부 기능을 무료로 제공함

디지털 소비자 디코딩과 마케팅 3
어떤 도구로도 읽을 수 없는 소비자 마음은?

지금까지 디지털 시대의 소비자가 어떻게 생각하고 행동하는지 파악하는 방법과 도구들을 알아보았다. 하지만 이런 도구들을 활용할 때 몇 가지 주의해야 할 점이 있다.

첫째, 데이터의 질이 중요하다는 점을 염두에 두어야 한다

틀린 정보나 누락된 부분이 있다면 분석 결과의 신뢰성이 크게 떨어지는 만큼 수집한 데이터의 정확성과 완전성을 반드시 확인해야 한다. 불량 자재로 지은 건물은 안전성을 담보할 수 없는 것처럼 정보 분석도 양질의 데이터에 기반을 두어야 한다. 분석 의도와 목적에 따라 적절한 분석 방법을 선택하는 것 역시 중요하다.

둘째, 온라인 환경은 오프라인보다 편향성이 높게 나타날 수 있다는 점에 유의해야 한다

여러 사람과 대화할 때 목소리가 큰 사람에게 관심이 집중되는 것처럼 온라인에서도 활발하게 의견을 내는 사람의 견해가 더 크게 드러날 수 있다. 유명인이나 인플루언서의 말은 파급력이 크기에 이들의 견해가 전체 의견을 대표하는 것처럼 보이기도 한다. 따라서 다양한 경로로 데이터를 수집해 객관성을 담보할 필요가 있다.

셋째, 소비자 행동의 분석과 적용 과정에서 개인 정보 보호에 신경 써야 한다

오늘날 개인 정보는 그 어느 때보다도 민감한 요소이며, 디지털 환경의 소비자 행동 분석에 쓰이는 데이터는 개인 정보가 필연적으로 포함될 수밖에 없다. 따라서 소비자의 개인 정보가 악용되지 않도록 적절한 수준의 보호 및 보안 조치가 이루어져야 한다. 물론 법적으로도 이러한 조치를 요구하고 있지만, 고객 신뢰를 얻기 위해서도 필수적인 조건이다.

넷째, 지속적인 정보의 최신화가 이루어져야 한다

오늘날 세상은 그 어느 때보다도 빠르게 변화하고 있으며, 이러한 현상은 온라인에서 더욱 두드러진다. 그렇기에 지금 수집한 정보가 향후 상품이나 서비스가 출시되는 시점까지 유효하다고 장담할 수는 없다. 따라서 계속해서 변화를 관찰하고 필요에 따라 분석 내용을 업데이트하고 조정하는 작업이 이루어질 필요가 있다.

마지막, 분석한 내용은 실제 행동으로 옮겨야 한다

이 과정을 통해 어떤 변화가 일어나는지 파악할 수 있다. 이렇게 얻은 인사이트는 다음 소비자 행동 분석과 새로운 마케팅 전략 수립에 중요한 참고자료가 될 것이다.

성공적인 마케터가 알아야 하는 가장 중요한 것

마케터는 데이터 분석력, 창의성, 사회적 책임감, 커뮤니케이션 능력 등을 갖추어야 한다. 그리고 그중에서도 가장 중요한 것은 '고객 중심'의 마음가짐이다. 고객을 진심으로 이해하고 이를 바탕으로 전략적인 접근법을 구축하는 것이 디지털 시대 마케팅의 핵심이라 할 수 있다. 성공적인 마케터는 소비자의 목소리를 듣고 이해하며, 이를 바탕으로 창의적이고 유연한 전략을 세울 줄 안다. 그렇기에 정확한 소비자 행동 분석은 우리가 디지털 시대의 변화와 도전에 능동적으로 대응하는 동시에 브랜드의 가치와 정체성을 지키는 기반이 될 것이다. 그리고 그 기반 위에 마케터의 역량이 발휘되어 전략화되었을 때 그 가치가 고객에게 제공되는 결과로 이어질 것이다.

Element 22

자문적 영업만이

살아남을 시대

우리의 역할은 고객이 원하지 않는
상품을 팔아넣는 것이 아니라,
그들이 필요로 하는 상품을 찾아내는 것이다.

•

Peter Drucker
현대 경영학의 아버지

마케터의 고민 Q. 결국에는 영업을 통해 최종 소비자에게 전달되어야 하는 것 아닐까?

Q. 영업사원이 회사에서 가장 중요한 존재라는데, 사실인가?

Q. 전문성을 갖춘 영업사원이 되려면?

개인사업자와 중소기업, 그리고 대기업과 전 세계를 무대로 하는 국제적 기업의 가장 큰 차이 중 하나는 '체계성'이다. 기업의 규모가 커지고 매출 규모가 커질수록 기업은 운영에 관련된 거의 모든 단계를 체계화하려 한다. 그동안 쌓은 업적과 방식을 매뉴얼화하고, 한 사람의 능력이 아닌 기업 자체가 가진 체계적인 노하우가 더 장기적이고 안정적인 기업 경영을 뒷받침할 것이라고 믿기 때문이다. 하지만 유독 그런 체계화 작업에서 뒤로 밀리는 업무가 있으니 '영업'이다.

기업의 최대 목적은 이윤 추구이며, 직접적으로 소비자의 니즈를 파악하고 그에 맞는 제품, 서비스를 제안해 매출에 기여하는 아주 중요한 부서임에도 불구하고 영업만은 개인의 역량 혹은 팀의 협력의 결과라는 모호한 개념으로 남아있다. 과연 어떻게 해야만 더 소비자 니즈를 잘 파악해 매출 향상에 기여할 수 있는지에 대한 과정과 노하우가 다른 업무에 비해 덜 체계적으로 관리되는 경향이 있다. 왜 그럴까? 어쨌든 영업도 결국 기술과 정보통신기술이 급속도로 발달하고, 기업의 제품과 서비스의 종류, 양, 품질이 현저히 향상, 다양화되어감에 따라 체계화, 과학화는 기업들에게 있어 피할 수 없는 필수 과제가 되어가고 있다.

기업의 성장, 즉 이윤의 극대화를 위해서는 효율적이고 조직적인 영업활동이 뒷받침되어야 한다. 거래처가 만족할 수준의 이윤 추구와 신규고객 유치를 위한 신상품 개발 및 판촉, 잠재고객 확보를 위한 시

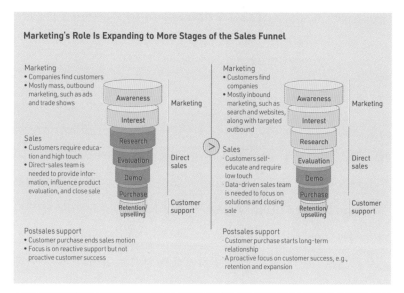

소비자들이 구매에 앞서 다양한 정보들을 다양한 채널을 활용해 더 많이 취득함에 따라 마케팅과 세일즈의 역할과 영역은 더 확장되고 있다. (출처: BCG analysis)

장 개척 등의 영업활동은 이제 영업사원 개인의 몫이 아니다. 이제는 상품과 서비스, 그리고 전사적인 노력이 집약된 최고의 경지로 승화 되어야 할 시기이다.

슈퍼맨이 되어야 하는 영업사원

'고객이 별을 따 달라 하면 별을 따는 시늉을 하고, 죽으라 하면 죽는 시늉이라도 해야 한다.' 흔히 영업 업무가 힘들다고 손에 꼽히는 이유 는 이처럼 고객에게 맞춰 고객의 의도를 바꾸기 위해 무슨 일이든 해 내 설득할 만한 능력이 있어야만 치열한 영업 시장에서 살아남을 수 있었기 때문이었다. 그처럼 과거 영업사원의 역할은 제품을 지극히 판매하는 것에 집중되어 있었다. 그렇다면 요즘엔 좀 나아졌을까? 안타깝게도 나아졌다고 보기는 어렵다. 단순 판매자의 역할을 넘어서 최근에는 고객의 니즈를 파악하고 문제점을 해결하기 위한 고민과 대안 마련의 역할까지 동반하고 있기 때문이다. 하지만 이들을 바라보는 시선과 대우는 엄청나게 달라졌다. 지금의 영업사원은 단순히 최일선에 있는 일개 직원이 아니라 자사와 고객사 모두의 이익 창출에 공헌하는 최고 전문가로 간주되기 때문이다. 이에 많은 기업들이 영업사원의 성과를 평가할 때 판매 실적뿐 아니라 소비자에게 제공한 서비스와 만족감 등 무형적인 측면에 큰 비중을 두는 쪽으로 변화하고 있다.

현대 영업사원의 역할

구매 전	서비스나 발생 가능한 부정적인 상황 등 소비자가 느끼는 구매 위험과 불확실성을 줄이는 역할을 한다. 이때 고객에게 신뢰를 심어주는 것이 중요한데, 신뢰를 구축하기까지는 일정 시간이 소요되는 만큼 자주 방문하며 친밀감(라포)을 형성할 필요가 있다. 또한, 이들의 우려를 불식시키기 위해 최선을 다함으로써 기업의 긍정적인 이미지를 구축하고 브랜드 자산을 축적하는 데에 긍정적인 역할을 해야 한다.
구매 시점	소비자가 올바르고 바람직한 의사결정이었다는 확신을 계속해서 심어주어야 한다. 이 과정에서 활발한 소통이 이루어지며, 이는 고객의 기대를 충족하고 만족도를 끌어올리는 효과가 있어 재구매로 이어질 가능성을 높일 수 있다.
구매 후	소비자에게 발생할 수 있는 인지 부조화를 낮추고 이들이 다른 잠재고객에게 긍정적인 입소문을 전파하도록 만드는 역할을 한다. 또한, 소비자와 기업 간의 장기적인 관계를 구축하고 재구매를 활성화하며, 구매 고객의 요구와 불만 사항을 일정 기간 관리한다.

영업사원은 제품 판매뿐 아니라 소비자의 구매 전 과정에서 다양한 업무를 담당한다. 특히 고객의 니즈를 세분화해 다양한 제품이 출시

되고 있는 만큼 소비자의 구매과정도 변화가 있음을 고려해야 하기에 영업사원의 역할은 계속해서 확장하고 있다.

바야흐로 자문적 영업(Consultative sales)의 시대

전통적 영업방식인 거래적 영업Transactional Selling은 제품이나 서비스의 특징, 구매 편의성, 가격을 바탕으로 영업 대상자를 설득하는 것이다. 많은 경쟁 업체에서 비슷한 제품이나 서비스를 제공하고 있다면 가격과 편의성만이 구매자의 의사결정에 영향을 미치기 때문에 영업사원의 특별한 능력이 요구되지 않는다.

고객과 기업의 PARADIGM 변화방향

구분	1990년대	2000년대	2010년대	현 재
고객 Needs	·다품종 제품 ·적정 품질 ·적정가격	·좋은 품질 ·적절한 타이밍 ·낮은 가격	·최고의 서비스 ·최고의 품질 ·최저가격	·가성비/가용비/ 가심비 제품 ·다품종 소량/ 즉시생산배송 ·성과중심의 맞춤형가격
경영 Key word	생산가치 ·팔리는 상품 만들 (Market-in)	품질가치 ·고객만족 (Customer Sati.) ·품질보증 (Quality Assurance)	고객가치 ·서비스가치 (Before, In. After) ·고객가치창조 (Value Creativity)	사회공유가치 ·ESG경영 (환경,사회,지배구조) ·CSV (사회 공유가치창조) ·고객성공 (Customer Success)
혁신 내용	·생산혁신 ·제품혁신	·품질혁신 ·원가혁신	·조직혁신 ·경영시스템혁신	·고객만족 중심의 시스템, 프로세스의 혁신 ·영업혁신 + 마케팅혁신 + 서비스혁신
영업 가치	매출중심	매출 = 당기순이익	매출 = 영업이익률	영업이익률 투자수익률 > 매출

하지만 지금 우리가 고민하는 '영업'은 다르다. 고객이 가진 다양하고 복잡한 문제를 해결함으로써 새로운 가치를 제공하고 이들의 전략적 목표 달성에 도움을 주어야 하기 때문이다. 이러한 상황에서 등장한 것이 바로 자문적 영업Consultative Selling이다. 자문적 영업은 고객이 가진 문제점의 해결방안을 제시하거나 미처 생각지 못한 새로운 가치를 제공하는 능력을 갖추어야 한다. 그래야 고객의 전략적 목표 달성에 기여할 수 있다. 고객이 스스로 해결할 수 있는 것을 영업하는 시대는 끝났다. 과거의 거래 영업 형태만으로는 절대 성장할 수 없다. 고객이 자신의 문제를 해결하기 위해 관련 분야에 대한 전문성과 우수성을 보유한 공급업체를 찾아오도록 해야 한다.

영업사원, 어떤 역량을 갖춰야 할까?

공급업체의 영업사원이라면 회사가 가진 역량은 물론 영업사원 개인의 전문성과 그간의 노하우를 활용하여 고객의 문제를 해결할 수 있어야 한다. 그로써 고객사가 직접 문제를 해결하는 것보다 전문성을 갖춘 영업사원을 만나는 것이 효율성과 경제성 측면에서 효과적이라는 것을 깨닫게 해야 한다.

그때 필요한 역량은 효과적이거나 우수한 성과를 내는 데에 직결되는 개인의 특성으로 동기, 특성, 기술, 이미지, 역할, 지식체계 등을 포함한다. 보다 세부적으로 살펴보면 타고난 성품, 소질과 같은 '자질역량'과 업무 수행 과정에서 발휘해야 하는 행동, 지식, 기술 등과 관련한 '업무수행역량'으로 구분하여 자사의 제품과 서비스에 최적화 된 영업사원을 선발, 육성할 수 있어야 한다.

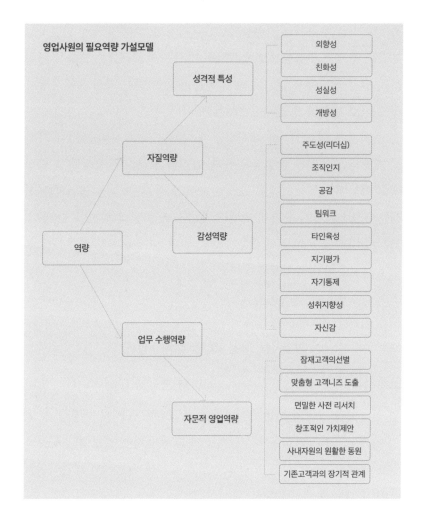

앞으로 다가온 영업의 고도화 시대에는 가치제공에 중점을 둔 역량이 요구된다. 전통적인 역량모델에서는 개별적인 지식, 기술, 행동과 영업성과의 연관성을 명확히 파악하기 어려웠다. 그렇기에 이제는 이러한 전통적 모델에서 벗어나 고객 니즈 파악, 해결방안 도출, 가치제안 및 협상, 장기적이고 지속적인 관계 구축과 같은 체계적 접근을

시도해야 한다. 이러한 차원에서 '자문적 영업'을 수행하는 영업사원에게 필수적인 업무 역량은 다음과 같이 요약할 수 있다.

역량군	정의
잠재고객(영업기회)의 신중한 선별	영업의 시간과 노력의 낭비를 방지하기 위해 고객 분석을 위한 상당한 정도의 선행투자'를 하는 것으로서 이를 위해 다양한 선별기준을 두어 영업기회나 고객을 신중하게 선별하는 것
면밀한 사전 리서치	고객과의 접촉 이전에 독자적인 리서치를 수행함으로써 이를 통해 l 고객사의 산업, 제품이나 서비스, 비즈니스 모델, 경쟁사 등에 대해 .. 면밀하게 분석하는 것
맞춤형 고객니즈의 도출	후속적인 영업활동이 효과적으로 이루어 질 수 있도록 리서치에 의해 수집 된 정보를 바탕으로 고객과의 문제나 니즈를 도출하고 발견해 내는 것
창조적인 가치제안	고객의 성과를 증진시키고 전략적인 목표달성에 도움이 될 수 있도록 고객 니즈를 충족시킬 수 있는 구체적인 방안을 제안하는 것
사내자원의 원활한 동원	고객의 복잡한 문제를 해결해 주기 위해 사내의 다양한 팀에서 근무하는 직원들의 협력을 얻고 최선의 가치제안을 제공하기 위해서 자사로부터 최선의 거래 조건을 이끌어 내는 것
기존고객과의 장기적인 관계 증진	기존 고객과의 거래 기간을 오랫동안 지속시키거나 또는 관계를 질적인 면에서 또한 양적인 면에서 확대시키는 것

영업은 기업의 수익 창출에 가장 중요한 기능이며, 성과에 중대한 영향을 미친다. 더불어 여전히 다른 분야에 비해 영업사원 개인의 역량이 강조된다는 것이 큰 특징이다. 요즘처럼 경쟁이 치열한 비즈니스 환경에서는 영업사원이 어떤 직무를 어떻게 수행하고, 이를 위해 어떤 역량을 계발해야 하는지에 관한 논의는 필수적이다. 각 기업에서는 자사에 적합한 역량을 도출하고 교육 등을 통해 실무역량을 개발함으로써 목표가 명확한 현장형 영업사원을 육성해야 할 것이다.

Element 23

잠재 기업 고객을 끌어올릴

맞춤형 제안

가장 좋은 광고는 만족한 고객이다.

•

Philip Kotler

The kellogg School 석좌교수

마케터의 고민 Q. 처음부터 영업 부서랑 협업해서 타겟 고객을 설정하면 좋을 것 같은 데, 어떻게 시작하지?

Q. 마케팅 활동 ROI를 높이고 싶은데, 좋은 마케팅 전략 없을까?

What is ABM?

마케터나 관련 업무를 접한 적이 있는 사람이라면 'Lead Generation' 이라는 단어를 들어보았을 것이다. Lead는 '잠재고객', 즉 자사의 제품이나 서비스에 관심이 있는 개인이나 기업을 의미한다. 고로 '잠재 고객을 유치한다.'라는 의미 정도로 해석할 수 있다. 이는 마케터의

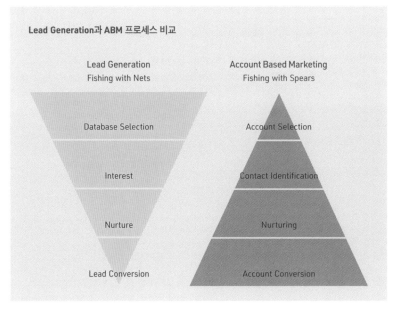

(출처: s2wmedia)

주요 업무 중 하나로 그들을 유치하기 위해서는 먼저 '고품질 리드'^영
업 잠재 기회를 계속해서 찾아야 한다.

전통적인 'Lead Generation' 마케팅은 깔때기 형태로 진행되어 왔으
며, 최대한 많은 광고와 영업 활동을 통해 잠재고객을 모으는 것이 핵
심이었다. 하지만 요즘엔 대규모 대중 마케팅만으론 고객의 마음을
움직일 수 없다. 누구나 다 갖고 있고, 가질 수 있는 흔한 것에 시간과
비용을 지불하려는 사람은 점점 더 빠르게 사라지고 나만의 것, 최대
한 보기 드문 것을 원하고 개인화, 맞춤화된 경험을 요구하는 소비자
들은 점점 더 늘어나고 있기 때문이다. 특히 B2B 기업은 각자 고유의
비즈니스 영역이 존재하며, 그에 따른 요구사항이 달라 개별적으로
접근하는 것이 필수적이다.

하지만 코로나19 대유행 이후 비대면이 일상화됨에 따라 B2B 고객을
접하는 전시회나 세미나, 박람회 등 대면 행사 규모가 크게 줄어 고
객과의 접점은 더욱 축소되고 있다. 이러한 상황에서 B2B 마케터들
은 ABM^{Account Based Marketing}이라는 새로운 마케팅 전략으로 주목하
고 있다. 여기서 'Account'는 기업이라는 뜻으로 ABM은 '기업 기반
마케팅'이라 해석할 수 있다. 이 방법은 전통적인 'Lead Generation'
과 달리 소수의 잠재고객을 먼저 선별하고 이들을 대상으로 마케팅
을 진행하는 방식이다. 비유하자면 그물을 넓게 펼쳐 최대한 많은 물
고기^{잠재고객}를 확보하는 것이 'Lead Generation'이라면 ABM은 작살
로 자신이 노린 물고기를 사냥하는 방식이라 할 수 있다.

그래서 ABM은 개인화된, 관계 중심적 일대일 경험을 활용해 주요 고
객을 응대하고 콘텐츠 맞춤화 제공을 진행한다. ABM 전략이 주효하

면 전통적인 마케팅 전략 대비 높은 ROI^{Return on Investment}를 달성할 수 있으며, 맞춤형 서비스를 통해 기존 고객과의 신뢰 구축하고 신규 고객 유치 등의 효과를 누릴 수 있다. 그렇다면 '최고의 효율'을 이끌어 낼 수 있는 ABM 전략은 어떻게 진행되는지 알아보자.

\<ABM 전략 프로세스\>

일반적인 ABM 마케팅 전략은 크게 세 가지 단계를 거쳐 진행된다.
1. 목표 고객 식별
2. 맞춤형 콘텐츠 제공
3. 성과추적

1단계. 목표 고객 식별

ABM 전략을 적용할 수 있는 대상 고객 선정한다. 이는 가장 중요하면서도 기본적인 단계로, 기존 고객의 업종, 회사 규모, 시장 현황, 관심사 등 데이터를 분석해 고객별 프로필^{페르소나}을 작성한다. 이때 이전 거래 이력이 없더라도 자사의 제품이나 서비스에 관심을 보였거나 경쟁사와 거래 관계에 있는 고객까지 대상에 포함하기도 한다. 또한 공통된 고객 요청사항이나 의사결정에 중요하게 작용한 요인 등을 파악할 수 있다면 고객 프로필 구축이 한결 용이해진다.

ABM 전략의 특징 중 하나는 이러한 초기 단계부터 영업과 마케팅 간의 협업이 중요하다는 것이다. ABM의 핵심이 '타깃' 고객에게 '개인화'된 맞춤형 콘텐츠를 제공하는 것이기 때문에 사전에 목표 고객을 충분히 이해해야만 한다. 그리고 그럴 때일수록 단일 고객에게 많은 부서와 여러 사람이 동시다발적으로 서비스를 제공하는 것이 효과적

고객 프로필(페르소나)를 작성하면 고객을 더 잘 파악할 수 있음은 물론 데이터를 기반으로 한 사용자 중심적 의사 결정을 할 수 있다. (출처: xtensio)

이다. 예를 들어 마케팅 부서가 모르는 주요 인사이트와 거래 이력 등 정보는 영업부서에서 제공할 수 있다. 그래서 타깃 고객 선정부터 메 시지 및 콘텐츠 제작 등에 관한 의사결정을 두 부서가 협업해 진행할 경우 고객과의 관계를 더욱 단단하고 밀접하게 구축할 수 있게 되는 것이다. 이는 한 명의 담당자가 여러 고객을 담당했던 전통적인 마케 팅 전략과는 달리 마케팅-영업부서가 협업해 한 기업을 담당하는, 가 장 큰 변화이자 차별점 중 하나라고 할 수 있다.

2단계. 맞춤형 콘텐츠 제공

목표 고객을 식별했다면 각 고객에게 개인화된 맞춤형 콘텐츠를 제 공해야 한다. 요즘처럼 디지털 환경이 고도화, 활성화된 시대에는 이 메일, 디스플레이 광고를 비롯한 다양한 채널을 통해 가장 사용자에 게 최적화된 콘텐츠를 제공할 수 있게 되었다. 페이스북, 인스타그램

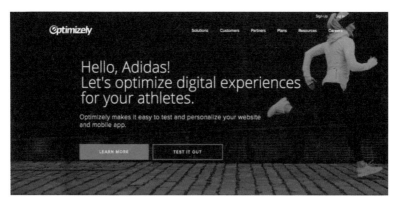

웹사이트 개인화 예시: 메시징, 이미지 등 사이트 방문자를 식별해 맞춤화할 수 있는 웹사이트의 많은 구성 요소가 있다. (출처: optimizely)

과 같은 소셜미디어, 링크드인, 챗봇 등 여러 경로를 활용하면 한 개인이 어떤 이슈에 관심을 갖고 있는지, 최근 동향과 주변 환경까지도 쉽게 파악할 수 있다. 온라인상에서 보고, 듣고, 클릭하고, 구매하는 등 모든 사용자의 행동은 분석되어 맞춤형 콘텐츠를 제공할 수 있는 기본 데이터가 된다. 그런 수많은 사용자에 대한 정보를 분석해 잠재 고객이라 판단하면 기업명을 명시한 환경 문구를 노출하거나 맞춤화된 제품 서비스를 소개하는 페이지를 자연스럽게 사용자의 시선 안에 노출시켜 추후 잠재고객으로서 회사 홈페이지를 방문을 유도할 수 있게 되는 것이다.

3단계. 성과 추적, 최적화

콘텐츠를 제공한 후에는 ABM 전략의 성과를 추적, 분석하여 캠페인을 최적화하는 과정이 필요하다. 가장 효과적이었던 전략을 추려낸 다음 이를 분석하면서 지속적인 개선점을 찾아내 개선함으로써 더 나은 결과를 유도해야 한다. 이때 어떤 성과 지표를 설정하는지도 중요한데 아래 Oracle 사에서 제공하는 'ABM KPI'를 참고하면 도움을 받을 수 있다. 나아가 설문 조사를 통해 콘텐츠에 만족한 요소와 구매에 영향을 미친 요인 등 고객 경험을 수집하는 것도 마케팅 프로세스 개선에 효과적일 수 있다.

Oracle 사에서 제공하는 ABM KPI 예시 자료

ABM KPI's

- 마케팅 적격 가망고객 / 마케팅 적격 계정
- 가망고객당 비용
- 페이지 방문 시간(디지털 에셋 참여)
- 이메일 열람률/회수율
- 계정당 추가 담당자 수
- 계정별 참여(비율)
- 파이프라인 속도
- 마케팅 영향 비율
- 깔때기형 변환율
- 계정당 판매 회의/약속 수
- 전송된 제안 수
- 마감률/고객 이탈률
- 평균 판매 가격/평균 판매 포인트

(출처: oracle.com)

ABM VS Lead Generation

우리는 앞서 ABM 전략 전개 방법에 대해 알아보았다. 그렇다면 항상 함께 비교되는 전통적인 Lead Generation 전략과의 공통점과 차이점, 장/단점을 세부적으로 알아보자.

1. ABM VS Lead Generation 공통점과 차이점
1) 공통점
고객 중심 접근법이다. 두 전략 모두 고객 중심의 접근 방식을 취한다. 세부적인 내용이나 깊이에는 차이가 있지만, 충분한 고객 및 시장 조사를 통해 잠재고객을 육성하는 것이 두 전략의 공통 목표이다.

2) 차이점

첫째, 대상 범위의 크기 차이가 있다. Lead Generation은 대규모의 대중에게 메시지를 전달하는 전략으로 최대한 다양한 고객에게 홍보를 진행하여 이들의 관심을 유발하는 것이 목적이다. 반면 ABM은 특정 소규모 고객에 집중하여 개인화된 마케팅을 제공하기에 상대적으로 마케팅 범위가 좁다고 할 수 있다.

두 번째, 영업 단계에서 마케팅 부서와의 협업 여부에 차이가 있다. ABM 전략은 진행 과정에서 타깃 고객 설정을 위해 두 부서의 적극적인 협업이 필수적이다. 또한 영업-마케팅 활동을 통합함으로써 고객 집중도를 높이고 맞춤형 전략을 계속해 모색해나가야 한다. 하지만 전통적인 Lead Generation 기법은 두 부서 간 협업은 필수적인 것은 아니다.

ABM과 Lead Generation 찬성&반대 의견(장단점)

(출처: firstpage)

2. ABM VS Lead Generation 각각의 장/단점

1) Lead Generation의 장/단점

장점은 대규모 고객 유치가 용이하다는 점이다. 대규모 대중을 홍보 대상으로 보고 진행할 수 있기에 그만큼 많은 잠재고객에게 캠페인이 노출되며, 브랜드 인지도 향상에 효과적이다.

단점은 효율성이 낮다는 점이다. 개별 고객의 특성과 관심사를 고려하지 않은 단일 메시지를 대중에게 전달하기 때문에 고객 응답률이 낮을 수 있다. 그래서인지 실제로도 품질이 낮은 리드를 생성하는 경향이 있다.

2) ABM의 장/단점

장점은 첫째, 개인화된 접근^{높은 ROI}이 가능하다는 점이다. 고객에게 개인화, 맞춤화된 마케팅을 제공하기 위한 깊은 관계를 형성하는 데 효과적이며, 고객 충성도를 높이는 데도 주효할 수 있다는 것이다. ABM이 B2B 마케팅 전략 중 상대적으로 높은 ROI를 창출하는 이유가 여기에 있는데 기존 상품뿐만 아니라 거래하던 상품과 연관된 상품, 서비스도 추가 구매할 확률이 높다. 두 번째, 판매주기 단축에 기여한다. ABM은 구매 가능성이 낮은 Lead를 처음부터 배제한 체 영업+마케팅 프로세스를 시작한다. 고객으로 전환 가능성이 높은 Lead에만 집중해 지원하기 때문에 그만큼 판매주기가 타 전략에 비해 짧다.

반면 단점으로는 첫째, 상대적으로 높은 비용과 자원 소모 가능성을 내포하고 있다. 효과적인 ABM을 수행하려면 세밀한 데이터 분석과 개인화된 캠페인 제작이 필요하기에 상대적으로 비용과 자원의 소모가 많을 수 있다. 두 번째, 더 나아가 Lead Generation보다 인력을 많이 투입해야함에도 성과가 미비할 경우 손실 역시 커지게 된다. 물론 금방 가시적인 성과를 볼 수 있다면 좋겠지만, 통상적으로 전략 구축과 개선까지 상당한 시간이 걸리는 만큼 인내심을 갖고 전략을 전개해 나가야 할 것이다.

ABM, 우리 회사에도 적용할 수 있을까?

ABM이 다른 마케팅 전략보다 높은 ROI를 보인다는 사실은 이미 여러 언론 보도를 통해 확인된 바이다. 한 기사에 따르면 ABM에 투자한 기업의 71%가 투자 대비 높은 수익을 창출했다고 한다. 하지만 ABM을 성공적으로 적용하기 위해서는 충분한 준비 시간과 MA^{마케팅}^{자동화}, 고객 데이터 분석, 맞춤형 콘텐츠, 온/오프라인 홍보 채널 등이 사전에 준비되어야 한다. 기존의 마케팅 방식보다 비용을 비롯한 자원이 많이 소모되며, 기업이 영위하는 업종의 특성에 따라 적용이 어려울 수 있다는 것도 감안해야 한다.

또 한 가지 고려해야 할 중요한 점은 고객의 상황이나 선호도 변화 등을 지속해서 추적해야 한다는 것이다. ABM 전략으로 한 번 성공을 거두었다고 해서 같은 방식의 마케팅을 이어간다면 트렌드에 뒤처질 수밖에 없다. 그렇기에 고객사의 시장 상황, 내부 이슈, 선호하는 홍보 채널, 추구하는 시장 이미지를 계속해서 파악해야 하며, 담당자 변경이나 선호하는 고객 경험 등도 면밀히 숙지할 필요가 있다.

큰 그물로 많은 물고기를 잡는 것이
Lead Generation이라면
ABM은 작살로 목표한 물고기를 사냥하는 것이다.

물고기를 많이 잡으려면 어종과 바다의 상태에 따라 달라지는 다양한 낚시법을 최대한 많이 알고 있는 낚시꾼이 당연히 유리하다. 마케터는 낚시꾼이다. 그러니 ABM을 비롯한 한 가지 방법에만 몰두하지 말고 다양한 마케팅 방법을 숙지하고 때에 따라 적절히 활용한다면 어떠한 시장 상황이나 외부적 여건의 변화에 흔들리지 않고 최대한의 성과를 창출할 수 있을 것이다.

\<Marketing Funnel\> 고객의 구매 여정

마케팅 퍼널 모형은 어떤 제품이나 서비스를 고객이 구매하기까지의 여정을 깔때기 모양에 빗대어 4~5단계로 나눈 전통적인 모델이다, 크게 인지, 고려, 구매, 충성의 4단계로 나뉘어 있다. 이 중 본인이 담당하고 있는 제품/서비스가 어떤 단계에 있는지 생각해보며 어떤 Action을 취할지 고민해보자.

1. 인지: 고객이 우리 브랜드를 인식하게 된 단계이다. 기업이 제품이나 서비스를 처음으로 소개하고, 잠재적인 고객들이 기업의 존재를 인지하게 한다. 이 단계에서는 광고, 콘텐츠 마케팅, 소셜미디어 등을 통해 브랜드 인지도를 높이는 데에 주력한다.

2. 고려: 인지 단계에서 확보한 잠재적인 고객들이 더 깊은 정보를 원하는 단계다. 특정 제품이나 서비스에 대한 상세한 정보를 제공하고, 관련한 콘텐츠를 제공하여 고객들의 관심을 유발해야 한다.

3. 구매: 고려 단계에서 정보를 얻은 고객들이 구매 결정을 내리는 단계로 가격, 기능, 이점 등에 대한 비교를 통해 고객들이 최종 구매 결정을 한다.

4. 충성: 고객이 상품이나 서비스에 만족하여 매력과 충성심을 갖는 단계다. A/S, 꾸준한 제품/서비스 업데이트 등을 통해 고객과 지속해서 소통하고 이탈을 방지해야 한다

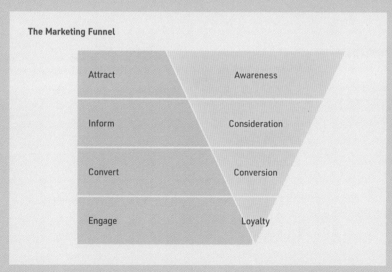

마케팅 퍼널은 크게 4가지 단계로 이루어져 있으며(인지, 고려, 구매, 충성) 각 단계별 맞춤형 마케팅 전략을 구성하는데 활용되고 있다. (출처: amazon)

Element 24

소비에 가치를 더하는

CSR 마케팅

사회에 도움이 되는 것은 항상 옳고,
비즈니스적으로도 현명한 선택이다.

·

Tim Cook
애플 CEO

마케터의 고민 Q. CSR은 무엇이며 왜 주목받고 있나?

Q. CSR을 마케팅에 활용하는 방안에는 무엇이 있을까?

Q. CSR 마케팅에서 더 나아간 마케팅에는 무엇이 있나?

사회적 책임, 기업을 평가하는 또 하나의 지표가 되다

2020년 처음 등장한 ESG는 환경Environmental, 사회Social, 지배구조 Governance의 세 가지 주요 요소로 구성된 비즈니스와 투자 평가 및 관리의 프레임워크를 가리키는 약어이다. 그리고 여전히 최신 기업 경영 트렌드로서 사회적 관심을 받으며 기업이나 투자 포트폴리오의 지속 가능성과 사회적 책임에 대한 평가와 개선에 도움을 주는 중요한 개념으로 여겨지고 있다.

이에 좀 더 명확한 개념 정리가 필요하다는 분위기에 따라 2023년 6월 26일 IFRS국제회계기준 재단 산하 ISSB국제지속가능성기준위원회가 ESG 공시 기준을 발표하였다. 그리하여 우리나라도 2025년을 시작으로 2030년까지 상장사들의 ESG 공시가 의무화되었다. 이후 ESG 공시가 시작되면 주요 내용이 정부, 투자자, 고객 등 글로벌 이해관계자의 주요 의사결정 자료로도 활용되기 때문에 기업 입장에서 재무적 지표만큼의 중요성을 갖게 될 것으로 보인다. 이에 이번 챕터에서는 ESG 중에서 이전에는 CSR로 불리던 기업의 사회적 책임이 어떻게 마케팅의 소재로 활용되어왔는지 알아보고자 한다.

미닝아웃 소비 트렌드와 ESG 경영 트렌드

CSRCorporate Social Responsibility, 기업 사회 책임은 기업이 이익을 추구하는 동시에 사회적, 환경적, 또는 윤리적 책임을 다하고 지역 사회 및 사회 전반에 긍정적인 영향을 미치도록 노력하는 비즈니스 접근 방식이다. 흔히 '사회적 기여'와 '윤리적 책임'이라는 단어에서 기부 형태의 기업 자금 지출만을 의미하는 단어라 생각하기 쉬운데 자세히 들여다보면 눈에 보이는 금전적 이익을 넘어선 브랜드 가치의 재평가와 장기적인 가치 상승을 위한 계획적인 마케팅 활동의 일환이라 보는 게 더 타당하다.

이러한 CSR은 이윤 극대화라는 목적을 가진 기업의 특성상 비용을 지출만 하는 부분이라고 생각하기 쉽다. 하지만 잘 들여다보면 CSR 이야말로 기업의 브랜드 가치를 올리고 효과적인 마케팅을 끌어낼 아주 유용한 재료이다.

이제는 소비자들이 기업들의 '착한 허위광고', '기업의 선행'을 찾아서 홍보해 주는 시대이다. (출처: 인스티즈, 트위터 캡쳐)

CSR에서 ESG가 되면서 이렇게 오래 가치를 인정받게 된 배경에는 최근 가장 큰 잠재적 소비자층인 MZ세대를 중심으로 한 젊은 세대의 소비 트렌드가 있다. 요즘 젊은 세대들은 단순히 제품의 질과 가격 대비 가성비만을 따지지 않고 자신이 내는 금액 그 이상의 '의'미'를 소유하고자 하는 목적이 있다. 이른바 '미닝아웃' 소비 트렌드는 미닝meaning'과 '커밍아웃coming out'이 결합된 단어로서 정치, 사회, 문화적 신념을 소비를 통해서 표출한다는 의미를 가지고 있다. 그리고 지금의 MZ세대가 가장 지향하는 신념과 소비는 사회적 공존과 친환경이라는 큰 가치실현을 향하는 바, 당분간은 이렇게 사회적으로 긍정적인 영향력을 행사하는 기업을 향한 지지와 독려가 사그러들지 않을 듯하다. 고로 이미 여러 세계적 기업들이 이러한 CSR을 이용하여 자사의 이미지를 올리고 수익 창출에 도움이 되는 방향을 설계해 실행에 옮기고 있다.

소비자의 니즈가 향하는 곳, ESG 마케팅 사례

사례 1. CJ 제일제당의 미네워터 바코드롭 캠페인

제일기획은 바코드를 통해 '아주 간단하게' 기부할 수 있는 방법을 고안해냈다. '미네워터 바코드롭Minewater Barcodrop'은 1,000원에 판매하는 미네워터 구입 시 구매를 위한 바코드 스캔 1번, 100원의 기부를 위한 기부 바코드를 1번 찍을 수 있도록 병을 디자인하여 소비자가 기부 바코드를 찍을 때마다 본인 100원, CJ제일제당 100원, 편의점이 100원을 더해 총 300원이 유니세프를 거쳐 아프리카 식수 정화에 쓰

제일제당의 바코드롭 캠페인

이는 기부 캠페인이다. 1원에 500ml의 물을 정화시킬 수 있다고 하니, 300원이면 300명이 식수 한 병씩을 받을 수 있는 것이다.

쉽고 착한 이 캠페인은 2010년 초반 당시 SNS에 빠르게 퍼져 구매자의 평균 50%가 기부를 실천할 정도였다. 해당 캠페인 진행 이후 매출은 이전 대비 3배 성장했으며 모 브랜드 편의점에서만 월 20만 개 이상 팔려 나갔다. 그후 이 CSR 마케팅은 사회적 공헌과 함께 의식 있는 생수 브랜드로 차별화 포지셔닝하여 기업의 매출 확대에 기여한 좋은 사례로 남게 되었다.

사례 2. 재활용할 수 있는 '무라벨 생수'

최근 유행한 가장 유명한 사회 공헌 마케팅 사례로는 '무라벨 생수'가 있다. 무라벨 생수는 말 그대로 라베링 없는 페트병 생수를 의미하는데 플라스틱 라벨 사용량과 라벨을 떼어내는 번거로움은 줄이고 분

SBS
NEWS

이제 커피·과일까지!
확대되는 '무라벨'

생수에서 시작된 '무라벨'은 커피, 탄산수뿐만 아니라 과일 등 모든 제품으로 확대 중이다. (출처: 유튜브 SBS 뉴스)

리배출 편의성과 페트병 재활용률은 높인 친환경 제품이다. 2021년 동안 판매된 롯데의 무라벨 생수병만 해도 약 2억 9,000만 개에 이른다. 이는 2020년 판매량에 비해 무려 1,670%나 증가한 규모다. 판매된 수량만큼 페트병 몸체를 감싼 라벨 포장재가 덜 사용되었으니 라벨 1장당 무게가 1.5L와 2L는 0.8g, 500mL는 0.3g으로, 무게로 환산하면 총 129t톤의 포장재 폐기물 발생량이 줄어드는 사회적 공헌을 이룬 셈이었다. 더불어 그만큼의 포장재를 쓸 필요도 없게 되어 비용 절감, 매출 증대, 기업 이미지 제고의 세 마리 토끼를 한꺼번에 잡을 수 있었다.

포장지만 바꾼다고 사회적 공감대가 형성되나요?

여기까지 보면 ESG 마케팅이란 일단 시작만 하면 무조건 성공하는 치트키처럼 여길 수도 있다. 하지만 많은 기업의 사회적 가치 관련 마

미국 KFC에서 진행한 유방암 예방 캠페인

케팅 성공 사례에도 불구하고 일부 기업의 경우 판매하는 제품의 본질적인 면을 고려하지 않고 오히려 마케팅에 나섰다가 역풍을 맞는 사례도 있었다. 바로 지난 2010년 미국 KFC가 진행한 유방함 예방 갬페인이다.

당시 KFC는 해당 제품이 판매될 때마다 판매 금액의 일부를 유방암 예방 단체에 기부하는 방식이었으며 유방암을 상징하는 분홍색 리본에 맞게 버킷 색도 바꾸며 캠페인에 힘을 쏟았다. 하지만 좋은 의도로 시작되었음에도 소비자들이 비난을 쏟아 내었다. 그 이유는 KFC가 판매하는 치킨에 유방암을 일으키는 트랜스 지방이 다수 포함되어 있었기 때문이다. 몇 소비자들은 담배회사가 폐암 예방 단체를 후원하는 것과 똑같다는 반응을 보였고 캠페인은 중단되면서 실패한 사례로 남게 되었다.

CSR에서 ESG로, 그리고 또다시 CSV

여기서 가장 중요한 점은 CSR이 단지 기업의 일방적인 사회 공헌으로 끝나서는 안 된다는 것이다. 비영리 단체가 아닌 기업의 가장 중요한 목적은 이윤을 창출해내어 기업이 영속할 수 있는 동력을 제공하는 것이다. 따라서 CSR은 사회적으로 긍정적 영향력을 끼치며, 더불어 기업에게도 단기, 장기적인 이윤으로 돌아올 수 있는 방향으로 설계되어야 한다. 바로 이러한 방향성을 가지고 대두된 것이 CSV라는 개념이다. Creating Shared Value^{CSV}는 기업이 사회적 책임을 다하면서 동시에 경제적 가치를 극대화할 수 있는 비즈니스 전략 및 철학을 나타내는 개념이다. 그리고 앞으로는 CSV가 기업도 사회도 win-win할 수 있는 방향성을 제시하며 ESG가 필수가 된 현시점에 기업에서 추구할 수 있는 가장 효과적인 전략이 될 것이다.

그린 마케팅

**'미닝 아웃(Meaning + Coming out)'족,
'그린 슈머(Green+consumer)'를 아시나요?**

오로지 자기 삶에만 관심이 있는 MZ세대라고? 그런 편견을 가진 사람들의 편견을 깨는 MZ세대가 있다. 바로 '미닝 아웃Meaning Out'족과 '그린 슈머'라고 불리는 사람들이다.

'미닝 아웃Meaning Out'족은 소비를 통해 자신의 신념을 표현하는 이들을 부르는 말이다. 그리고 '그린 슈머'는 그 신념이 '친환경적인 제품을 구매해야 한다'라고 말하는 MZ세대 소비자를 지칭한다. MZ세대가 누구인가? 기업 마케팅적 입장에서 가장 많이 소비하며, 다양성을 잘 받아들이는 훌륭한 특성을 가진 주요 타깃이다. 그들은 기성세대보다 세상에 살아갈 날이 많은 이들이기에 어쩌면 당연하게 환경오염과 보호에 아주 큰 관심을 갖고 있다.

유통의 친환경, '그린 테일'과 '이솝'

그린 테일이란 녹색을 뜻하는 'green'과 유통을 뜻하는 'retail'의 합성어로, 상품을 개발하고 판매하는 과정에 친환경적인 요소를 도입한 유통 형태를 뜻한다. 이는 그린 마케팅의 일종으로, 제품을 만드는 과정에서 업사이클링을 하거나 제품을 포장하고 배송하는 과정에서 쓰레기와 일회용품을 줄이는 등의 행위가 그린 테일에 속한다.

호주의 스킨케어 브랜드 이솝Aesop은 이러한 그린 테일을 적극 활용하고 있는 기업 중 하나이다. 이솝은 먼저 제품 개발 단계에서 그린 테일을 실천한다. 이솝은 포장 용기로 플라스틱과 유리 그리고 알루

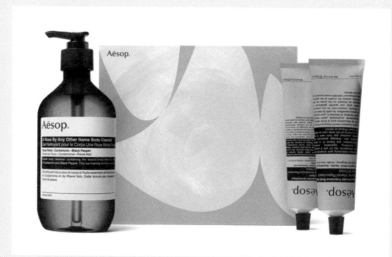

(사진 출처: https://www.aesop.com/kr/p/kits-travel/gift-kits/marvellous-mentors/)

미늄을 모두 사용한다. 플라스틱 포장 용기에는 재활용 PET를 사용하여 온실가스 배출량과 파손율을 낮춘다. 유리 용기는 갈색으로 사용하여 자외선을 차단하는 효과를 주어 방부제를 최소한으로 사용하며 일부 매장에서는 반환된 유리 용기를 세척하여 재사용하기도 한다. 알루미늄 용기의 경우, 분해 없이 재활용할 수 있는 소재인 만큼 무한대로 재활용이 가능하다.

또한 이솝은 유통 과정에서도 그린 테일을 활용한다. 배송 과정에서 사용하는 완충재를 비닐 대신 재활용 종이나 카드보드로 만들고 있으며, 포장지 인쇄에는 콩기름 잉크를 사용한다. 오프라인으로 구매하는 고객에게도 종이가방 대신 재활용 면과 오가닉 면으로 만든 천가방을 제공하여 일회용품 사용을 줄이고 재활용을 장려하고 있다.

결국 이솝은 소비자가 제품을 구매하는 과정에서부터 제품을 사용하는 과정까지, 그리고 일부 지역에서는 다 쓴 제품을 폐기하는 과정에서까지 자사의 친환경적인 요소를 체감할 수 있게 홍보하는 것이다. 특히 제공된 천 가방을 또 다른 용도의 파우치로 사용하고, 다 쓴 병을 반환하는 과정에서 소비자 또한 친환경에 동참하는 경험을 제공하며 기업의 그린 마케팅의 효과를 더욱 끌어올리는 중이다.

무늬만 친환경 '그린 워싱'

근래에는 이러한 '그린 마케팅'에 비용이 많이 들기 때문에 무늬만 친환경으로 위장하는 '그린 워싱'의 사례가 늘고 있다. 이러한 기망 행위에 뿔난 소비자들은 이제 직접 '그린 워싱' 기업을 찾아내기 시작했다. 친환경을 위해 재활용된다고 홍보했던 코카콜라 병이 진정 제대로 재활용되고 있는지 알아내어 그렇지 않다는 진실을 알려 오히려 그린 마케팅을 이용하려던 코카콜라가 역풍을 맞은 일도 있었다. 또한 제품의 용기가 종이 용기라고 홍보했다가 실제 용기를 해체해 본 사람에 의해 플라스틱 용기를 감춘 게 밝혀져 오히려 브랜드 이미지에 타격을 받은 국내 화장품 회사도 있다. '친환경'이라는 그럴싸한 홍보 전략만 구사하면 된다고 생각하는 기업들에게 속을 만큼 소비자들의 눈은 흐리지 않다.

환경보호를 향한 진심에는 진심밖에 통하지 않는다.

그린 워싱의 비판은 피하고, 그린 마케팅의 효과는 살리는 법은 과연 무엇일까? 대답은 간단하다. 진정성을 담는 것이다. 기업에 대한 정보는 넘쳐나고, 정보로의 접근은 쉽기에 눈속임은 어려워졌다. 그러니 이제 생각보다 똑똑한 소비자가 원하는 진짜 환경보호를 위하는 진정성에 대해 고민해보아야 할 때이다. 그 진정성에 맞추지 못할 것이라면 잘못해 안 하느니만 못한 마케팅 역풍을 맞는 위험을 감수하지 말고 친환경 마케팅 전략은 버리는 게 현명하다.

점점 심각해져만 가는 지구의 환경 문제를 획기적으로 해결할 방안이 나오지 않는 한 환경에 대한 사람들의 관심은 지속적으로 높아질 것이며, 이에 비례해 그린 마케팅에 대한 관심 또한 계속 높아질 것이다. 이러한 트렌드가 예상되는 현 시점에서 그린 마케팅의 긍정적인 효과를 지속적으로 누리기 위해서 기업들은 진정성 있는 '그린 마케팅' 전략에 대해 생각해보아야 할 필요가 있다.

Element 25

라이징 마케팅 채널과

그 미래

마케팅의 목표는 사람들을 열망 속으로 몰아넣는
판매방법을 발견하는 것이다.

•

Peter Drucker
현대 경영학의 아버지

마케터의 고민   Q. 펀딩이란 무엇이며 어떤 부분이 마케팅 측면에서 효과적인가?

Q. 펀딩을 통해 성공적으로 마케팅을 수행한 사례에는 어떤 것이 있는가?

Q. 어떤 방식으로 펀딩을 바라보아야 가장 효과적으로 마케팅에 활용할
수 있을까?

마케팅 채널은 무엇이며 왜 마케팅에서 중요한가?

마케팅 이야기를 하며 계속 언급되는 '마케팅 채널'이란 개념은 언제
부터 생겨난 것일까? 마케팅 채널이 처음 생겨난 곳은 소매로 물건을
파는 '매장'이었다. 공장 → 도소매 →매장까지 와서 소비자의 손길에
제품이 닿게 되면서 비로소 판매자와 제작자들은 질 좋은 제품을 잘
생산해내는 것과 소비자가 그 제품을 선택하는 것에는 엄연한 차이
가 있음을 알게 되었고 제품의 질과 가격이 아닌 그 무엇으로 소비자
의 선택을 이끌어내야 하는지 고민하기 시작했다. 그리고 그 고민이
생겨나고, 해결을 위한 다양한 시도를 하기 시작한 곳이 바로 '매장'
이라는 공간이었다.

어디에, 어떤 물건을, 어떻게 배치해야 가장 잘 팔릴까? 제품의 위치
와 놓는 방법을 바꾸고, 매장의 분위기를 바꾸거나 끼워 팔기 등 더
손쉽게, 더 많이 판매하기 위해 하나씩 시도되던 노력, 그것이 바로
마케팅 채널의 시작이었다. 그리고 현재 '마케팅 채널'은 점차 구체적
인 전략과 치밀한 계획이 더해진 끝에 현재 우리가 아는 제품의 홍보,
판매, 배포, 고객 서비스 지원까지 담당할 생산자와 소비자를 연결하
는 핵심 고리 '마케팅 채널'이 되었다. 현재는 이러한 마케팅 채널은

일반적으로 소매업체, 도매업체, 유통 업체, 온라인 플랫폼, 에이전시, 직판 등의 형태를 띤다. 또한, 고객과 직접 접촉하며 제품이나 서비스를 소비자에게 전달하기에 접근성, 가시성, 유통 효율성, 소비자 경험 등에 큰 영향을 미친다. 특히 일부 마케팅 채널은 제품의 시장 진입과 판매 촉진, 소비자와의 관계 형성 및 유지까지 큰 영향을 끼치는 만큼 채널 전략은 마케팅의 핵심 요소 중 하나라고 할 수 있다.

이런 마케팅 채널 전략은 이용한 채널에 따라 유행과의 부합성, 추구하는 방향성, 이미지 등이 다르게 각인될 수 있기 때문에 제품과 서비스의 브랜딩에도 매우 중요하다. 그러니 이제는 전통적인 채널^{Place} 기능 이상으로 어떤 채널이 회사와 제품, 서비스의 브랜딩에 유리할지 거시적 관점으로 살펴볼 필요가 있다. 그리고 마케터는 전통적인 4P mix의 Place 개념에서 벗어나 '회사의 가치를 전달하는 창구'라는 관점에서 마케팅 채널을 살펴보아야 한다. 그리고 향후 마케팅 채널이 지향해야 할 방향 역시 미리 구상해둘 필요가 있다.

마케터가 알아야 할 라이징 마케팅 채널 - 크라우드 펀딩

삼성전자는 왜 펀딩에 참여했을까?

"크라우드 펀딩? 자금이 부족한 영세 기업들이 제품을 만들 때 이용하는 것 아닌가요?" 중견기업이나 대기업의 마케팅 담당자에게 펀딩의 중요성을 강조하면 항상 이런 반응이 돌아온다. 정말 펀딩은 제품 생산 비용 확보를 위해서만 사용해야 할까? 실제 여러 펀딩 관련 플랫폼을 살펴보면 그렇지 않다는 것을 금방 알 수 있다. 성공한 펀딩

사례 중에는 명실상부 대한민국 1등 기업인 삼성전자의 제품도 포함
되어 있다. 삼성전자가 투자할 비용이 부족해 펀딩을 진행했을까? 아
마 그렇게 생각하는 사람은 한 사람도 없을 것이다. 직접 삼성전자에
문의하지 않아도 분명 그런 이유는 아닐 것이란 것을 우리 모두 알고
있다. 그렇다면 왜? 이 질문의 답을 찾다 보면 기업이 펀딩을 진행하
는 진짜 목적에 도달할 수 있다.

이유 하나. 실제 소비자의 반응 확인

소비자 반응을 확인하기 위해 펀딩을 가장 활발하게 이용하는 업종
은 오뚜기, CJ제일제당, 농심, 롯데칠성음료 등 주로 식품업종이 많
다. 제품 양산에 돌입하기 전 고객 니즈를 파악하고 데이터를 확보하
기 위함인데, 특히 식품 업계의 신제품 개발 과정에서 두드러진다. 다
양한 기업이 크라우드 펀딩을 통해 신제품을 선보이고 있다. 빠르게

와디즈 CJ제일제당 펀딩 상품 (출처: 와디즈 홈페이지)

트렌드와 소비패턴이 변화하는 FMCG 시장에서 출시 이후의 성공 여부를 점치는 것은 물론 사전 홍보 효과까지 얻어낼 수 있는 펀딩은 마케터에게 굉장히 실용적인 시험 무대이다.

실제 대기업에 소속된 다수의 사내벤처가 펀딩을 통해 테스트를 겸한 다양한 시도를 하고 있다. 이 과정에서 소비자의 반응을 살피고 괄목할 만한 성과를 기록할 경우 실제 브랜드 런칭이나 제품 양산까지 이어지기도 한다.

대표적인 사례가 "불스원"에서 출시한 '밸런스온' 시트다. 2020년 펀딩을 진행한 이 차량 시트는 해외에서 10만 달러의 펀딩을 달성했으며, 국내 크라우드 펀딩 플랫폼인 와디즈에서는 목표 금액을 초과한 2만 7,559%를 달성하는 기염을 토했다. 이처럼 펀딩으로 가능성을 엿본 불스원은 '밸런스온' 시트뿐만 아니라 패드, 침구에 이르기까지 다양한 제품을 출시하며 자사 몰까지 갖춘 상당한 규모의 브랜드로

불스원에서 출시한 밸런스온 브랜드 (출처: 밸런스온 홈페이지)

성장할 수 있었다.

"농심" 역시 펀딩을 통해 신규 초간편 식재료 브랜드 '심플레이트'를 출시했다. 농심 사내벤처에서 기존에 라면에 포함된 건조 채소가 장기간 상온에 보관해도 상하지 않는다는 점에 착안해 2021년 간편 건조 식재료를 개발했다. 보관뿐 아니라 구입, 손질, 처리 등의 번거로운 과정을 한 번에 해결할 수 있다는 장점이 있었으나 소비자의 니즈가 있는지는 불확실한 상황이었다. 이에 해당 팀에서는 펀딩을 통해 소비자 니즈 검증을 진행했고, 결과는 대성공이었다. 1차 펀딩에서는 준비한 1,000박스의 물량이 20분 만에 매진되었으며, 2차 펀딩에서는 주문 후 생산 방식을 통해 억대 펀딩을 기록했다. 이러한 소비자의 긍정적인 반응은 '심플레이트'라는 브랜드의 공식 출시로 이어졌고, 현재는 공식 쇼핑몰까지 성공적으로 운영되고 있다.

심플레이트 상품 (출처: 와디즈 홈페이지)

이유 둘. 색다름으로 승부하는 홍보 효과

펀딩은 시작 전 미리 달성 금액을 설정할 수 있으며, 달성 여부와 달성률이 상품의 썸네일과 상세페이지에 기재된다. 모집한 금액이 커질수록 해당 펀딩 페이지에 '성공'이라는 문구 외에도 '초과달성'과 같은 수식어가 붙는다. 또한, 이후 추가로 앵콜 펀딩까지 진행한다면 '많은 소비자가 필요로 하는 대세 상품'이라는 이미지를 확보할 수 있다. 게다가 이러한 펀딩 프로세스와 결과를 다른 플랫폼과 홍보 채널에 공유하고 보도 자료로 활용한다면 '소비자가 선택한 브랜드/상품'이라는 긍정적인 이미지 구축으로 이어질 수 있다.

일례로 2020년 출시한 삼성전자의 '비스포크 큐브'는 이러한 펀딩의 장점을 적극적으로 활용한 모범사례다. 소형 냉장고인 만큼 MZ 세대의 수요가 많을 것이라는 판단에 진행했는데, 고객 규모가 상당한 자사 몰을 갖춘 삼성전자의 펀딩이라는 것만으로도 충분한 관심을 끌었다.

삼성전자가 크라우드 펀딩으로 출시한 '비스포크 큐브' 냉장고 (출처: 삼성전자)

이유 셋. '믹스'의 성공 여부 가늠해보기 효과

일반적으로 '믹스'는 타 기업과의 협업컬래버레이션과 유무형 자산의 결합 등 두 가지로 구분할 수 있다. 먼저, 타 기업과의 협업의 경우 마케팅 담당자는 컬래버레이션을 통한 시너지 효과 자체는 기대할 수 있을지 몰라도 실제 성과가 충분히 나올지에 대해서는 확신하기는 어렵기에 다소 위험 부담을 감수해야 했다. 되려 확실한 검증 없이 상품을 출시했다가 매출이 저조하거나 이슈화되지 못한다면 파트너십의 악화 등 다양한 문제가 발생할 우려도 배제할 수 없다. 그래서 펀딩을 통해 협업 시 확실한 성공적 수익으로 이어질지 미리 예측해보려는 시도가 있다.

대표적인 성공 사례가 CJ제일제당의 '비비고'와 NBA 농구팀인 LA 레이커스의 컬래버레이션 제품이다. 2021년 10월 비비고는 LA 레이커스와 글로벌 마케팅 파트너십을 체결했고, 효과를 극대화하기 위해 비비고 만두 신제품으로 펀딩을 진행했다. 포장에는 LA 레이커스의 유니폼을 형상화한 디자인을 반영해 이른바 '힙한' 느낌을 살렸으며, 새로운 맛을 주 무기로 8,919%의 초과달성이라는 성과를 창출했다.

이 경우 LA레이커스라는 스포츠팀이 가진 이미지와 브랜드 가치라는 무형의 자산과 비비고 만두라는 유형의 실제 상품을 하나의 패키지로 구성해 판매한 대표적인 사례라 할 수 있다. 사실 이는 예전부터 활용되던 방식인데 도서를 샀을 때 책 내용과 관련된 강의 CD가 책에 붙어 있어 함께 구매했듯 전자책과 관련 콘퍼런스, 용역 서비스, 혹은 상시 질문할 수 있는 오픈채팅 링크를 묶어 펀딩하는 경우도 이와 같은 사례라 할 수 있다. 이런 유무형 자산의 결합 상품은 소비자

LA레이커스X비비고(출처: 와디즈 홈페이지)

가 한 번의 비용 지불로 다양한 서비스를 받았기에 더 가치 있는 소비를 한 것이라는 만족감을 높여주며 브랜드 가치에 더 큰 호감을 갖게 만들 수 있다는 점에서 마케팅적 관점에서는 매우 긍정적인 방식이기도 하다.

이처럼 펀딩은 소비자의 반응을 살펴 제품의 방향성을 설정할 수 있고, 확실한 홍보 및 브랜딩 효과가 있다. 또한, 여러 상품이나 브랜드의 협업과 결합이 어떤 식으로든 다양하게 가능하기 때문에 사업의 성공 가능성을 높게 타진할 수 있는 유용한 수단이기도 하다. 그러니 이제부터라도 마케터는 상품 출시 이후의 위험 부담을 줄이고 막대한 홍보 효과가 있는 펀딩을 마케팅 수단으로 활용하는 방안을 긍정적으로 고민해 봐야 할 것이다.

플랫폼 마케팅

온라인 광고 효과, 어디에 올리느냐가 판가름 짓는다

플랫폼 마케팅은 디지털 시대에 기업이 브랜드 인지도를 높이고 고객과의 관계를 구축하는 데에 중요한 역할을 하는 전략이다. 기업 입장에서는 다양한 디지털 플랫폼을 활용하여 타깃 그룹에게 직접적으로 접근하고 브랜드 메시지를 전달함으로써 효과적인 마케팅 결과를 이끌려 하고, 플랫폼 입장에서는 중간 전달자로서 더 많은 이용자를 확보하기 위한 방법을 고민한다.

인테리어 커뮤니티, 오늘의 집

누구에게나 필요한 것, 바로 집이다. 특히 자신만의 공간, 영역을 확보하는 것에 관심이 많은 요즘 소비자들에게 인테리어는 단순한 '물건 채우기+집 꾸미기'를 넘어 자신의 정체성을 표현하는 수단 중 하나가 되고 있다. 이에 '오늘의 집'과 같은 인테리어 전문 플랫폼이 인기를 끄는 것도 신기한 일이 아니다.

오늘의 집은 콘텐츠 커뮤니티를 중심으로 서비스를 확장해 나가고 있다. 사용자들이 필요로 하는 정보를 제공하고, 사용자의 취향과 성향에 맞는 맞춤형 서비스를 제공하는 데 집중하고 있다. 이를 위해 사용자들의 데이터를 분석하여 개인화된 마케팅을 진행한다. 오늘의 집은 사용자들이 자신만의 라이프스타일을 깨닫고 취향을 발견해 삶을 채워나갈 수 있도록 돕는다.

다양한 콘텐츠를 제공하는 것과 별개로 커뮤니티 운영에도 심혈을

(출처: 오늘의 집)

기울이고 있다. 사용자의 경험치가 높아지고 소통이 활발해질수록 매출이 향상된다는 점을 알고 있기 때문이다. 결국 오늘의 집은 판매가 아닌 커뮤니티를 통해 이용자에게 긍정적인 피드백을 주고 소속감을 부여하고 유대관계를 형성한다. 그리고 이를 통해 개인들의 다양한 콘텐츠를 확보할 수 있고, 동시에 플랫폼의 전문성 향상과 판매로의 전환이라는 두 마리 토끼를 모두 잡을 수 있다.

'직접 사서 입어본 사람 말이라면 믿을 수 있지!' 무신사

온라인 쇼핑몰이 성황을 이루던 시기부터 사람들이 가장 온라인으로 사기 망설이는 제품이 무엇일까? 바로 옷과 신발이다. 내 몸에 직접 닿고 사이즈가 맞아야 하는 옷 같은 상품은 직접 입어보고 사려는 사람이 예나 지금이나 꽤 많다. 고객 입장에서는 모델이 입은 모습이 아닌 실제 모습을 보는 일이 쉽지 않다. 그런 점에서 무신사는 고객 데

(출처: POLARIS SHARE)

이터를 활용하여 온라인이라는 공간이 가진 한계를 극복하고 있는데, 제품을 구매한 고객들이 직접 상품을 착용하고 스타일링 팁까지 담은 후기를 작성하도록 한다. 그리고 후기를 작성하는 고객에게 브랜드는 리워드를 제공한다. 이뿐만이 아니다. 단순한 후기들을 재활용해 무신사만의 새로운 콘텐츠로 재가공한다. 재미있는 후기를 모아 연말에 어워드 수상을 개최해 후기만으로 사람들의 시선을 끌리게 하고, 더 많은 이가 참여하도록 키워 패션을 선도하는 남다른 쇼핑몰이라는 이미지를 덧씌운다. 그 결과 패션 커뮤니티를 통해 모인 팬들과 팬들이 올리는 후기가 결국 팬이 아닌 일반 소비자를 불러 모을 수 있는 힘이 되는 것이다.

물론 무신사가 이런 리뷰만으로 마케팅에 성공한 것은 아니다. 다양한 룩북을 제작하고, 길거리 스냅, 브랜드 스냅을 통해 코디를 보여주었던 것도 매우 긍정적으로 작용한 요인 중 하나였다. 이처럼 플랫폼의 기능을 넘어선 다양한 콘텐츠를 향한 끊임없는 의지와 도전을 향한 격려가 무신사의 성공을 이끌었다고 할 수 있다.

TEC-
HNIC
05

디지털 활용의 법칙
: Technology

Element 26

#AI

마케터가 알아야 할

AI의 현재와 미래

아직은 AI 도구가 그렇게 무섭지 않습니다.
하지만 잠재적으로 무서운 도구가 되기까지는
그리 멀지 않았다고 생각합니다.

•

Sam Altman
OpenAI CEO

마케터의 고민   Q. 아직은 피부에 와 닿지 않는 AI, 앞으로의 미래는 어떤 모습일까?

Q. SF영화처럼 AI가 인류에게 위협이 될 가능성은 없을까?

<TIME> 2023년 6월 발간본의 주요 내용은 AI였다. 하지만 표지에는 '인류의 종말The End of Humanity'이라는 무서운 제목이 달렸고, A와 I라는 글자만이 밝게 빛날 뿐이었다. 이 표지가 의미하는 바는 무엇인가? 나날이 늘어나는 AI에 관한 연구와 서비스가 인류에게 보여줄 미래는 왜 장밋빛 미래가 아닌 종말의 순간인가?

그에 관한 답은 의외로 AI를 다루는 각계 전문가들의 반응에서 찾을 수 있다. 현재 상황에 대해 전문가들은 '정신이 없다.'고 표현한다. 그 정도로 트렌드의 속도가 우리가 변화를 인식하는 속도에 비해 현격히 빠르다는 것이다. 상황이 이러니 인터넷, 언론에서도 'AI라는 바다가

(출처: TIME 홈페이지)

우리의 삶을 점차 침식하고 있다.'고 말하는 것인지도 모르겠다.

그렇다면 현재의 AI는 어떤 수준이며, 앞으로는 어떻게 변화하게 될까? 분야를 막론하고 일상과 산업 곳곳에서 쓰이는 AI의 현재와 미래를 살펴보자.

AI의 현재

최예진 워싱턴대 교수는 TED 강연*에서 '왜 AI는 놀랍게도 똑똑하면서 충격적으로 멍청한가?'라는 주제로 발표하며 AI의 현재를 보여주었다. 그가 GPT-4에게 두 가지 간단한 질문을 한 사례들을 보자.

첫 번째 질문:
햇볕에 말리려고 놔둔 옷 5벌이 마르는 데 5시간이 걸렸다고 가정합시다.
그러면 옷 30벌을 말리는 데는 얼마나 걸릴까요?

답변: 30시간입니다.

옷이 1벌이든 5벌이든, 심지어 30벌이든 건조하는 데 걸리는 시간은 크게 차이가 없을 것이다. 하지만 GPT-4는 산술적인 계산만으로 30시간이라는 결론을 도출했다. 다섯 벌에 5시간이 걸렸으니 한 벌당 한 시간이라고 계산한 것이다.

다음 질문에 대한 대답도 의아하기는 마찬가지다.

---

* Why AI Is Incredibly Smart and Shockingly Stupid | Yejin Choi | TED

두 번째 질문:
12리터 용기와 6리터 용기가 있습니다. 6리터를 측정하려면 어떻게 해야 하나요?

답변: 12리터와 6리터 용기를 이용하여 6리터를 측정하는 가장 간단한 방법은 다음과 같습니다. 먼저, 12리터 용기를 가득 채웁니다. 다음으로 12리터 용기에서 6리터 용기로 물을 옮깁니다. 이렇게 하면 12리터 용기에는 6리터의 물이 남게 됩니다.

6리터 용기만 사용하면 간단히 해결될 문제인데 굳이 복잡한 과정을 거치는 것을 볼 수 있다. 실제 고난이도의 논리적, 지적 사고능력을 필요로 하는 변호사 시험에서 상위 10%의 성적을 거둘 만큼 GPT-4의 성능은 우수하다. 하지만 이런 간단한 문제에서는 오히려 틀린 답변을 내놓는다. 최예진 교수는 그 이유를 AI가 상식common sense을 배우지 못했기 때문이라고 설명한다.

이것이 AI의 현재다. GPT-4는 수많은 데이터를 학습했기에 다방면으로 전문적이며 똑똑하다. 하지만 '상식'은 데이터만으로 배울 수 없기 때문에 위 예시처럼 기본적인 질문에도 틀린 답을 내놓는다. 이처럼 현재의 AI는 전문성도 있지만 때로는 굉장히 멍청하기에 산업계에서는 활발하게 활용하지만, 일상에서 그 힘이 강력하다고 체감될 정도는 아니다.

그렇다면 미래에는 어떨까? AI는 인간과 달리 망각하지 않고 무한한 데이터를 축적할 수 있으니 언젠가는 AI가 '상식'을 배우고 다양하고 폭넓은 데이터를 학습하여 더는 멍청한 대답을 내놓지 않게 될 수 있지 않을까? 만약 그 때가 온다면 비로소 우리 인류는 AI의 힘과 위험을 체감하게 될 것이다.

AI, 더 이상 미래의 기술이 아닌 현재 - AI 산업 적용 사례

AI가 활용되는 산업 분야는 다양하다. 일례로 넷플릭스는 사용자의 과거 시청 기록과 다른 사람들의 시청 패턴을 분석해 최적의 영화나 시리즈를 추천한다. 나와 비슷한 장르를 좋아하는 사람의 시청 목록 중 내가 아직 보지 않은 프로그램을 추천하는 방식이다. 이런 방식은 데이터가 축적될수록 학습과 분석이 정교해지며 추천 품질과 만족도를 높아지게 만들 수 있다.

의료 분야에서도 AI가 적극적으로 활용되고 있다. 질병을 더 빠르고 정확하게 진단하는 데 도움이 되기 때문이다. 시대가 흐를수록 첨단 의료기술의 발달로 불치병과 난치병으로 분류되는 질병은 빠르게 줄고 있다. 하지만 인구감소로 인해 그 의료를 수행할 의료진도 모자르게 되어, 쉴 필요가 없고 정교한 부분까지 전문의료 기술 습득이 가능한 의료 AI 기술이 점점 필요해지고 있다. 물론 아직은 AI가 진단을 내린 뒤에도 인간 의사의 검토와 소견을 거쳐야 한다. 하지만 앞으로는 특정 분야에서 의료 AI 기술이 의사를 완전히 대체할 가능성이 적지 않다.

교육 분야도 마찬가지다. AI는 수많은 학습자의 학습 능력과 패턴 등에 대한 정보를 바탕으로 학습자의 성향을 빠르고 정확하게 파악하는 데 효과적 수단이 될 수 있다. 문제 유형이나 영역별로 강점과 취약점을 분류하고, 이 정보를 기반으로 개인 맞춤형 학습 경험을 제공할 수 있기 때문이다. 과거에는 규칙 기반Rule-based으로 개인화된 학습 경험을 제공하는 것이 일반적이었다. 그러나 그런 방식은 적용 범위가 좁고 한계가 명확해 개인화의 의미가 무색할 정도였으니 앞으로 AI를 적용하면 학습자의 학습 효과·효율을 높이고 전반적인 교육의 질을 향상하는 데에 큰 도움이 될 것으로 보인다.

AI의 미래 - 정말로 인류에게 위험한 존재인가?

"하룻밤 사이에 미드저니Midjourney 때문에
제가 사랑하는 일을 잃었습니다."

게임 개발사에 재직 중인 3D 이미지 아티스트가 '레딧'이라는 커뮤니티에 작성한 이 글은 추천과 댓글이 수천 개에 육박할 정도로 큰 화제

I lost everything that made me love my job through Midjourney over night.

I am employed as a 3D artist in a small games company of 10 people. Our Art team is 2 people, we make 3D models, just to render them and get 2D sprites for the engine, which are more easy to handle than 3D. We are making mobile games.

My Job is different now since Midjourney v5 came out last week. I am not an artist anymore, nor a 3D artist. Rn all I do is prompting, photoshopping and implementing good looking pictures. The reason I went to be a 3D artist in the first place is gone. I wanted to create form In 3D space, sculpt, create. With my own creativity. With my own hands.

It came over night for me. I had no choice. And my boss also had no choice. I am now able to create, rig and animate a character thats spit out from MJ in 2-3 days. Before, it took us several weeks in 3D. The difference is: I care, he does not. For my boss its just a huge time/money saver.

I don't want to make "art" that is the result of scraped internet content, from artists, that were not asked. However its hard to see, results are better than my work.

I am angry. My 3D colleague is completely fine with it. He promps all day, shows and gets praise. The thing is, we both were not at the same level, quality-wise. My work was always a tad better, in shape and texture, rendering... I always was very sure I wouldn't loose my job, because I produce slightly better quality. This advantage is gone, and so is my hope for using my own creative energy to create.

Getting a job in the game industry is already hard. But leaving a company and a nice team, because AI took my job feels very dystopian. Idoubt it would be better in a different company also. I am between grief and anger. And I am sorry for using your Art, fellow artists.

⬆ 4K ⬇　　💬 1.5K　　⬆ Share

(출처: 레딧)

를 모았다. 명령어를 입력하면 AI가 그림을 그려주는 '미드저니'라는 프로그램 때문에 본인 직업의 존재 가치가 사라졌다는 내용이다. 글쓴이는 기존에는 자신이 직접 아이디어를 구상하고 3D 이미지를 설계, 제작했지만 미드저니가 등장한 이후 프로그램의 조수 역할로 전락했다고 주장했다. 사람이 하면 상당한 시간이 걸리지만 미드저니는 단시간에 해낼 수 있으며, 심지어 이미지 품질도 더 좋기 때문이라는 것이다. 사실 그 사람이 정말 미드저니보다 채용 가치가 없었는지 확인할 방도는 없지만 그 글에 수천 개의 사람들이 반응했다는 점을 통해 우리는 회사 대표에게는 선물과도 같은 AI가 실무를 하는 아티스트에게는 재앙으로 느껴진다는 것을 알 수 있다. 혹은 가까운 미래에 인류에게 양날의 검이 될 수 있는 AI의 미래를 함축적으로 보여주는 대표적인 사례일 수도 있다.

누군가에게는 이익이 되지만 다른 누군가에게는 큰 해가 될 수 있으며, 잘 활용하면 유용하지만 잘못 활용하면 손해를 입을 수도 있는 AI의 양날. 이런 사회적 분위기를 감지한 빌 게이츠, 샘 알트먼, 제프리 힌턴, 벤지오 등 전 세계 350여 명의 AI 전문가와 유명 인사들은 2023년 5월 30일 AI의 위험성을 촉구하는 성명서에 서명한 바 있었다. 당시 성명서의 내용은 단 한 문장이었다.

Mitigating the risk of extinction from
AI should be a global priority alongside
other societal-scale risks such as
pandemics and nuclear war.

Signatories:

☑ **AI Scientists**   ☑ **Other Notable Figures**

(출처: Center for AI safety)

> "AI로 인한 인류 절멸 위험을 완화하는 것은 전염병 대유행,
> 핵전쟁과 같은 다른 사회적 규모의 위험과 더불어
> 전 세계적인 우선순위가 되어야 한다."

말인즉, AI를 제대로 알고 관리하지 않으면 전염병이나 핵전쟁처럼 인류를 위협하는 존재가 될 수도 있다는 뜻이다. 그렇다면 AI가 인류를 위협할 수 있다는 두려움과 경계심은 어디서 오는 것일까? 어떤 위험들이 AI의 미래에 도사리고 있는 것일까?

1. 군사적 위험: AI 기술이 군사 무기에 사용된다면 말 그대로 인류 절멸의 위기가 올 수 있다.
2. 언론 조작, 사이버 공격: 딥 페이크Deep Face 기술, GPT-4와 같은 대형 언어 모델Large Language Model, 이미지 생성 모델을 활용하면 금방 그럴 듯한 뉴스를 만들 수 있다. 더욱 정교한 수준의 언론 조작이 가능하다는 의미다. 더불어 이런 기술을 사이버 공격에 사용할 경

우 막대한 피해가 초래될 수 있다. 명예 훼손, 사회적 혼란 가중 등 불법적인 활동에 이용될 수 있기 때문이다.

3. 개인정보 유출 및 악용: AI는 사용자의 행동을 이해하기 위해 막대한 양의 데이터를 수집, 분석, 학습한다. 이 과정에서 개인정보 유출의 위험이 존재하며, 정보 보안 측면에서도 큰 문제가 불거질 수 있다.

4. 일자리 위협: 앞서 살펴본 3D 아티스트의 사례처럼 AI와 자동화 기술의 발전은 특정 업종의 인력을 기계나 프로그램으로 대체하게 만들 수 있다. 단순 반복적인 일자리뿐 아니라 창의력을 요구하는 일자리도 안심할 수는 없다. 이미 창작 활동에 AI 기술을 적용하는 실험도 다방면으로 이루어지고 있다. 그에 따라 자연스럽게 새로운 직업군에 대한 교육 훈련이 필요해질 것이다.

5. 불투명성: 흔히 AI 알고리즘은 '블랙박스'에 비유된다. 최종 의사결정에 이르는 과정이 굉장히 복잡하기에 그 결론의 근거를 이해하기란 사실상 불가능하기 때문이다. 예컨대 AI가 수행한 의료 진단, 신용점수 산출, 인재채용 등에 있어 그 결정의 이유를 명확하게 설명하지 못한다. 이는 채용 시 당락이 갈린 사람들에게 수긍할 만한 근거를 제시할 수 없다는 의미다. 즉, 투명성이 저하된다. 이런 '블랙박스 문제'는 AI가 중요한 결정을 내릴 때 해결의 편이성보다 더 큰 윤리적, 법적 문제를 초래할 수 있다.

이처럼 현재의 AI는 전문성에 대한 기대와 자칫 악용, 과용될 경우 발생할 치명적 문제의 발생 가능성이라는 양면적 특성을 모두 내포하고 있다. 아직은 이러한 문제가 그리 위협적으로 느껴지지 않지만 문

인건비 절감과 효율성 측면에서 'AI 면접'을 도입하는 기업이 늘고 있다. 이에 따라 공정성 논란이 제기되기도 한다. (출처: 마이다스아이티)

제가 수면 위로 드러날수록 위험성은 더욱 두드러질 것이다. 그리고 그동안 이 변화에 큰 관심을 보이지 않던 사람들이라 할지라도 앞으로는 필연적으로 판단과 선택이 필요한 순간이 닥칠 것이다.

한 가지 확실한 것은 이제 AI의 도입은 선택이 아니라 필수가 되었다는 사실이다. 특히 트렌드에 민감하게 반응해야 하는 마케팅 분야에서라면 한 발이라도 빨리 경쟁력을 갖추기 위해 AI 도입을 적극적으로 고려해야 한다. 고객 이해와 개인 맞춤형 경험 제공, 효과적인 마케팅 전략 수립에 큰 도움이 될 수 있기 때문이다. 그리고 마케터는 AI의 실질적인 가치와 잠재력을 심도 있게 이해하고 혁신적인 마케팅 전략 수립에 활용할 필요가 있다. 앞으로의 AI는 우리가 상상하는 것 이상의 가능성을 보여줄 것이다. 고로 당신이 만약 앞으로의 시대를 주도해나가고 싶은 마케터라면 AI 트렌드에 민첩하게 대응하고 기술을 능동적으로 활용함으로써 마케팅 전략을 재정의하는 데에 힘써야 한다.

Element 27

생성형 AI가 마케팅에

활용되는 시대

기계가 점점 더 효율적이고 완벽해질수록
인간의 위대함이 불완전하다는 점이 분명해질 것이다.

·

Ernst Fischer
오스트리아 문학 비평가

마케터의 고민 Q. 이제는 지긋지긋할 정도로 언급되는 생성형 AI, 마케팅에서 활용한 다 양한 케이스가 있을까?

Q. 나에겐 어려운 AI, 생성형 AI를 실제로 적용하려면 무엇을 고려해야 할 까?

최근 AI나 마케팅 자동화 시스템이 마케터의 역할을 대신할 것이라 는 예측이 나오고 있다. 예상컨대 다른 업종과 마찬가지로 100%는 아니더라도 일부 역할을 대체할 가능성은 상당히 크다. 마케팅에 있 어 AI가 필수 도구가 될 가능성이 농후하기 때문이다. 마케팅뿐 아니 라 비즈니스 현장에서도 AI의 사용 추세는 더욱 높아질 것이다.

분명 누군가는 '이제 사람이 할 일은 없어질 테니 마케터 직종은 포 기해야겠구나.'라고 생각할 수도 있다. 하지만 '지피지기知彼知己'를 먼 저 하라 하였는데 상대를 알아볼 생각조차 하지 않는다면 '불태不殆'가 아닌 '필패必敗'하는 것이 아니겠는가? 그러니 자신이 유능한 마케터 라고 생각한다면 그저 위협에 물러서기보다 관련 기술을 적극적으로 활용하며 경쟁력을 키워야 할 것이다.

현재 AI 기술 가운데서도 가장 큰 관심을 받는 것은 명령에 따라 이미 지, 텍스트, 영상 등 새로운 콘텐츠를 제작해 주는 생성형 AI Generative AI다. 생성형 AI가 주목받는 이유는 상대적으로 오랜 시간이 걸리고 어려운 '창작' 작업을 대신하기 때문이다. 수요 예측과 같은 기존의 정형적인 데이터 기반 마케팅뿐 아니라 생성형 AI를 활용한 마케팅 사례를 연구하고 이를 자사 마케팅에 적용할 방안을 고민할 필요가 있다.

생성형 AI를 활용한 마케팅 사례

사례1. 크리에이트 리얼 매직 코카콜라

"코카콜라"는 GPT-4와 DALL-E* 기술을 결합한 '크리에이트 리얼 매직Create Real Magic'이라는 인공지능 플랫폼을 공개했다. 코카콜라는 이 플랫폼을 통해 콜라병의 윤곽과 로고, 산타클로스와 북극곰 등 고유의 브랜드 디자인 요소를 활용한 AI 디자인 콘테스트를 개최했다. 자사 제품을 기본 디자인으로 하되 사용자가 원하는 이미지 조건을 입력하면 그에 맞는 이미지가 생성되는 방식이다. 코카콜라 상표의 통합 콘텐츠 책임자인 프라틱 타카르Pratik Thakar는 "알고리즘과 수학에 기반을 둔 AI 기술로 정말 마법 같은 결과물을 만들었다."라고 평가했다.

이러한 콘테스트는 그 자체로 브랜드 마케팅 효과를 낼 수 있다. 대중은 이러한 최신 기술을 적절히 활용해보는 즐거움을 느낄 수 있고 독창적인 이미지를 만드는 데에 큰 비용이나 시간을 들이지 않아도 된다는 점을 다시금 인식하게 된다. 그리고 그 사실이 더 큰 흥미와 참여 욕구를 올리오게 만들며, 새로운 기술을 적극적으로 활용하며 재미를 주는 코카콜라에 대한 긍정적인 이미지까지 대중에게 심어줄 수 있는 것이다. 이제는 인공지능 기술의 활용으로 누구나 디자인 전문가가 될 수 있으며, 마케터들도 디자이너의 손을 거치지 않고 손쉽게 브랜드 로고, 디자인, 홍보 시안을 만드는 것이 가능해졌다. 그러니 그 사실을 받아들이지 말지 같은 우리 손을 이미 떠난 문제에 대해 이야기할 것이 아니라, 내가 마케터로서 이를 어떻게 활용할 것인지 고민하는 게 좀 더 시대적 변화에 맞는 행동일 것이다.

---

* OpenAI가 제작한 프로그램으로, 명령어를 입력하면 그에 해당하는 이미지를 생성한다.

크리에이트 리얼 매직 플랫폼을 통해 다양한 코카콜라 관련 이미지가 제작됐다. (출처: 크리에이트 리얼 매직)

사례 2. AI 패션쇼

AI는 패션쇼에도 활용된다. 2022년 2월, LG의 AI 연구원이 개발한 첫 인공지능 휴먼 '틸다'는 세계 4대 패션쇼 중 하나인 '뉴욕 패션 위크'에서 '금성에서 핀 꽃'을 주제로 디자인한 다양한 의상을 선보였다. 틸다는 스스로 학습해 사고하고 판단하는 인공지능으로, 기존에 없던 독창적인 창작물을 제작하고 사람들과 자연스럽게 소통할 수 있다는 특징이 있다. 틸다는 '금성에 꽃이 핀다면 어떤 모습일까?'라는 질문에 새로운 이미지를 만들어냈고, 국내 디자이너가 여기에 세부적인 부분을 가미해 의상을 제작했다. AI 아티스트와 인간 디자이너의 협업으로 이룬 결과물인 셈이다. 이에 패션 업계에서는 '창의적이고 혁신적'이라고 평가하며 찬사를 아끼지 않았다.

틸다는 6천억 개의 말뭉치와 2억 5천만 장 이상의 고해상도 이미지를 학습한 초거대 AI 'LG 엑사원'을 바탕으로 만들어졌다. LG의 AI 연구원에 따르면 LG 엑사원이 바로 창의성의 원천이며 틸다의 두뇌에 해

(출처: LG AI 연구원 홈페이지)

당한다. 배경훈 연구원장은 "이번 뉴욕 패션쇼는 AI 휴먼 엔진을 탑재한 틸다의 잠재력을 제대로 보여줄 기회였다."라고 평가했다. 또한, 앞으로 '상위 1% 전문가 AI'의 또 다른 형태인 틸다와의 다양한 협업 모델을 추진할 것이라고 밝혔다.

이외에도 웹 매거진 더블유코리아ᵂ Korea는 미드저니Midjourney를 활용한 독특한 패션쇼를 기획했다. 패션 하우스의 2023 S/S, F/W 컬렉션을 입은 디즈니 캐릭터 콘셉트의 화보를 제작한 것이다. 완벽하다고 할 수는 없었지만, AI만을 활용한 패션쇼라는 점이 인상적이었다는 평가를 받았다.

사례 3. ChatGPT&산리오 배스킨라빈스의 콘텐츠 광고

AI를 활용하면 콘텐츠의 줄거리를 어떻게 만들지 고민하지 않아도 된다. 2023년 4월, 배스킨라빈스는 일본 인기 캐릭터 브랜드인 '산리오 캐릭터즈'와 협업해 출시한 이달의 맛 신제품 광고에 ChatGPT를

왼쪽부터 <발렌시아가를 입은 엘사>, <로에베를 입은 마지 심슨>, <프라다를 입은 신데렐라>, <디올을 입은 말리피센트>, <베르사체를 입은 세일러문> (출처: 더블유코리아)

활용했다. ChatGPT가 산리오의 캐릭터가 주인공인 동화를 만든 뒤 이를 배스킨라빈스가 일부 각색해 콘텐츠로 제작한 것이다.

배스킨라빈스 공식 유튜브에 공개된 해당 광고의 제목은 "[배스킨라빈스] 지은이 챗GPT! 마멜과 쿠로미의 대모험! '복숭아 원정대와 용의 눈물'"이다. 마멜과 쿠로미라는 두 캐릭터가 주인공으로 등장해 이 달의 맛을 찾아 배스킨 성으로 모험을 떠나는 이야기다. 이 콘텐츠는 업로드 5개월 만에 조회 수 500만을 기록했으며, 'ChatGPT가 동화까지 쓴다니 신기하다.' 등의 반응을 보이는 댓글이 많았다.

이 광고는 디지털 역량을 중심으로 신성장 동력을 확보하려는 배스킨라빈스의 의지가 빚은 산물이라고 할 수 있다. 배스킨라빈스는 이 성과를 발판 삼아 앞으로도 신기술 기반의 혁신적 마케팅을 통해 다양한 브랜드 경험을 제공할 예정이다.

사례 4. AI 마케터, 루이스의 등장 - 현대백화점

광고 콘텐츠의 줄거리뿐 아니라 마케팅 카피 문구를 창작하는 데에도 AI는 유용하게 활용될 수 있다. 현대백화점그룹은 자체 개발한

ChatGPT가 콘텐츠 줄거리를 짠 베스킨라빈스 광고 메인 화면

(출처: 배스킨라빈스 공식 유튜브)

AI 카피라이터 시스템을 마케팅 문구 작성 업무에 활용하기 위해 AI 신입사원을 도입했다. '루이스'라는 이름의 이 AI 직원은 문학 작품을 좋아하고 마케팅 트렌드에 관심이 많은 20대 청년을 콘셉트로 제작되었으며, 맞춤형 광고 및 행사 문구 작성에 강점이 있다. 소속은 현대백화점 영업전략실 커뮤니케이션팀으로, 공식 업무를 시작한 '20230302'를 사번으로 부여받기도 했다. 루이스라는 이름 역시 소설 '나니아 연대기'의 작가 이름을 빌렸다.

루이스가 작성한 홍보 문구는 백화점 홈페이지나 앱에 노출되는 배너, 상품 소개 페이지, 고객 안내 SMS 등에 활용된다. 루이스의 기본 엔진은 네이버의 인공지능 언어 모델인 '하이퍼클로바'다. 또한, 현대백화점이 추구하는 감성과 뉘앙스에 적합한 문구 패턴을 익히기 위해 최근 3년 동안 좋은 반응을 얻은 광고·판촉 행사의 문구 데이터 1만여 건을 학습했다. 루이스는 이 데이터를 바탕으로 소비자가 좋은

호응을 보일 법한 홍보 문구를 추천할 수 있다. 업무 지시도 간단하게 이루어지는데, 전용 웹사이트에 행사 주제나 광고 콘셉트, 시즌 등 핵심 키워드를 입력하면 그에 맞는 홍보 문구가 출력된다. 현대백화점에 따르면 통상 2주 정도가 소요되던 카피라이팅 업무 기간이 루이스 도입 이후 3~4시간으로 대폭 단축되었다. 또한, 이커머스 버전을 추가로 개발하여 현대백화점그룹 전 계열사에 확대 적용할 계획도 밝혔다.

현대백화점의 AI 사원 루이스

루이스 [20230302] (근무)
· **회사** 현대백화점
· **부서** 커뮤니케이션팀(본사)
· **직위** 선임

(출처: 중앙일보)

생성형 AI의 마케팅 적용 프로세스

신규 콘텐츠 창작 능력이 있는 생성형 AI는 마케팅 전략에 다양하게 활용할 수 있다. 적용 범위나 대상, 업종에 따라 세부적인 내용은 달라질 수 있지만, 마케팅에 생성형 AI를 적용하는 대략적인 프로세스는 다음과 같다.

생성형 AI의 수행 목표 설정

예) 새로운 마케팅 콘텐츠 생성, 고객 응대 개선, 개인화된 마케팅 문구 제작, 광고 시나리오 창작 등

목표 달성에 적합한 AI 도구 선정

ROI나 서비스 빈도, 사용 편의성을 고려해 설정한 목표를 달성하기에 가장 적합한 AI 도구를 선택하고 직접 사용해본 후 적합성을 판단하도록 한다.

- 대화형 AI: 고객 응대 서비스, 마케팅 문구 생성, 아이디어 도출 등
  (예) OpenAI에서 제공하는 ChatGPT나 GPT-4, 마이크로소프트에서 제공하는 Bing AI 등
- 이미지 생성 AI: 마케팅 디자인이나 이미지 제작
  (예) DALL-E, Stable Diffusion, 미드저니 등

선택) 자사 시스템과 AI 도구 통합

AI 도구를 바로 사용할 수 있는 일회성 마케팅이라면 이 단계를 건너뛰어도 된다. 하지만 마케팅 전략 수립과 실행에 장기적으로 활용할 계획이라면 IT 부서와 협력하여 AI 도구를 자사 마케팅 시스템과 통합할 필요가 있다.

선택) 데이터 학습 및 AI 미세 조정 = 파인 튜닝(Fine-tuning)

자사 데이터를 학습시켜 생성형 AI를 미세 조정함으로써 범용적 성격의 AI를 자사에 최적화하는 작업이다. 필수 사항은 아니지만, 자사 서비스나 고객 특성에 맞춤화된 최적의 마케팅 시스템을 구현하려면 필요할 수 있다. 이 작업을 위해서는 대량의 데이터와 고성능 컴퓨팅 리소스가 필요하며, 제대로 된 작업을 위해서는 전문 인력이 투입되어야 하기 때문에 대체로 개별 기업이 파인 튜닝을 직접 진행하는 것은 쉽지 않다. 대신 일부 AI 서비스는 파인 튜닝을 지원하기도 하니, 자사 데이터를 AI에 학습시킨 뒤 자사 마케팅에 적용하면 된다.

AI 기반 마케팅 실행

생성형 AI로 기획한 마케팅을 실행하는 단계다. 이를 통해 고객에게 맞춤화된 메시지를 전달하거나 새로운 마케팅 콘텐츠 생성을 위한 인사이트를 얻을 수도 있다.

성과 평가 및 개선

마케팅 캠페인의 성과를 평가하는 단계다. 기대보다 성과가 미진한 경우 다른 AI 도구를 활용할 수 있으며, 가능하다면 자사에 최적화하기 위한 파인 튜닝을 고려하는 것도 좋다.

지속적인 모니터링 및 최적화

마케팅 환경과 고객의 요구가 변하면 AI도 이를 충족시키는 방향으로 업데이트해야 한다. 한 번에 그치지 않고 계속해서 AI의 성능을 점

검, 분석하면서 현 상황에 맞게 최적화하는 것이 중요하다.

앞서 살펴본 사례와 같이 생성형 AI를 마케팅에 활용하면 고객에게 차별화된 맞춤형 경험을 제공할 수 있으며, 브랜드 가치 향상에도 도움이 된다. 이는 고객 만족도와 충성도를 높이고 마케팅 효율성 증대로 이어진다. 손쉽게 사용할 수 있는 도구들도 많이 서비스되고 있으니 마케팅의 목표와 방향에 따라 적절한 것을 선택한다면 큰 효과를 볼 수 있을 것이다.

Element 28

ChatGPT와 함께하는

마케팅 혁신

혁신은 리더와 추종자를 구분한다.

·

Steve Jobs

Apple CEO

마케터의 고민   Q. ChatGPT, 마케팅에 진짜 쓸 수 있나?

Q. 내 업무에 바로 활용할 수 있는 프롬프트는 뭐가 있을까?

Q. 우리 서비스에 적용할 수 있는 부분이 있을까?

질문만 하면 무엇이든 답변해드립니다

ChatGPT는 명실상부 2023년을 대표하는 키워드 중 하나로 부상했다. 이는 생성형 AI라고 불리는데 마케팅 업종에서는 고객 상담, 마케팅 데이터 분석, 개인화된 고객 맞춤형 콘텐츠나 광고를 제공하는 데 도움이 될 것이라는 기대감이 있었다. 물론 아직은 대중적으로 막 사용을 시작한 단계이니만큼 무조건적으로 '사람보다 낫다.'라고 판단

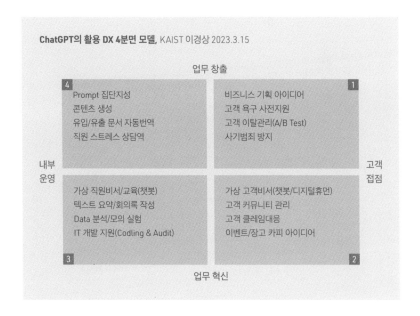

ChatGPT의 활용 DX 4분면 모델, KAIST 이경상 2023.3.15

업무 창출

4
Prompt 집단지성
콘텐츠 생성
유입/유출 문서 자동번역
직원 스트레스 상담역

1
비즈니스 기획 아이디어
고객 욕구 사전지원
고객 이탈관리(A/B Test)
사기범죄 방지

내부
운영

고객
접점

가상 직원비서/교육(챗봇)
텍스트 요약/회의록 작성
Data 분석/모의 실험
IT 개발 지원(Codling & Audit)
3

가상 고객비서(챗봇/디지털휴먼)
고객 커뮤니티 관리
고객 클레임대응
이벤트/창고 카피 아이디어
2

업무 혁신

하기 어려운 부분도 있다. 하지만 ChatGPT의 등장이 난장이가 쏘아 올린 작은 공처럼 앞으로 많은 것을 바꿔놓으리라는 것에는 이견이 없다. 따라서 담당하는 마케터로서 ChatGPT와 같은 생성형 AI의 접근, 이해, 활용 방안을 고민할 필요가 있다.

이에 수많은 관련 연구 중에서도 이경상 KAIST 교수는 ChatGPT 활용 방법을 살펴보고 DX 4분면 모델을 통해 내부 운영과 고객 접점, 업무 창출과 업무 혁신을 기준으로 구분하여 접근하였다.

① 고객 접점 - 업무 창출

고객과의 접점에서 업무를 창출하는 방향으로 활용한다면 마케팅 기획 아이디어 도출이 대표적이다. 마케팅 캠페인 아이디어나 콘텐츠 구성에 관한 아이디어를 얻고자 할 때 ChatGPT를 적극적으로 활용하면 더 다양한 성공적인 고객중심 마케팅 사례나 아이디어 구성에 대한 실마리를 얻을 수 있을 것이다.

성공적인 프롬프트 작성 규칙

NO	핵심 포인트	내용
1	명확하게 묻기	AI에게 질문할 때는 명확하고 구체적으로 물어라. 모호한 언어나 전문 용어는 피하라.
2	한번에 하나씩 묻기	하나의 프롬프트(질문 문장)에서는 하나의 질문만 하라. 그리고 그 하나의 질문을 더 상세하고 더 정확하게 하라.
3	구체적으로 묻기	특정한 유형의 답변을 원한다면 구체적으로 물어라. 단계별 가이드를 달라거나 비교 또는 장단점 목록을 제시해 달라고 명시적으로 요구하라.
4	출처 요청하기	AI가 내놓은 답에 대한 출처가 궁금하다면, 그 답의 소스와 근거가 무엇인지 주저없이 물어보라.

5	반복해서 묻기	AI의 답이 불완전하거나 불분명하다고 생각되면 다시 물어보라. 프롬프트를 더 세분화하고 반복하면 더 좋은 답이 나온다.
6	다양한 관점으로 접근하기	AI에게 다른 관점에서 분석해 달라고 재차 질문해 보라. 그러면 AI는 예상을 뛰어넘는 답변을 내놓을 수 있다.
7	단답형 질문 피하기	예, 아니오로 답하게 하지 말라. AI가 더 심층적이고 사려 깊게 답할 수 있도록 이를테면 '주관식으로' 문답을 유도해 보라.

(출처: 서울경제 https://www.sedaily.com/NewsView/29OCNIPTGA)

단, 이때 주의해야 할 점은 질문이 상당히 구체적이어야 한다는 것이다. 상대는 AI이다. 모호하게 물어볼 경우 숨겨진 의미나 의도를 찾아내 알아서 대답해주지 않는다. 이 부분을 질문할 때 늘 명심해야 한다. 최대한 '자세히', '구체적으로' 맥락과 요구사항을 최대한 상세하게 작성해야 원하는 아이디어를 얻을 수 있다.

프롬프트 작성도 이제 전문가의 영역이 되었다. (출처: 뉴스핌)

캠페인 리스트 만들기(예시)

우리 고객군의 특징 및 관심사:
- 중고거래 사이트를 이용하는 30대~40대
- 중고거래 사이트에서 중요하게 생각하는 키워드: "거래 물량이 많은", "결제가 편한" "신뢰" (그 외 STP 등을 통해 얻은 정보 나열)

(이런 고객군의 특성과 관심사를 2개 이상 미리 정해둔 후 구체적인 질문으로 묻는다.)

"마케팅 캠페인 주제를 뽑아줘. 주제는 (1) 기존에 잘 활용하지 않았거나 (2) 고객군의 관심을 끌 수 있거나 (3) 고객군의 감성을 자극할 수 있거나 (4) 말로 표현하기 어려운 것을 쉽고 세련된 느낌으로 표현해 줘."

"형용사나 사전 설명은 하지 말고, 캠페인에 대한 리스트를 만들어줘."

(출처: "ChatGPT 활용 방법 소개" 예시 응용, GPTers.org)

TIP. 구분기호(하이픈 등)를 사용하면 맥락과 요구사항을 자세하고 체계적으로 제시할 수 있으며, 구조화된 출력을 원할 때도 효과적이다. 이러한 과정을 통해 얻은 답변에 후속 질문을 하면서 원하는 아이디어를 추가로 요청할 수도 있다.

한 번에 긴 질문을 쏟아내며 답변을 요구하기보다는 단계별로 요청하는 것이 원하는 답변을 얻을 확률을 높이는 데에 도움이 된다.[1] 마케팅에 활용한다면 마케터의 업무와 역할, 기존 마케팅 아이디어와 성과에 관한 정보를 제공하면서 새로운 마케팅 아이디어를 요구하는 것이다. 더불어 이렇게 도출한 마케팅 아이디어의 개선점을 ChatGPT가 스스로 도출하도록 명령할 수도 있다.

---

[1] https://ai.googleblog.com/2022/05/language-models-perform-reasoning-via.html

캠페인 아이디어 재 제시 요구

기존에 성공적이었던 마케팅 캠페인 주제와 효과는 아래와 같아.
- 카피:
- 방법:
- 목표:
- 기간:
- 효과:

이런 사례를 기반으로, 마케팅 캠페인 아이디어를 다시 제시해 줘.

ChatGPT에게 아이디어를 직접 요청하는 것 외에도 유사한 상황의 기업 사례나 적용 가능한 인사이트를 얻고자 할 때 도움을 받을 수 있다. 혹은 아이디어의 타당성을 검토하기 위한 설문 결과, 관련 자료 등을 요청할 때도 활용할 수 있다.

경쟁사의 SWOT 정보 요청하기

SWOT of [업체명]
- Give me 5 of each SWOT.
- a minimum of 10 words and a maximum of 50 words for each SWOT.
- After answering my request, give the output in table form Analyze the swot
- Provide the suggestions to improve brand awareness.

(출처: https://www.gpters.org/c/freeforum/swot)

최근에는 4.0 버전의 경우 ChatGPT에게 역할을 지정해 질문할 때의 답변이 더욱 구체적인 것 같다는 의견도 있었다.

역할 지정여부에 따른 답변 차이

역할 미지정	역할 지정
나: 새로운 언어를 배우는 가장 좋은 방법은 무엇입니까? 챗GPT: 새로운 언어를 배우는 가장 좋은 방법은 가능한 한 그 언어에 몰입하는 것입니다. 이것은 읽기, 쓰기, 듣기 또는 말하기를 통해 자신을 언어로 둘러싸는 것을 의미합니다. 다음은 몇 가지 팁입니다. 수업을 듣거나 튜터 찾기: 교사나 튜터와 함께 구조화된 학습 환경을 갖추면 안내와 피드백을 제공하는 데 도움이 될 수 있습니다. 언어 학습 앱 사용: 대화식 수업, 연습 문제 및 게임을 제공하는 언어 학습 앱이 많이 있습니다. 목표 언어로 TV 프로그램과 영화를 시청하세요. 이것은 듣기 능력과 어휘력을 향상하는 데 도움이 될 수 있습니다. 목표 언어로 된 책이나 기사 읽기: 이것은 독해력과 문법을 향상할 수 있습니다. 원어민과 말하기 연습: 이것은 발음, 유창함 및 자신감을 향상하는 데 도움이 될 수 있습니다. 해당 언어를 사용하는 국가를 방문하십시오: 새로운 문화와 언어에 몰입하는 것은 배우고 연습하는 좋은 방법이 될 수 있습니다. 새로운 언어를 배우는 데는 시간과 연습이 필요하다는 점을 기억하십시오. 자신에게 인내심을 갖고 과정을 즐기십시오!	나: 너는 언어학을 전공하고 교사직으로 30년 이상 근무한 전문 언어교사이다. 새로운 언어를 배우는 가장 좋은 방법은 _ 무엇입니까? 챗GPT: 언어학에 대한 배경지식과 30년 이상의 교육 경험을 가진 전문 언어 교사로서 저는 새로운 언어를 배우는 가장 좋은 방법은 몰입과 일관된 연습을 통해서라고 믿습니다. 몰입이란 해당 언어가 사용되는 국가에 거주하거나 일상생활에서 해당 언어를 사용할 기회를 적극적으로 찾는 등 가능한 한 많이 언어에 자신을 둘러싸는 것을 의미합니다. 이를 통해 언어와 그 뉘앙스에 대한 자연스러운 이해를 개발하고 듣기 및 말하기 능력을 향상할 수 있습니다. 꾸준한 연습은 언어 학습에도 중요합니다. 이것은 수업 참석, 언어 파트너와의 연습 또는 책, 영화 및 팟캐스트와 같은 진정한 자료에 참여하는 것을 통해 언어를 공부하고 사용하기 위해 정기적인 시간을 따로 떼어놓는 것을 의미합니다. 정기적인 연습은 지식을 강화하고 언어 사용에 대한 자신감을 키우는 데 도움이 됩니다. 긍정적인 태도와 실수하려는 의지를 가지고 언어학에 접근하는 것도 중요합니다. 새로운 언어를 배우는 것은 어려울 수 있지만 좌절이나 어려움으로 인해 낙심하지 않고 동기를 유지하고 그 과정을 즐기는 것이 중요합니다. 궁극적으로 새로운 언어를 배우는 가장 좋은 방법은 개인의 학습 스타일과 목표에 따라 다릅니다. 그러나 언어에 올입하고 지속적으로 연승함으로써 언어 학승의 성공을 위한 강력한 기반을 구축할 수 있습니다.

(출처: https://typenine9.tistory.com/62)

하지만 이렇게 구체적으로 질문해 답변을 얻었음에도 무언가 부족하다고 느꼈다면? 더 구체적으로 검토한 의견을 얻을 수 있을 만한 플러그인을 활용하는 것이 효과적이다.

유용한 ChatGTP 플러그인 리스트

NO	플러그인	특징
1	WebPilot	검색 엔진을 함께 사용할 수 있다. 다른 플러그인과 함께 쓸 수 있다.
2	Browse with Bing	검색 엔진을 사용할 수 있다.
3	Link Reader	웹사이트, 뉴스 기사, PDF 파일 등을 참고해서 답변한다. * 공개 URL로 저장된 파일만 가능
4	AskYourPDF	로컬 PDF 파일을 공개하지 않고 물을 수 있다.
5	Golden	기업에 대한 최신 정보를 가지고 올 수 있다.
6	Copilot (BingChat)	웹페이지를 보면서 대화를 나눌 수 있다.

② 고객 접점 - 업무 혁신

고객 접점 현장에서 업무 혁신을 하는 데에도 ChatGPT가 기여할 수 있다. 고객 피드백 분석이 대표적인데, 굳이 고객이 작성한 텍스트를 모두 읽지 않아도 모니터링에 필요한 내용만 추출할 수 있다.

정성적 후기 데이터에서 결과값 뽑기

프롬프트	결과값

상품 후기에서 다음의 항목을 파악하세요.
- 감정(5개)
- 후기 작성자가 분노를 표현하고 있나요?(예/아니오)
- 후기 작성자가 구매한 상품
- 상품을 만든 회사
 	
후기는 삼중 따옴표로 구분됩니다.
"감정", "분노 여부", "상품", "회사" 키를 포함하여 JSON으로 답하세요.
정보가 없는 경우 "unknown" 값으로 사용합니다.
응답은 가능한 한 짧게 작성하세요.
 	
""""실제 후기 붙여넣기""""
	{
	"감정":["만족","놀람","감동","
	신뢰","감사"]
	"분노여부": "아니오",
	"상품":"램프",
	"회사":"Lumina"
	}

(출처: "ChatGPT 활용 방법 소개", GPTers.org)

GPT for Google Sheet 앱 사용법을 유튜브에서 쉽게 찾아볼 수 있다. (출처: https://www.youtube.com/watch?v=R2IxUDVM48g&feature=youtu.be)

ChatGPT를 구글 시트에 활용하면 더욱 효과적이다. GPT for Google Sheet 앱을 사용하면 GTP() 함수를 구글 시트에서 사용할 수 있는데, 이를 활용하면 특정 열의 후기를 분석하는 함수를 만들 수 있다. 예를 들어, A열에는 고객 피드백 값을 그때마다 붙여넣는다. B열에는 GPT 함수로 후기의 감정 여부, C열에는 고객이 구매한 상품 정보를 추출하도록 하는 것이다. 마케터는 이렇게 추출된 정보를 바탕으로 빈도분석을 하여 고객의 의견을 좀 더 빠르고 명확하게 파악하고, 반영할 수 있다.

물론 아직 데이터의 양에 따라 분석 속도가 더뎌지는 등의 문제는 존재한다. 하지만 키워드에서 추출한 데이터만 별도의 파일에 옮기는 등 약간의 수고만으로도 이러한 단점은 충분히 보완할 수 있다. Python, Zapier 등의 프로그래밍 언어를 활용하면 이러한 번거로움

후기를 요약해주어 이용자에게 정보를 제공한다. (출처: 야놀자)

도 줄어든다.

또는 ChatGPT API를 고객 데이터 분석에 정식으로 도입하는 방법도 고려할 만하다. "야놀자"의 경우, 고객 후기를 ChatGPT로 최근 6개월간의 후기를 요약하여 제공하고 있다. 높은 평점의 후기와 낮은 평점의 후기 요약을 각각 제공하여 고객 편의를 높일 수 있다.

그 외에 고객 민원 대응 메시지 작성에도 활용할 수 있는데, 고객 데이터를 바탕으로 더욱 개인화된 메시지를 작성하도록 요구한다면 악성 민원에 효과적인 대응이 가능할 것이다.

③ 내부 운영 x 업무 창출

내부 운영 영역에서 업무를 창출해야 하는 분야라면 콘텐츠를 만드는 데에 ChatGPT를 활용할 수 있다. 가장 손쉬운 방법은 기존에 존재하는 이미지나 영상을 편집하는 것이다.

이미지 편집 프롬프트 예시

This image is a panoramic shot.
Help me turn it into a video with aspect ratio 3:2, with the image filling the entire video (so the sides are cut off). The video should be centered in the middle of the image.
Then, pan the video smoothly (with no sudden jumps) as follows:

Start: Center --> Right --> Center --> Left --> Center: End

Use the imageio library to help you. Save the frames directly to a video file instead of into a list. Use a frame step of 8 pixels. If necessary, crop the edges of the image so that the size of the image is divisible by the frame step.

(출처: https://github.com/ChaseLean/gpt-prompts#panning-an-image-and-turning-it-into-a-video)

작업 가능한 수준

- 이미지: 파일을 제시하고 흑백으로 변환하거나 간단한 움직임이 있는 GIF 파일로 변환
- 영상: 정 부분을 삭제하거나 빨간색 테두리를 더하는 간단한 영상 편집 기능
- 글: 소셜미디어에 게시할 글 작성 or 자동화할 때 구글 시트에서 GPT() 함수 이용 or 간단한 글 수정, 보완 가능

그렇다면 ChatGPT밖에 다른 대안은 없는 것일까? 다행히 그 외에도 생성형 AI 서비스는 다양하다. 여러 서비스 중 필요에 따라 적절

한 것을 선택해 원하는 콘텐츠를 생성할 수 있다. 예컨대 기존 마케팅 캠페인에 활용했던 이미지를 약간만 수정해 다시 활용하고 싶다면 Midjourney나 Designify를 활용하면 된다.

마케팅에 활용가능한 다양한 AI 서비스

NO	AI 서비스	특징
1	Bing Image Creator	텍스트 기반으로 AI 이미지 생성
2	Dall-E2	자연어를 넣어 이미지나 일러스트레이션 생성
3	뤼튼	구글 최신 LLM(대규모 언어 모델) 팜2(PaLM2) 적용 ChatGPT3.5 및 4.0 적용
4	AskUP	업스케치 이미지 생성 베타 이용 가능
5	Midjourney	이미지를 업그레이드하거나 변형하여 비슷한 이미지를 생성
6	Designify	자사의 상품과 제품 이미지를 활용하여 이미지 생성
7	브이캣(VCAT)	URL만으로 광고 동영상, 상세페이지 만들기
8	Pictory	동영상 제작하기
9	Mixo	마케팅 효율을 높이기 위한 랜딩페이지 제작하기
10	Tome	파워포인트 제작하기
11	Gamma App	파워포인트 제작하기
12	SOUNDRAW	음악 제작하기

④ 내부 운영x업무 혁신

내부 운영 영역에서 업무 혁신에 ChatGPT를 활용하는 대표적인 분야는 데이터 분석이다. 가장 손쉬운 방법은 데이터 분석 방법을 물어보거나 디지털 마케팅 성과를 그래프로 시각화하는 것이다. ChatGPT는 데이터의 특징을 파악하고, 분석 방법이나 추가로 필요

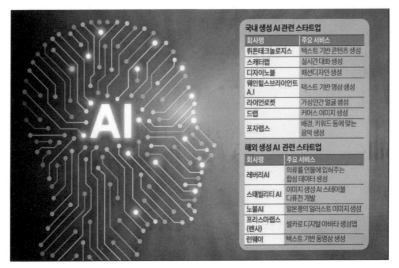

AI 스타트업이 테크 산업의 대세가 되었다. (출처: 한국경제)

한 데이터가 있는지 검토해줄 수 있다. 시각화의 경우, Wolfram 등 그래프 시각화를 위한 플러그인을 사전 설치해야 한다.

데이터 시각화 프롬프트 예시

당신은 디지털 마케팅 전문가입니다.
아래 파일은 고객사의 애널리틱스 데이터입니다. 여기서 읽을 수 있는 정보를 그래프로
시각화해주세요.

아래 문서에서 유의미한 지표를 선정하고 시각화해주세요.

더 전문적으로 활용하기 위해서는 파이썬을 함께 활용하는 것이 좋다. 파이썬의 Matpilotlib는 데이터 시각화를 위한 다양한 그래프를 제공한다[2].

---

2)   https://matplotlib.org/stable/plot_types/index.html

수행사의 작업물이 ChatGPT로 자동 생성된 것인지 검토하는 GPTZero, Writer.com 같은 서비스도 있다. 또한 AI 감지기를 회피하는 기능을 제공하는 Writesonic과 같은 서비스도 있다. 작성한 블로그의 결과물이 ChatGPT로 무작위로 생성되어 효과가 없어 보이는지 검토해볼 수 있는 것이다. 이런 서비스를 적절하게 병행해 사용할 수만 있다면 ChatGPT는 다양한 내부 운영 혁신에 큰 도움이 될 것만은 분명하다.

ChatGPT 사용 시 주의점

ChatGPT의 등장 이후 사람들은 그 놀라운 답변 능력에 감탄했지만 이내 '내 직업을 인공지능이 대체하는 시대가 이제 곧 오는 것인가?' 하는 불안을 누구나 느꼈을 것이다. 분명 마케팅 분야에서도 ChatGPT의 등장이 불러올 변화가 적지 않을 것임은 분명하다. 하지만 아무리 뛰어난 기술과 혁신도 그것을 사용하는 것은 인간임을 잊어서는 안 된다.

고로 마케터 역시 ChatGPT가 마케터의 모든 역할을 대변할지 모른다는 불안감을 가질 것이 아니라 협업의 도구로 AI를 활용하고, 여기에 본인의 전문성을 더해 마케팅 전략을 수립, 활용하는 것에 집중해야 할 때다.

물론, ChatGPT를 협업의 도구로 이용하고자 한다면 주의해야 할 점도 있다. 아래 내용은 ChatGPT가 제시한 주의사항으로, 실무에 참고하면 좋을 것이다.

ChatGPT가 말하는 AI 사용 주의 사항

첫째, 데이터와 개인정보 보호이다. AI는 대량의 데이터를 기반으로 학습하고 작동한다. 이 과정에서 고객의 개인정보를 활용해야 한다면, 개인정보보호법 및 관련 규정에 어긋나는 것은 아닌지 검토해야 한다. 또한, AI에 제공하는 데이터가 안전하게 보호되는지도 확인해야 한다.

둘째, AI가 다양한 업무를 자동화해주기는 하지만, 마케팅은 소비자의 마음을 얻는 것이 중요하다는 점을 염두에 두어야 한다. AI의 결과에 너무 의존하게 되면 브랜드의 인간적인 측면이 희석될 수 있다.

셋째, 생성형 AI는 빠르게 콘텐츠를 생성할 수 있지만, 품질까지 보장하는 것은 아니다. 브랜드 이미지와 일치하는지, 그리고 고객이 선호할만한지 항상 검토해야 한다.

넷째, 편향성과 오류 가능성을 염두에 두어야 한다. AI는 학습 데이터의 편향성을 그대로 반영할 가능성이 있다. 이로 인해 민감한 이슈나 브랜드에 해를 끼칠 수 있는 콘텐츠가 생성될 수 있으므로, AI의 결과물을 항상 검토하고 필요한 수정을 진행해야 한다,

다섯째, AI를 활용한 마케팅 활동을 진행할 때, 소비자에게 AI가 사용되었음을 명시하는 것이 중요하다.

여섯째, 마케팅 활동은 대중과 직접 소통하는 부분이기 때문에, AI 활용 시의 윤리적 기준과 책임을 명확히 해야 한다.

일곱째, 지속적인 업데이트와 학습이 중요하다. AI와 관련된 기술은 빠르게 발전하고 있다. 최신 트렌드와 기술을 지속해서 파악하고, AI의 성능을 최적화하기 위해 지속적인 학습과 업데이트가 필요하다.

Element 29

데이터와 성과로 보여주는

퍼포먼스 마케팅

무조건 믿지 마라, 검증하라.

•

Steven D, Levitt

Chicago School, 경제학 교수

마케터의 고민   Q. 마케팅은 다양하게 진행했는데.... 성과를 어떻게 증명하지?

Q. 고객 데이터가 중요하다고는 하는데 뭐에 써먹지?

Q. 예산이 점점 줄어드는데 비용대비 효율이 좋은 방법은 없을까?

시대의 변화, "요즘 사람들은 뭘 가장 많이 볼까?"

오프라인에서 온라인으로 끊임없이 이동하는 고객들

신문, 라디오, TV, 잡지 등 우리가 '정보'를 습득하는 여러 수단을 '매체'라고 부른다. 매체가 존재하는 가장 큰 목적은 '커뮤니케이션' 이다. 기술의 발달은 매체의 발달로, 매체의 발달은 더 빨리, 더 많은 사람들이 서로 정보를 나누고 전달할 수 있는 세상을 만들었다. 그리고 예나 지금이나 정보를 가장 빨리, 많이 전달하며 사람들의 소통을 이끌어내야 하는 마케팅 업계는 이런 매체의 발달에 가장 예민하게 반응해 변화할 수밖에 없다.

신문, 잡지, 라디오, TV로 통칭되는 전통적 매체를 통해 마케팅 역사는 큰 변화를 경험했다. 그리고 2000년대 이후 인터넷이라는 또 다른 혁신적인 기술의 등장으로 매체는 나날이 더 빠른 속도로 변화하고 있다. 최근 소비자들은 전통적 수단뿐만 아니라 온라인이라는 새로운 공간 안에서 소통하며 더 많은 정보를 홍보하고, 공유하며 하나의 문화를 만들어낸다. 특히 스마트폰이 보급된 이후 온라인 매체의 사용은 기하급수적으로 늘어났고, 주사용 매체까지 온라인 기반으로 옮겨졌다.

실제로 전통적 매체의 이용은 점점 줄어들어 2019년 기준 한국언론

진흥재단이 조사결과에 따르면 신문 구독률은 6.4%에 그쳤다. 1998년 시행된 같은 조사에서는 64.5%의 구독률을 보인 것과 비교해 보았을 때, 21년 만에 10분의 1 수준으로 구독 비율이 낮아진 것이다. 이제 가장 쉽게 소비자를 만날 수 있는 공간은 소셜미디어, 유튜브, 포털사이트 등 온라인 환경이 되었고 이런 디지털 매체를 '뉴미디어 플랫폼'이라고 부른다.

고객들이 가는 곳에 마케터가 가지 않을 수는 없으니 뉴미디어 플랫폼 내 디지털 마케팅을 진행할 때 가장 눈여겨볼 만한 마케팅은 바로 '퍼포먼스 마케팅'이다.

Why. 온라인 시대, 퍼포먼스 마케팅이 필요한 이유

'퍼포먼스 마케팅'은 광범위하게 성과를 다루는 마케팅 활동을 포괄적으로 지칭한다. 데이터, 성과 기반의 모든 마케팅 활동이 포함된다. 처음 등장했을 당시만 해도 매우 생소한 개념이었지만 요즘엔 국내에서 가장 대중적으로 사용하는 마케팅 용어이자 전문 마케터 사이에서 자주 활용되는 유료 광고 매체 운영 기법으로 자리를 잡았다. 온라인 시장에 접근할 가장 최적의 방법으로 퍼포먼스 마케팅을 선택하는 데는 크게 두 가지 이유가 있다.

첫째, '될성부른 나무' 같은 내 고객 찾기

가장 큰 장점은 손쉽게 소비자의 행동 데이터를 수집해 활용할 수 있다는 점이다. 오프라인 시장과 달리 온라인 시장에는 사람들의 행동이 모두 기록으로 남는다. 만약 A라는 사람이 '닭가슴살'을 검색하면 한동안 A가 접속하는 스마트폰, 인터넷 웹페이지에서 닭가슴살 관련 광고를 쉽게 보게 될 것이다. 소셜미디어에 접속 시 별도로 검색하지 않았음에도 닭가슴살에 관련된 스폰서 광고 형태의 상품 정보가 떠오른다.

그렇게 특정 광고에 한동안 반복적으로 노출되면 자신도 모르게 해당 브랜드나 기업이 눈에 익는다. 이후 여러 닭가슴살 제품을 접하게 되는 경우 엄연히 모두 처음 보는 상품인데도 특정 상품이 아는 상품 같아 보인다. 고객 모르게 반복되는 광고가 특성 제품의 인지도를 높이는 것이다. 그렇게 인지도가 높은 상품은 같은 제품군 안에서 타 제품에 비해 선택될 가능성이 높아진다.

이 경우 기업, 마케터의 입장에서는 어떤 이득이 있을까? 자신들이 판매하고자 하는 제품군에 가장 많은 관심을 보이고, 온라인상에서 구매 의사를 갖고 있는 잠재고객과 가능성이 없는 고객을 분리할 수 있다. 그리고 잠재고객 데이터를 분석해 신제품 개발 및 제품 리뉴얼의 기초 자료로도 활용할 수 있게 된다. 이처럼 데이터를 바탕으로 고객 맞춤형 광고를 제공하는 것이 바로 '퍼포먼스 마케팅'인 것이다.

둘째, '모래알로 사금 만들기' 같이 마케팅 비용은 줄이고, 효과는 높이고

퍼포먼스 마케팅은 효율적으로 예산을 활용하고 싶을 때 가장 최적의 대안이 될 수 있다. 어느 회사나 경기가 좋지 않을 때 가장 먼저 삭감되는 게 마케팅부서 예산이다. 예산 집행 시 명확한 성과 평가가 어려운 경우가 많기 때문이다. 그런 면에서 퍼포먼스 마케팅은 명확한 성과 수치화가 가능하다는 점에서 기존 마케팅의 약점을 보완할 수 있다. 전통적인 4대 매체를 활용하는 경우에 비해 단가도 저렴한 편이라 예산 절감 역시 가능하다. 게다가 마케팅 캠페인을 진행하는 도중에 성과에 따른 예산 조정이 가능하다는 것도 큰 장점이다.

How. 성공적인 퍼포먼스 마케팅을 위한 준비

퍼포먼스 마케팅은 '기업이나 조직이 목표를 달성하는 데에 필요한 특정한 행동이나 결과를 얻기 위해 수행하는 디지털 마케팅'이다. 그렇기에 단순히 '대중의 반응만 좋으면 된다.'라는 안일한 시각으로 접근해서는 안 된다. 달성하고자 하는 성과가 무엇인지 명확히 파악하고 그에 초점을 맞춰 접근해야 한다.

퍼포먼스 마케팅 진행 과정은 업종이나 전략에 따라 세부적으로는 7~12단계로 진행되기도 하나, 기본적으로는 5단계로 구분된다.

1단계. 목표 설정: 원하는 결과

먼저 기업이나 조직이 달성하고자 하는 목표를 냉확히 설정해야 한다. 되도록 목표는 정확히 수치화할 수 있는 것이 좋은데, 판매량, 웹사이트 트래픽, 이메일 구독자 수 등이 대표적인 예다. 이를 위해서는 기존의 데이터를 통해 과거 실적을 분석하고 그에 합당한 KPI를 설정해야 한다. 단순히 '구매 전환율 2.3%'라는 성과지표로 성공 여부를 따지는 것이 아니라, 해당 마케팅을 통해 얻은 과거 실적을 통해 목표를 설정해야 한다는 의미다.

2단계. 대상 그룹 설정: 마케팅 타깃

상품이나 서비스, 브랜드에 따라 각각의 정체성에 맞는 고객 페르소나persona가 존재한다. '지피지기면 백전백승'이라는 말처럼, 마케팅 타깃을 명확하게 설정해야 캠페인의 유형이나 방식, 기간 등을 정할 수 있다. 그래서 마케팅 대상 그룹의 페르소나를 정했다면 이들의 특성과 행동을 분석하는 과정이 필요하다.

3단계. 채널(매체) 선정: 전달 수단과 공간

대상 그룹을 설정했다면 목표를 실현하기 위한 최적의 채널을 찾아야 한다. 다른 마케팅과 마찬가지로 퍼포먼스 마케팅 역시 각 단계가 잘 이루어져야 마케팅이라는 탑을 견고하게 쌓을 수 있기 때문이다. 목표와 대상 그룹에 따라 마케팅 채널의 선택지가 달라지기에 이 두 가지 요소가 제대로 설정되었는지 다시 한번 확인해야 한다. 일단 채널 선정이 완료된 이후에 수정하고자 한다면 상당한 시간과 비용이 소요될 수 있다.

최근엔 매체의 다각화에 따라 그만큼 어떤 매체(채널)를 선택하느냐가 마케팅의 성과를 결정짓는 중요한 요소가 되고 있다. 검색 엔진 광고, SNS/DADisplay Ad, 이메일 마케팅 등 채널의 종류도 많고 매체별 소요 금액도 다른 만큼 상황에 따른 선택과 집중은 필요하다. 하지만 하나의 채널을 주로 선택하지 않고 다른 매체를 병행해 활용하는 것이 위험부담을 줄이고 효과는 극대화할 수 있는 방법이 될 수 있다. 유연하게 모든 매체, 채널의 가능성을 열어두는 것이 현명하다.

4단계. 콘텐츠(소재) 개발: 내용 만들기

퍼포먼스 마케팅이 데이터와 성과에 집중하는 분야이기는 하지만, 그렇다고 해서 채널매체 선정 후 수집되는 데이터만 잘 분석하면 된다고 생각해서는 안 된다. 고객에게 전달하는 메시지가 불명확하고 매력적이지 않다면 아무리 타깃과 목표가 명확하다고 해도 고객의 유입은 부진할 수밖에 없다. 계속해서 고객의 시선을 붙잡아야 하며, 이를 위해서는 매력적인 콘텐츠 개발이 필요하다.

예를 들어 구매 전환율 5%를 목표로 설정했다면 그에 따라 대상 그룹과 채널도 정해졌을 것이다. 이제는 해당 채널에 적합한 콘텐츠소재를 준비해야 한다. 할인 프로모션, 구매 전환을 위한 스토리텔링 등 다양

제품 및 서비스에 비해 청중의 관심이 너무나도 빠르게 변화하는 시대이다. (출처: TBWA)

한 방법이 존재하며, 채널의 특성에 맞춰 선택하면 된다. 대상 그룹이 쉽게 받아들일 수 있도록 간결하고 명확한 메시지로 전달하는 것이 중요하다.

5단계. 실행과 분석: 전달과 결과

캠페인이 진행되는 동안 마케터는 계속해서 성과를 모니터링해야 한다. 간혹 대행사가 이 업무를 위임받아 진행하기도 하는데, 담당자는 늘 데일리 리포트를 꼼꼼히 확인하여 캠페인의 조회수, 전환율, 비용 대비 이익 등의 지표를 분석해 데이터화하는 것이 좋다. 그래야만 다양한 측면에서 데이터를 확보할 수 있으며 대행사에 대한 성과 평가도 가능하기 때문이다.

퍼포먼스 마케팅의 가장 큰 장점 중 하나는 캠페인 도중에 성과를 평가하고 최적화하는 작업이 가능하다는 것이다. 꾸준히 도출된 데이터를 분석해 효과적인 채널과 콘텐츠가 무엇인지 판단되었다면 즉시 전략을 수정할 수 있다. 광고 내용뿐 아니라 성과에 따라 예산을 조정해 최적의 안이 되도록 유도할 수 있다는 것이다. 캠페인 종료 이후에는 피드백이 진행된다. A/B 테스트를 진행했다면 더 효과적이었던 유형을 분석할 수 있으며, ROI를 통한 투자 대비 수익성, 고객 피드백 등 캠페인에 대한 전체적인 피드백이 정리된다.

왜 유독 퍼포먼스 마케팅 담당자에게 꾸준한 피드백과 지속적인 마케팅 전략 개선이 요구되는 것일까? 그 이유는 온라인 시장의 빠른 트렌드 변화때문이다. 하루에도 몇 번씩 변하는 시장에서 살아남으며 고객에게 돋보이기 위해선 늘 새로운 매체, 상품의 등장을 예의주시하고 새로운 실험을 통해 성과를 극대화하려는 노력이 필요하다. 또한 무엇보다도 수집한 데이터를 바라보는 마케터의 관점, 즉 해석 능력이 중요하다. 아무리 빅데이터 시대라지만 양질의 것을 확보할 수 있어야만 그 데이터를 분석해 향후 마케팅 전략을 세워 기업의 더 큰 도약을 꿈꿀 수 있기 때문이다.

기업들은 퍼포먼스 마케팅을 어떻게 사용하고 있을까?

① 리디북스 - 신규 고객과 기존 고객을 사로잡는 마케팅

전자책, 웹소설 플랫폼 업계의 선두주자인 '리디북스'는 퍼포먼스 마케팅을 통해 기존 고객의 이탈 방지는 물론 신규 고객을 유치에 성과를 낼 수 있었다.

1단계. 목표 설정: 리디북스 사용자 획득 및 유지 강화

2단계. 대상 그룹과 채널(매체) 선정: 표적 키워드 설정 및 광고 캠페인

특정 키워드를 검색하는 사용자를 대상으로 웹사이트 검색 엔진 광고와 소셜미디어 광고를 병행했다. 그러자 책 관련 키워드를 검색한 사용자의 검색결과 화면에 리디북스가 노출되었고, 자연스럽게 신규 유입이 늘어났다. 이후 유입된 고객에게는 관심사와 연관된 콘텐츠를 제공해 지속해서 관심을 두도록 유도했다.

3단계. 콘텐츠(소재) 개발과 적용: 콘텐츠 마케팅

신규 고객의 유입만큼이나 기존 고객을 유지하는 것도 중요하다. 리

디북스는 블로그, SNS, 이메일 뉴스레터 등을 통해 독서 팁, 작가 인터뷰, 추천 도서 등 다양한 콘텐츠를 제공하며 고객의 관심을 유도했다. 이는 사용자의 지속적인 방문은 물론 브랜드와 사용자 간의 상호작용을 촉진함으로써 고객과 유대를 강화하는 효과를 낳았다.

4단계. 실행과 분석: 데이터 분석과 최적화

리디북스는 자사 플랫폼 내 축적된 고객의 행동 데이터를 자유롭게 활용했다. 사용자 행동 데이터라는 양질의 재료를 체계적으로 분석해 이들에게 적합한 광고 캠페인과 추천 알고리즘 최적화에 활용한 것이다. 그들은 실제 사용자 행동 데이터를 분석한 다음 고객이 원하는 시즌 이벤트나 할인 프로모션을 기획해 높은 참여율을 끌어냈다. 이는 신규 사용자도 부담 없이 이용할 수 있도록 진입장벽을 낮추는 효과도 있었다. 나아가 사용자의 개별 독서 성향과 이력을 분석해 맞춤형 콘텐츠를 추천하는 등 개인화된 경험을 제공하여 서비스 만족도까지 높일 수 있었다.

이처럼 리디북스는 퍼포먼스 마케팅을 다각도로 활용해 사용자의 관심을 증폭하고 충성도를 높이는 성과를 거두었다. 이는 목표와 대상 설정, 데이터 기반 최적화, 고객 맞춤형 콘텐츠 개발 등이 유기적으로 이루어졌을 때 퍼포먼스 마케팅이 성공할 수 있음을 보여주는 좋은 사례라 할 수 있다.

② 배달의 민족 - 바이럴은 덤! 구매 전환율 제대로 챙긴 퍼포먼스 마케팅

음식 배달 플랫폼 '배달의 민족'의 마케팅은 매번 화제가 되었다. 치믈리에 행사를 비롯해 직원 자녀의 이름을 딴 폰트를 출시하는 등 차별화된 마케팅 행보가 늘 많은 사람의 관심사가 되었다. 배달의 민족은 화제성을 이용해 고객을 집중하게 만든 다음 수집한 고객 데이터를 활용해 구매 전환까지 연결시키고자 노력했다. 적절한 퍼포먼스 마케팅 전략을 통해 사용자의 참여와 구매를 증진하고, 사용자 경험 향상이라는 목표를 달성한 것이다.

마케팅 포인트 1. 계속 접속해 참여해주세요!

배달의 민족은 다양한 사용자 참여 이벤트를 기획하였다. 사진 공모전, 리뷰 작성 이벤트, SNS 챌린지 등은 사용자가 더 자주 앱에 접속해 참여해 사용자와 플랫폼, 사용자와 사용자 간의 소통을 할 수 있도록 유도했다. 이러한 마케팅은 자사 플랫폼에 양질의 고객 데이터를 축적하는 효과적인 방법이 되었다.

마케팅 포인트 2. 가게는 무조건 단골손님이 가장 중요하죠!

배달의 민족은 신규 사용자 유치뿐 아니라 기존 사용자의 이용 빈도를 활성화하는 데도 많은 노력을 기울였다. 할인 쿠폰, 프로모션으로 재방문을 유도했고, 주문 이력을 분석해 개인화된 추천 기능을 제공함으로써 단골 매장을 만들거나 새롭고 다양한 음식을 시도하도록 유도했다.

마케팅 포인트 3. 배달앱으로 배달만 시킨다고? 시켜먹고 놀면 되지

배달의 민족이 브랜드 인지도를 높이고 사용자와 상호 작용을 촉진하는 데에는 소셜미디어가 큰 역할을 했다. 배민 신춘문예, 경희야 이벤트 등 유쾌하면서도 사용자가 가볍게 즐길 수 있는 놀이의 장을 만들어 적극적인 참여와 공감을 얻는 것이다. 이런 이벤트가 꾸준히 이어지자 어느덧 '배민다움'이라는 신조어가 만들어지는가 하면 '배짱이 모임'이라는 배달의 민족 팬클럽까지 등장할 정도로 확고한 브랜드 이미지를 구축하기에 이르렀다.

마케팅 포인트 4. 퍼포먼스 마케팅 성공을 이끄는 힘, 데이터 분석

배달의 민족은 콘텐츠의 차별화뿐 아니라 끊임없이 데이터 분석을 통해 지속적으로 마케팅 전략을 개선했다. 제공하고자 하는 서비스에 적합한 타깃 고객을 설정하고 최적의 채널과 소재를 발굴하는 데에 힘썼으며 이후 데이터 분석 내용을 바탕으로 성과를 측정, 평가하고 최적화하는 작업을 반복 수행했다.

실제로 배달 아르바이트 구인 서비스인 '배민커넥트'는 2020 대한민국광고대상 퍼포먼스 마케팅 부문 대상을 받았다. 배달 아르바이트 서비스를 친근하게 노출하는 것은 물론, 부업에 관심이 없던 사람도 한 번쯤 고민하게 만드는 인식 전환을 목표로 한 마케팅 캠페인이었다. 40초 내외 길이의 유튜브 영상 3개로 진행한 캠페인은 관련 키워드가 네이버 블로그 콘텐츠에서 180%, 네이버 카페 콘텐츠에서 155%, 인스타그램 콘텐츠에서 135% 증가라는 성과를 냈다. 댓글을 살펴보면 배민커넥트를 통해 배달 아르바이트가 '생활고 극복을 위한

기술의 발달로 인해 퍼포먼스 마케팅은 하루가 다르게 진화하고 있고, 마케터는 배워야 할 것들이 더 많아지고 있다.
(출처: 유튜브채널 오픈소스마케팅)

일'이 아니라 '누구나 1~2시간 여유를 활용해 수익을 내는 일'이라는
인식의 전환으로 이어졌음을 알 수 있다.

이처럼 배달의 민족은 다양한 전략과 접근법을 활용해 사용자의 관
심과 참여를 유도하는 효과적인 마케팅 전략을 수행해왔다. 그리고
구매 전환, 신규 사용자 확보 및 기존 고객 충성도 향상도 얻었다. 리
디북스와 배달의 민족 사례를 통해 우리가 알 수 있는 것은 사용자 중
심의 접근, 데이터 기반의 최적화, 다양한 채널 활용 등이 퍼포먼스
마케팅 성공의 핵심이라는 사실이다.

퍼포먼스 마케팅은 양궁이다

퍼포먼스 마케팅의 범위는 광범위하다. 하지만 목표를 정하는 순간
얻고자 하는 성과도 명확해지기 때문에 마케터는 목표를 향해 활시

위를 겨누면 된다. 그런 점에서 퍼포먼스 마케팅은 양궁과도 유사한 측면이 있다. 성패가 명확하고 모든 이들의 과정이 눈에 보이는 퍼포먼스 마케팅은 그 나름의 충분한 매력을 가진 방식임에는 분명하다. 이에 마케터는 축적된 데이터에 기반해 효율적인 예산 활용과 목표 달성에 집중하며, 확보한 데이터를 분석해 광고 캠페인을 최적화하는 과정을 반복해야 한다. 어떤 광고가 어느 정도의 매출 증대 효과가 있었는지 정확히 추적해 예산을 효율적으로 투자하며, 고객의 관심사에 맞는 광고를 제공하는 것이다. 위와 같은 과정의 반복은 더 큰 성과 창출과 경쟁 우위 확보로 이어질 것이다.

하지만 양궁에서 바람, 관객의 환호성 등 다양한 외부 변수가 결과에 영향을 미치는 것을 본 적이 있을 것이다. 퍼포먼스 마케팅에도 다양한 변수가 존재한다. 따라서 퍼포먼스 마케팅에 정답지를 만들어 놓기보다 상황에 맞는 목표를 설정하며 최적의 마케팅 전략을 찾는 데 계속 힘써야만 한다.

똑똑한 소비자, 체리슈머

'부지런한 새가 잘 나눠먹는다.' 체리슈머

 계속되는 경기 침체와 인플레이션은 대다수의 소비자들에게 지출 부담을 크게 느끼게 한다. 특히 가정의 규모가 작아지고, 1인 가구가 증가하면서 '이 나라에서 판매되는 모든 물건은 4인 가족 기준인가?'라는 생각이 들 만큼 대용량으로 판매하는 물품에 과소비하는 불편함을 수시로 느끼는 경우가 많다. 그런가 하면 같은 상품이어도 대용량이 더 저렴한데 '사도 집에 먹고 쓸 사람이 없어서' 낭비를 감수하고 사야 하는 경우도 있다. 하지만 대용량이 더 저렴한 것도, 무조건 소포장만을 살 수 없는 것도 바꿀 수 없는 현실이라면 '좀 더 현명하고 합리적인 소비를 하는 법이 있을까?'하는 생각으로 움직이는 사람도 어디에나 있다.

공동구매로 합리적 소비를 하려한다. (출처: https://news.mt.co.kr/mtview.php?no=2022071910354967100)

그들이 바로 새롭게 등장한 신개념 소비자 '체리슈머'이다.

체리슈머cherry-sumer란 한정된 자원으로 최대한 알뜰하게 소비하는 전략적 소비자이다. 주로 생필품, 필수 소비재 구매 시 나타나는 소비자 유형으로 경제 불황기 속에서 가성비를 추구하며 필수 소비재를 최대한 저렴하게 구매하고자 하는 심리가 반영되어 있다. 이렇게 알뜰살뜰한 소비자들은 어떻게 합리적인 소비를 이끌어낼까?

'꼭 그렇게 사야 한다는 법이 어디 있나요?' 체리슈머식 소비 전략

요즘 소비자들은 영리하다. 그 영리함이 단순히 가성비 높은 제품을 사는 것에 그치지 않고, 내가 원하는 것만 쏙! 골라 먹듯 사는 방법까지 만들어내고 있다. 체리슈머는 소비에 있어 극한의 효율성을 추구하기에 전략적이고 계획적인 소비를 추구한다. 그들의 대표적인 소비 전략으로는 조각전략, 반반전략, 말랑전략이 있다.

첫째, 조각전략. 필요한 만큼만 구매하는 전략이다. 잔 단위로 포장된

편의점에서 소포장 채소식품을 판매한다. (출처: 스카이데일리)

와인, 샘플 키트, 소포장 상품 구입이 대표적이다.

두 번째, 반반전략. '당근마켓 같이 사요!'처럼 필요하지만 혼자 사기엔 망설여졌던 물건을 동네 이웃을 모집해 같이 구매하고 나누는 서비스이다. 혼자 사는 사람들은 대용량 상품이 더 저렴하다는 것을 알고 있지만 혼자서 전부 사용하기에는 양이 많아 선뜻 구매하지 못한다. 바로 이런 사람들에게 아주 유용한 서비스라 할 수 있다. 이 서비스를 내놓은 당근마켓은 소비자들에게 함께 구매할 사람을 찾는 수고를 덜어주고, 정산의 번거로움까지 줄여준다. 그래서 '같이사요'를 통해 대용량 상품을 같이 나누어 구매하기도 하고, 배달비를 아끼기 위해 함께 배달 음식을 주문할 사람을 구하기도 한다. 또는 OTT 계정을 공유하며 구독료를 나누어 내거나, 심지어 택시를 같이 타고 택시비를 나누어 지불할 사람을 구하기도 한다.

세 번째, 마지막은 말랑전략. 필요한 만큼만 계약하며 유연한 소비를 추구하는 전략이다. 일례로 구독 서비스를 이용하며 잘 이용하지 않는 기간에도 굳이 월정액을 지불하는 것을 낭비라고 여기며 불필요

주행 거리만큼만 보험료를 내는 자동차 보험상품도 나왔다. (출처: 뉴스룸)

해지면 해지하고 필요할 때마다 다시 결제하여 사용하는 이른바 징검다리식 구독 전략이 이에 속한다.

Element 30

마케터, 데이터에

현혹되지 않으려면

모든 통계적인 (데이터) 모델은 틀렸다.
단지 일부만 유용할 뿐이다.

•

George Box
영국 통계학자

마케터의 고민 Q. 데이터를 바탕으로 의사결정을 하고 있는데, 올바르게 하고 있는 거 맞을까?

Q. 너무나 많은 데이터, 이 데이터들에 현혹되지 않는 방법이 있을까?

바야흐로 데이터의 전성시대라 여길만큼 이제 데이터는 하나의 '통화通貨'로 자리 잡았다. 마케팅에서도 데이터가 판매부터 고객 서비스에 이르는 전 과정에서 중요한 역할을 하고 있다. 특히 마케팅 업계에서는 목표 달성에 정확도를 더하기 위해 데이터를 전략적으로 활용하는 추세인데, 그중 일부 마케터는 데이터에 과도하게 집착하는 모습을 보이기도 한다. 데이터에 현혹되는 것이다.

물론 데이터의 중요성은 아무리 강조해도 지나치지 않는다. 고객의 행동, 기호, 트렌드를 분석하는 통찰력을 제공하기 때문이다. 정확한 데이터 분석은 더욱 효과적인 마케팅 전략을 세우는 데에도 도움이 된다. 하지만 문제는 데이터를 과도하게 믿고 의존하는 데에 있다. 그 결과 더 큰 그림을 보지 못하게 되기 때문이다. 데이터에 지나치게 많은 의미를 부여하거나 복잡한 숫자와 그래프에 현혹된다면 마케팅의 본질, 즉 고객이 원하는 것을 이해하는 데에 필요한 직관과 창의성을 놓칠 우려가 있다.

데이터에 현혹되어 역효과를 낸 사례는 많다. 그렇기에 성공적인 마케팅 전략을 세우기 위해 데이터를 올바르게 활용하는 관점의 전환이 필요하다. 데이터는 도구일 뿐, 목표가 아니라는 것을 확실히 인지하는 것이 중요하다. 데이터를 이용하되 그 자체에 매몰되어서는 안 된다. 진정한 마케터라면 데이터를 올바르게 활용하고, 동시에 고객과의 연결을 유지하는 방법을 끊임없이 고민해야 한다.

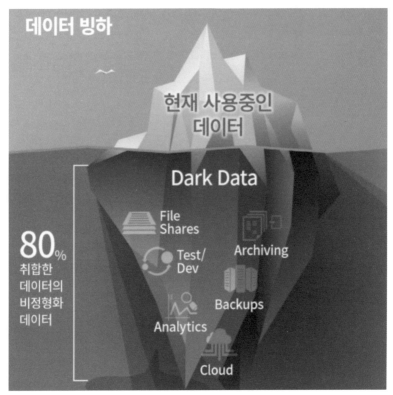

전 세계에 존재하는 데이터의 00%는 우리가 직접 활용하지 않는 다크 데이터다. 이러한 다크 데이터에서 쓸모 있는 정보를 찾아내는 일도 중요하다. (출처: 이코노믹리뷰)

'믿는 도끼에 발등 찍히듯' 믿는 데이터에 현혹될 때

사례 1. 숲만 보다가 나무를 못 보는 '심슨의 역설'

많은 사람들이 '데이터 분석에 의거하여'라는 말만으로도 큰 신뢰감을 갖는 경우가 많은데 그럴 때 한번쯤 다뤄지는 경제학적 용어가 바로 '심슨의 역설Simpson's Paradox'이다. 심슨의 역설이란 여러 집단으로 이루어진 데이터를 하나의 덩어리로 분석할 때와 각 집단을 개별 분석할 때의 결과가 상반되게 나타나는 현상을 일컫는다.

예를 들어보자. 아파트의 연식x축과 가격y축의 상관관계를 나타낸 다음 그래프는 데이터에 현혹된 대표적인 사례 중 하나다. 그래프의 회귀선은 우상향하는 추세를 보이는데, 아파트 연식이 오래될수록 가격 역시 비싸다는 것을 의미한다. 하지만 여기서 의문이 생긴다. 상식적으로 모든 조건이 같다면 오래된 아파트일수록 가격이 저렴해지는 것이 당연하기 때문이다.

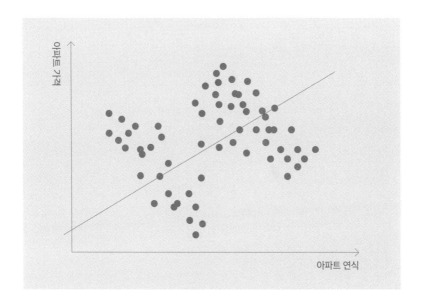

이러한 괴리가 나타나는 까닭은 데이터의 여러 측면을 세심히 살피지 않았기 때문이다. 그야말로 전체적인 숲의 형태만 보았을 뿐, 그 안에 어떤 나무가 어떤 형태로 심어져 있는지 알지 못하는 상황이라 할 수 있다. 그러니 올바른 의사결정을 하기 위해서는 데이터를 다룰 때 여러 변수를 함께 고려해야 한다.

이 그래프의 경우 '단지의 규모'라는 변수가 존재한다. 이 변수를 도입해 그래프를 다시 분석해보면 아파트 연식이 오래될수록 가격이 낮아진다는 사실을 알 수 있다.

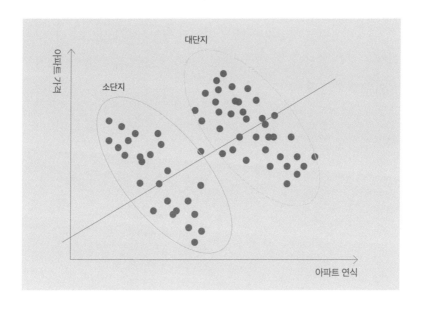

아파트의 연식과 가격만 비교하면 '연식이 오래될수록 가격이 높아진다.'라는 잘못된 결론에 빠질 수 있다. 하지만 '단지'라는 변수를 추가해 분석하니 반대의 결론이 도출되었다. 실무에서는 이러한 오류에 빠지는 경우를 심심찮게 경험하게 되는데 바로 이런 경우가 '심슨의 역설'이라 할 수 있다.

이런 오류를 피하기 위해 실제 기업들은 데이터를 활용할 때 각 관점별로 세그먼트를 구성하고 교차해가며 분석하는 작업을 추가적으로 실시한다. 이처럼 고객의 데이터를 분석할 때도 다양한 변수를 최대한 반영해 구분한 뒤 분석하는 것이 바람직하다. 포괄적으로 분석하는 것과는 전혀 다른 결론에 이를 수 있기 때문이다. 우리는 '나무를 보지 말고 숲을 보라.'라는 속담을 바꿔 '숲도 보고, 나무도 봐라.'라는 말을 기억해야 한다.

사례 2. 상관관계는 인과관계가 아니다

아래 그래프는 여름철 '아이스크림 판매량이 늘어날수록 물놀이 사고 건수도 증가한다.'는 결론을 도출하고 있다. 그런데 이 데이터에 기반해 "물놀이가 많이 이루어지는 해수욕장과 계곡에서 아이스크림 판매를 전면 금지해야 한다."라고 주장한다면, 과연 올바른 주장이라고 할 수 있을까? 물론 표면적으로 보면 아이스크림이 많이 팔릴수록 물놀이 사고도 빈번하게 발생했으니 반대로 조치하는 것이 일면 타당해 보인다.

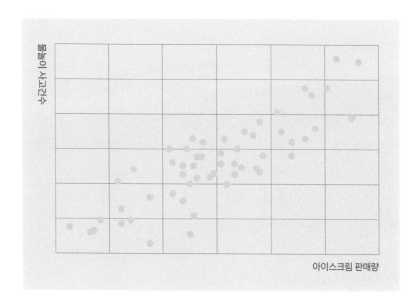

하지만 이는 상관관계를 인과관계로 혼동해서 잘못된 결론에 이른 것이다. 상관관계는 두 변수가 유관함을 의미할 뿐, 한 변수가 원인이 되어 다른 변수의 결과가 나온다는 인과관계와는 별개의 개념이다. 물놀이 사고와 아이스크림 판매가 증가한 것은 '여름'이라는 계절 변수 때문이다. 이 계절 변수를 빼고 아이스크림 판매량과 물놀이 사고 건수만 보니 공교롭게도 인과관계가 있는 것처럼 보일 뿐이다.

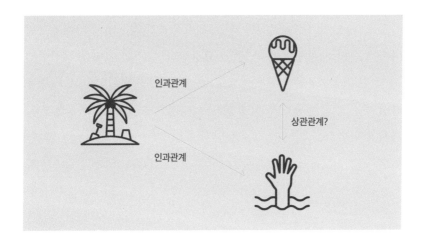

그런데 이런 황당한 상관관계에 대한 이야기가 마케팅 의사결정 과정에서도 빈번하게 발생한다. 예를 들어 전년도에 한 마케팅 전략을 시행했을 때 실적이 늘었다면 해당 마케팅 전략이 실적 향상에 기여했다고 판단하는 경우가 많다. 하지만 이 마케팅 전략과 실적은 단지 상관관계가 있는 것일 수도 있다. 실적 향상을 위해 기획 단계부터 수많은 다른 단계를 수행한 부서의 기여도에 대해서는 고려되지 않았기 때문이다.

대부분의 결과는 매우 복합적인 배경과 누군가의 의도, 우연히 발생한 상황적 변수 등 수많은 요소에 의해 일어난다. 그래서 어떤 일어난 일과 관련해 결정, 판단을 내리기 위해서는 모든 요소를 면밀히 검토한 후 명확한 인과관계와 상관관계를 구분할 수 있어야만 한다. 물론 명확한 인과관계 여부를 판단하기란 쉽지 않다. 통제된 환경에서, 한정된 자료를 토대로 실험해야만 명확히 판단할 수 있기 때문이다. 하지만 섣불리 내린 결론을 의심하고 타당성을 검토, 검증하는 과정만 거치더라도 잘못된 의사결정에 이를 가능성을 크게 줄일 수 있다.

사례 3. 역(逆)인과관계의 오류

예를 들어 회사 임직원을 비흡연자, 흡연자였다가 금연한 사람, 흡연자로 세 개 그룹으로 나누는 상황을 가정해보자. 각 그룹의 건강검진 결과, 비흡연자 → 흡연자 → 흡연자였다가 금연한 사람 순으로 건강수치가 좋았다. 한 담배 회사가 이 결과를 바탕으로 '비흡연자라면 평생 담배를 피우지 말되, 한 번이라도 담배를 피운 경험이 있다면 절대 금연하지 마십시오.'라는 내용으로 홍보했다. 이것을 올바른 주장이라고 볼 수 있을까?

물론 담배를 끊은 흡연자 중 건강이 좋아진 사람도 분명 있을 것이다.

하지만 이미 건강이 악화했기 때문에 주치의나 전문가로부터 당장 금연해야 한다는 조언을 받은 사람도 있을 것이다. 계속 흡연을 하는 사람보다 건강이 나빠 비자발적으로 금연할 수밖에 없는 사람이 있어서 상대적으로 더 낮은 건강 수치를 보일 수 있다는 의미다.

세 그룹과 이들의 건강 수치라는 데이터만으로 엉뚱한 결론에 도달한 사례다. 이것을 '역 인과관계의 오류'라고 한다. 데이터가 도출된 배경을 간과한 채 인과관계를 반대로 생각하기 때문에 발생하는 오류 유형이다. 이 사례에서 알 수 있듯, 데이터를 자의적으로 해석하지 말고 이면에 숨은 의미를 고민해야 올바른 의사결정을 내릴 수 있다.

사례 4. 극단적인 현상을 겪은 후 평균으로 회귀하려는 경향

프로야구에는 '2년 차 징크스'라는 말이 있다. 데뷔한 해에 크게 활약하거나 신인왕을 수상한 선수의 성적이 다음 해에 저조해지는 현상을 일컫는다. 심리전문가들은 '신인왕을 받으면 자만심이 생겨 연습을 게을리 한 결과 나타나는 자연스러운 현상'이라고 분석한다. 일리 있는 말이기는 하지만, 통계적인 현상을 고려하면 새로운 해석이 가능하다.

2년 차 징크스가 발생하는 것은 '평균으로의 회귀'로 해석할 수 있다. 극단적인 현상은 원래의 자리, 즉 평균으로 돌아오려는 경향을 보인다. 성적은 실력과 운이 합쳐진 결과인데, 여기서 운은 통계적으로 '확률오차'라고 볼 수 있다. 실력이 같더라도 운은 반복되기 어려우니 전년과 실력은 같더라도 성적이 부진해지는 현상을 보이는 것이다.

시험을 치르는 고등학생을 예로 들면 더 쉽게 이해할 수 있을 것이다. 한 학생이 중간고사 결과 상위 1%라는 좋은 성적을 받았다. 기말고사를 준비하며 공부양이 같았다면 중간고사 때보다 낮은 성적을 받을 가능성이 크다. 중간고사에서 찍은 몇 문제가 우연히 정답이어서 원래 실력보다 좋은 성적을 거두었을 수 있지만, 운은 반복되지 않기 때문에 원래 성적에 가까운 결과를 얻게 되는 것이다. 반대로 최악의 성적을 받은 학생이라면 그보다 높은 성적을 받을 확률이 높다.

이러한 '평균으로의 회귀'는 마케팅 업무에도 적용할 수 있다. 모든 조건이 같다는 전제하에 전국에서 가장 판매 실적이 저조한 매장이 있다고 가정해보자. 해당 매장의 담당 마케터가 특별 프로모션을 시행한 결과 해당 매장의 판매 실적이 높아졌다면, 이 마케터는 프로모션이 성공적이었다고 자축할 것이다. 하지만 아무런 조치를 하지 않았더라도 해당 매장의 판매 실적은 나아졌을 수 있다. 극단적인 판매 실적도 평균으로 회귀하려는 경향이 있기 때문이다. 어떠한 현상이 발생했을 때, 이것이 노력의 결과인지 단순히 '평균으로의 회귀'로 인한 결과인지 파악하는 것이 중요할 것이다.

데이터를 올바르게 활용해 마케팅 전략을 세우려면 어떻게 해야 하는가?

CRM 마케팅, 퍼포먼스 마케팅, 원투원 마케팅 등 데이터를 활용한 마케팅은 이전에도 존재했다. 그런데도 오늘날 데이터 마케팅이 화두에 오르는 데에는 이유가 있다. 과거에 데이터로 저장하는 것이 불가능했던 비정형적인 것까지 포함해 최근엔 거의 모든 것이 데이터화되고 있기 때문이다. 극히 일부만을 데이터화하는 것이 가능했던 과거에 비해 현대로 올수록 데이터 수집 기술이 크게 발달하면서 데이터의 측정 범주와 수집·저장 매체의 폭은 크게 넓어졌다. 그 덕분에 이전에는 알지 못했던 소비자의 양상이나 새로운 인사이트, 숨은 패턴 등도 쉽게 밝혀낼 수 있게 되었다.

그렇게 만들어진 데이터는 상권, 구매 이력, 검색어, SNS, 소비한 콘텐츠, 웹페이지 방문 로그, 이미지, 영상 등 엄청나게 다양하며, 방대하다. 하지만 '과유불급'처럼 너무 많은 데이터 때문에 오히려 새로운 정보를 얻어내기 어려워지고 있다. 데이터가 제한적이던 과거에는 이를 분석하는 것만으로도 유용한 정보나 인사이트를 도출할 수 있었겠지만, 이제는 그렇지 않다. 데이터가 방대해질수록 소음Noise의 양도 늘어나기 때문이다.

> "데이터가 많아지면 불필요한 소음도 증가한다."
>
> – 『신호와 소음』의 저자 네이트 실버(Nate Silver)

넘쳐나는 데이터를 분석해 인사이트를 얻는 일은 백사장에서 보석을 찾는 것과 같다. 엄청난 시간과 노력을 투자한다면 결국 보석을 찾겠지만, 그 과정은 상당히 길고 고통스러울 것이다. 그저 데이터를 들여다본다고 해서 갑자기 인사이트가 생겨나지는 않는다. 그러니 수많은 신호 사이에서 의미를 발견하려면 소음을 제거하는 것이 중요하다. 데이터 자체에 집중하기보다는 '문제 해결'에 초점을 맞추는 새로운 관점이 필요하다. 그것이 바로 가설 검정Hypothesis Test이다. 어떤 문제를 해결하고자 한다면 먼저 새로운 가설을 세우고 그 타당성을 검증하는 절차로 데이터를 분석, 활용하는 것이 효과적이다. 처음부터 데이터 분석을 통해 해결책을 찾으려고 한다면 앞서 말한 오류에 빠지거나 제대로 된 방안을 도출하지 못할 수 있다. 그러니 데이터에 끌려가지 않고 데이터를 주도하며 문제를 해결해야 한다. 데이터에서 시작하는 것이 아니라 해결하고자 하는 문제에서 시작하는, 관점의 전환이 요구되는 시점이다.

마케팅에 활용할 데이터를 얻을 수 있는 사이트

공공데이터포털(data.go.kr)
공공기관이 보유한 데이터를 제공하는 포털이다. 상가(상권) 정보, 국민연금 가입 사업장 내역, 기상청 날씨 예보, 건강검진 정보, 월별 가스 생산량, 소상공인 신규 이탈 사업체 데이터, 소상공인 경기 동향 등 굉장히 다양한 데이터를 제공한다. 공공행정, 문화관광, 산업 고용, 교통물류, 환경기상, 농축수산, 재정금융, 식품 건강, 사회복지, 보건의료, 교육, 과학기술 등의 카테고리로 구성되어 있으며, 검색어로 쉽게 데이터를 조회할 수 있다.

AI Hub(aihub.or.kr)
한국어, 영상 이미지, 헬스케어, 농축수산, 재난 안전환경, 교통물류 등 650여 종의 데이터가 있다.

통합데이터지도(bigdata-map.kr)
공공과 민간에서 제공하는 데이터를 쉽게 검색하고 활용할 수 있는 사이트이다. 공공데이터는 공공데이터포털에서 제공하는 것과 유사하지만, 민간에서 제공하는 데이터도 조회할 수 있다.

국가통계포털(kosis.kr)
경제, 사회, 환경 등 30개 분야에 걸친 주요 국내 통계뿐 아니라 국제·북한의 주요 통계도 얻을 수 있는 사이트다. 400여 개 기관이 작성하는 경제·사회·환경에 관한 모든 국가승인통계를 수록하고 있으며, 국제금융·경제에 관한 IMF, Worldbank, OECD 등의 최신 통계도 제공한다.

로컬데이터(localdata.go.kr)
전국 지자체가 보유한 식품, 문화, 의료, 물료 등 196종의 인허가 데이터를 제공하는 사이트다. 17개 시도, 228개 시군구의 데이터를 개방했기 때문에 지역별 주요 정보를 구하고자 할 때 유용하다.

오픈업(openub.com)
원하는 지역의 매장/상권별 매출과 인구 통계 등의 상권 정보를 쉽게 확인할 수 있는 사이트다.

네이버 데이터랩(datalab.naver.com)
네이버가 운영하는 포털로 검색어 트렌드, 쇼핑 인사이트, 지역 통계, 댓글통계, 카드 소비통계 등의 정보를 얻을 수 있다.

구글 트렌드(trends.google.com/trends)
특정 키워드의 시간별, 지역별 관심도를 보여주는 사이트다. 두 키워드를 비교할 수도 있어 특정 주제에 대한 사람들의 관심도를 확인할 때 유용하다.

Element 31

마케팅과 기술은 떼려야

뗄 수 없는 사이

예측할 수 없는 미래를 예측하는 유일한 방법은
그 미래를 창조하는 것이다.

·

Alan Kay
HP 연구소 명예 연구원

마케터의 고민 Q. AD Tech, SNS 마케팅.. 어디까지가 MarTech의 영역일까?

Q. MarTech를 활용하고 있는 글로벌 기업들을 알고 싶은데, 어디서 알
수 있을까?

MarTech는 이미 우리 가까이에 와 있다

산업과 기술의 발전은 점점 빨라지고 고도화되고 있으며, 마케팅에
서도 개인화와 자동화가 매우 중요한 전략으로 부상하고 있다. 특히
코로나19의 대유행 이후 비대면의 일상화, E-커머스 시장의 성장 등
의 영향은 디지털마케팅이 더욱 활발해지는 계기가 되었다. 오늘날
고객들은 디지털 플랫폼을 통해 구매하려는 제품들의 제원과 후기를
비교하며 현명한 소비를 지향한다. 나아가 직접 제품에 대한 의견을
제시하는 등 제작 과정에 참여하는 소비자도 점차 늘어나는 추세다.
이에 이러한 산업 전반의 변화를 인지한 기업들은 'MarTech'의 중요
성을 깨닫고 심혈을 기울여 투자에 나서고 있다.
KPC 한국생산성본부 홈페이지에서도 이러한 MarTech 기능을 활용
한 홍보 전략을 도입했다.

주요 기능 - 교육문의

홈페이지에는 KPC에서 제공하는 다양한 교육 관련 정보가 제공되
며, 담당자에게 채팅으로 교육을 문의도 허용된다. 그중 '마케팅' 분
야의 연간 교육일정표를 살펴보면 '마케팅관리사'라는 교육과정의 홍
보 팝업이 보인다. 마케팅관리사는 KPC의 대표적인 교육 중 하나로,

시장에 대한 인사이트는 물론 마케팅 전략 수립 관련 실무 역량을 기를 수 있다. KPC 교육 담당자는 고객의 관련 문의에 실시간으로 응대하며, 빈도가 잦은 질문은 미리 자동응답 답변을 준비해 둠으로써 업무 생산성 향상을 도모할 수 있다.

이러한 일련의 과정은 교육생의 방문 경로, 각 페이지에 머무른 시간 등 유의미한 고객 정보를 제공한다. 일단 고객이 유입되면 KPC에서 나서서 정보를 수집, 분석한 뒤 교육 대상 고객을 설정하고 이들이 필요로 할 수 있는 교육과정을 팝업으로 소개하거나 메신저, 메일 등으로 상담을 진행한다. 'MarTech Marketing+Technology'는 이처럼 고객과 더욱 효과적으로 소통하기 위해 마케팅을 자동화, 효율화하는 기술적 요소를 의미한다고 볼 수 있다.

MarTech라는 단어가 처음 쓰인 장소는 2014년 스콧 브링커가 마케팅 테크놀로지 컨퍼런스였다. 스콧 브링커는 'MARTECH 컨퍼런스'

이미 많은 웹사이트에서 고객 메신저를 통해 상담은 물론 제품/서비스 홍보를 진행하고 있다. (출처: 한국생산성본부 홈페이지)

의 설립자이자 영향력 있는 마케팅 기술 블로그 'chiefmartec.com'
의 운영자이기도 하다. 그는 MarTech를 '고객과 접점을 형성해 마케
팅의 목적을 신속하고 효과적으로 달성하게 해주는 기술이나 도구'
라고 정의했다. 'chiefmartec'에 따르면 이 시장은 현재 2011년 대비
무려 7,258% 이상 성장했다. 기업은 이 기술을 적용함으로써 마케팅

\<MarTech의 영역은 어떻게 구성되어 있는가?\>

광고&프로모션 (Advertising&Promotion)	콘텐츠&경험 (Content & Experience)	소셜&관계 (Social&Relationships)
• 모바일 마케팅 • 디스플레이&프로그래밍 광고 • 검색 및 소셜 광고 • 네이티브 및 콘텐츠 광고 • 비디오 광고 • 인쇄 • 홍보	• 모바일앱 • 인터랙티브 콘텐츠 • 비디오 마케팅 • 이메일 마케팅 • 콘텐츠 마케팅 • 최적화, 개인화&테스팅 디지털 자산관리&마케팅 리소스관리 검색엔진최적화 (SEO) • 마케팅 자동화&캠페인 및 리드 관리 • 콘텐츠 관리시스템& 웹 경험 관리	• 전화 분석 및 관리 • 활동기반관리(ABM) • 이벤트, 미팅&웨비나 • 소셜 미디어 마케팅&모니터링 • 옹호, 충성도&추천 • 인플루언서 • 피드백&채팅 • 커뮤니티&리뷰 • 경험, 서비스&성공 • 고객관계관리 CRM
커머스&세일즈 (Commerce&Sales)	데이터 (Data)	관리 (Management)
• 리테일&근접 마케팅 • 채널, 파트너&현지 마케팅 • 세일즈자동화, 인에이블먼트& 인텔리전스 • 제휴 마케팅& 관리 • 전자상거래 마케팅 • 전자상거래 플랫폼&장바구니	• 잠재고객/ 시장 데이터&데이터 강화 • 마케팅 분석, 실적&기여 모바일&웹 분석 • 대시보드&데이터 시각화 • 비즈니스/고객인텔리전스&데이터 사이언스 • iPaas, 클라우드/데이터 통합&태그 관리 데이터 관리 플랫폼 (DMP) • 예측 분석 • 고객 데이터 플랫폼	• 인재관리 • 제품관리 • 예산 및 재정 • 콜라보레이션 • 프로젝트&워크플로 • 민첩하고 숙달된 관리 • 공급업체 분석

MarTech는 크게 6가지 영역으로 구분되어 있다. (출처: 모비인사이드)

의 정확도 향상, 콘텐츠의 개인화, 다차원적인 고객 경험 제공이라는 성과를 기대할 수 있다.

스콧 브링커가 운영하는 'MARTECHMAP' 사이트에서는 MarTech를 크게 6가지 영역으로 구분한다. 이러한 영역을 모두 아우르는 핵심 키워드는 '자동화'와 '고객 맞춤'이며, 익히 들어본 구성요소도 일부 확인할 수 있다.

1. 애드테크(Ad Tech)

포털사이트 등에서 검색했던 브랜드나 제품의 광고를 다른 사이트에서 본 적이 있다면, 이미 애드테크를 경험한 것이다. 애드테크는 소비 타깃 설정, 효과 분석 등에 기술적 솔루션을 더하는 것으로, 광고 효과 극대화를 목적으로 한다. 온라인에는 다양한 분야에서 고객 데이터가 축적되고 있으며, 개인 맞춤형 마케팅이 기본이 된 오늘날에는 많은 기업이 이를 활용하기 위해 관심을 기울이고 있다.

애드테크는 머신러닝 알고리즘을 활용해 디지털 광고를 제공하는 '프로그래머틱 광고Programmatic Advertisement' 방식에 기반을 둔다. 제품이나 서비스에 관심이 있는 광고 대상에게 적시에 맞춤형 광고를 노출할 수 있어 광고 예산을 효율적으로 사용할 수 있다. 또한, Ad Server를 통해 광고 캠페인의 효과도 쉽게 확인할 수 있다는 것도 큰 장점이다. 관점에 따라서는 애드테크를 MarTech와 별개로 보기도 한다.

2. 검색엔진 최적화(SEO, Search Engine Optimization)

SEO는 자사의 웹사이트나 콘텐츠를 포털사이트 검색 결과 상단에 노출하기 위해 그 구조를 최적화하는 기술을 뜻한다. 소비자의 검색 결과 상단에 자주 노출되면 브랜드 인지도를 높이고 신뢰를 얻을 수 있으며, 이는 구매 전환율 상승으로 이어질 가능성이 높다. SEO는 상단 노출까지 다소 시간이 소요되기는 하지만, 일반적인 광고에 비해 투자비용이 낮고 노출 지속력이 강하다는 장점이 있다.

이는 세부적으로는 테크니컬 SEO, 콘텐츠 SEO, 오프페이지Off-page SEO 등으로 분류된다. 테크니컬 SEO는 목표한 바를 이루기 위해 크롤링, 색인화 등 기술적 조건을 충족시키는 것이며, 콘텐츠 SEO는 콘텐츠 내 키워드 관리를 통해 노출 빈도를 높이는 것이다. 마지막으로 오프페이지 SEO는 자사 웹사이트 외의 공간에서 이루어지는 최적화 작업을 의미한다.

3. 고객 데이터 플랫폼(CDP, Customer Data Platform)

소비자가 본인 맞춤형 서비스를 제공하는 브랜드에 더욱 호감과 매력을 느끼는 것은 당연한 현상이다. 그렇기에 CDP는 고객 관련 데이터를 통합 수집, 관리하는 플랫폼으로, 앞으로 개인화 마케팅을 원활히 수행하기 위한 핵심 솔루션이 될 것으로 기대를 모으고 있다. CDP는 고객의 기초 정보, 웹/앱 내 고객 행동 패턴, 결제 정보, 오프라인 상점 방문 이력 등 다양한 채널에서 고객 데이터를 수집, 분석하여 세분화한 고객 프로파일링을 제공하는 역할을 담당한다.

이러한 CDP를 활용한 마케팅은 기존의 타깃 마케팅과는 달리 소비자의 모든 행동 이력을 확인하고 머신러닝 기술을 결합해 분석함으로써 다음 행동을 예측할 수 있다는 것이 특징이다. 또한, 방문률이 감소하는 고객, 구매 주기가 장기화된 고객의 데이터를 분석함으로써 고객의 이탈 가능성도 파악, 분류가 가능하다. 이처럼 CDP는 기업의 고객 지향적 서비스 제공에 필요한 통찰력을 다방면으로 제공한다.

그 외에도 영향력 있는 인플루언서와의 협업으로 브랜드 인지도와 신뢰도를 높이는 인플루언서 마케팅, 이메일 템플릿 및 A/B 테스트, 클릭맵고객이 많이 클릭한 지점을 분석하는 기능을 이용한 이메일 마케팅 등이 MarTech 영역에 속한다. 아직은 MarTech라는 단어가 다소 낯설고 어렵게 느껴지지만, 이미 우리의 일상은 MarTech의 영역에 깊이 들어와 있다.

마테크 사례: 이것도 MarTech라고?

1. 코카콜라 제로 X 샤잠(Shazam): Drinkable Ads

2015년, 코카콜라는 전 세계 1억 명 이상의 사용자를 보유하고 있는 음원 검색 앱 샤잠의 음성 인식 기술을 이용해 마시는 광고Drinkable Ads를 진행했다. 광고 참여 방법은 간단했다. 콘서트나 스포츠 경기장, TV 광고 등에서 코카콜라를 따르는 화면이 보이면 샤잠 앱을 실행하는 것이 전부였다. 스마트폰 화면에서 콜라를 모두 채운 고객에게는 코카콜라 제로 1잔을 무료로 증정했다. 또한, 라디오 광고에서는 코카콜라 특유의 청량한 탄산 소리를 재생하면서 이것을 음성 인식 기

코카콜라는 샤잠(Shazam)의 음성 인식 기술을 활용해 고객의 참여도를 높이는 광고를 기획하였고, 당시 인지도가 낮았던 Coke Zero를 성공적으로 마케팅하였다. (출처: 코카콜라 유튜브 광고캠페인 영상 캡처)

술로 검색만 해도 무료 음료를 제공했다.

해당 광고는 광고계의 오스카상으로 불리는 클리오 광고제에서 동상을 받았고, 실제 코카콜라 제로의 인지도를 크게 올리는 효과를 불러일으켰다. 현대인이라면 대분의 사람들이 갖고 있는 스마트폰 앱을 통해 소비자의 적극적인 참여를 유도하는 동시에 콜라를 직접 듣고 맛보는 기회를 제공함으로써 오감으로 즐기는 긍정적인 경험을 선사했다고 평가된다.

2. 현대자동차: 제네시스 브랜드 출시 기념행사(With 드론)

2021년, 현대자동차는 제네시스 브랜드의 중국 출시 기념행사에서 3,000여 대의 드론을 활용한 마케팅 광고를 진행했다. 드론의 군집비행 기능을 활용해 제네시스의 엠블럼과 차량 모양, 중국어 인사말 등을 상하이 하늘에 수놓으면서 현지 소비자의 브랜드 호감도를 높일 수 있었다. 소비자 반응도 긍정적이었는데, '역동성'과 '우아함'으로

중국 상하이에서 진행된 제네시스 브랜드 출시 기념행사 (출처: 제네시스 유튜브 채널)

대표되는 제네시스의 고급스러운 이미지와 비전을 드론이라는 첨단 기술로 잘 표현했다는 평가를 받았다. 이 드론 쇼는 '무인 항공기 최대 동시 비행 부문' 기네스 세계기록을 경신한 것으로도 유명하다.

3. VCAT.AI : 생성 AI 기술 영상 제작 솔루션

VCAT.AI는 '생성 AI' 기술을 활용한 광고 자동제작 솔루션이다. '생성 AI'는 개인이나 기업이 원하는 이미지, 영상, 텍스트 등의 콘텐츠의 제작을 도와주는 AI 기술이다. 제품을 소개할 때는 텍스트보다는 영상으로 설명하는 것이 더욱 효과적일 때가 많다. VCAT.AI에서는 상품페이지의 URL만 입력하면 순식간에 수많은 마케팅 영상과 이미지를 생성할 수 있으며, 업종별/테마별로 적합한 템플릿도 제공한다. 이를 통해 디자인에 소질이 없는 사람이라도 금방 양질의 마케팅 콘텐츠를 생산할 수 있다. 현재 이미 네이버쇼핑, 롯데홈쇼핑, KT, LG전자 등이 VCAT와 파트너십을 체결하여 서비스를 이용하고 있으며,

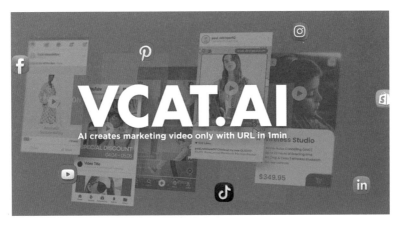

누구나 손쉽게 마케팅 영상을 만들 수 있도록 생성 AI 서비스를 제공하는 VCAT.AI (출처: 브이캣 홈페이지)

올해는 100억 원 규모의 시리즈A 단계의 투자를 유치했다. 앞으로는 제품홍보를 위한 영상 콘텐츠 제작 등으로 인한 부담이 한결 덜어질 것으로 기대한다.

이처럼 이미 일상의 여러 영역에 MarTech가 들어와 있으며, 생각보다 많은 제품과 서비스가 MarTech를 통해 노출되고 있다. 위에서 예로 든 VCAT.AI와 같이 이미 다양한 MarTech 서비스가 상용화되어 있는 것을 통해 우리 삶에 얼마나 빠른 속도로 스며들고 있는지 알 수 있다.

다수를 위한 마케팅의 시대는 갔다. 이제 소수 맞춤 마케팅이다

MarTech의 전 분야를 관통하는 핵심 단어는 '고객지향'이라고 할 수 있다. 과거 기업과 제품 중심이었던 마케팅이 소비자 중심으로 넘어

가는 상황에서 소비자의 마음을 움직이기 위해서는 소비자의 니즈를 선제적으로 파악하고 개인화, 맞춤화된 마케팅 전략이 필수적인데 이를 위해 가장 최적화된 도구로 MarTech가 각광받고 있다.

물론 이러한 각종 기술 서비스의 효과를 극대화하기 위해서는 각각의 용도와 활용법을 잘 이해하는 것이 필수적이다. 실제로 MarTech 솔루션에 대한 마케터의 관심과 투자 의지는 높지만, 정작 기술 이해와 활용에 어려움이 많다는 언론 보도도 심심치 않게 찾아볼 수 있다. 그렇기에 미래의 마케터는 MarTech를 더욱 적극적으로 활용해 업무 생산성을 높이는 동시에 고객에게도 가깝게 다가가는 마케팅을 기획·실행할 수 있어야 할 것이다.

\<MarTech 조금 더 알아보기> MarTech MAP

MarTech 산업을 이끌어가는 기업을 더 알아보고 싶다면 martechmap.com 사이트를 참고하자. 위 사이트는 서두에서 언급한 스콧 브링커가 운영하는 Chiefmartec에서 만든 사이트로, 마테크 기업을 크게 6가지 기준(광고/프로모션, 콘텐츠/경험, 소셜/관계, 커머스/세일즈, 데이터, 관리)로 분류 후 기준별 세부 영역으로 정리하여 보여준다. 23년 기준 1만 1,038개 기업이 등록되어 있으며 MarTech 산업이 어떻게 성장해 왔는지 확인할 수 있다.

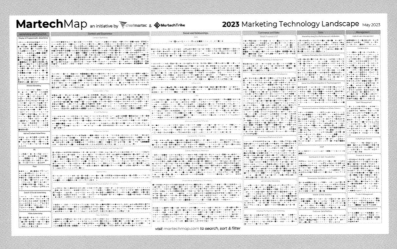

(출처: martechmap)